유승호 교수의 사십 가지
달콤, 살벌한 문화이야기

새로운사람들은 항상 새롭습니다.
독자의 가슴으로 생각하고 독자보다 한 발 먼저 준비합니다.
첫만남의 가슴 떨림으로 한 권 한 권 만들어 나가겠습니다.

유승호 교수의 사십 가지
달콤, 살벌한 문화이야기

초판1쇄 인쇄 2008년 3월 25일
초판1쇄 발행 2008년 4월 1일
초판2쇄 발행 2009년 4월 23일

지은이 유승호
펴낸이 이재욱
펴낸곳 (주)새로운사람들

편집실장 김승주
디자인 이세은
편집 강지혜
마케팅 · 관리 김종림 / 장명숙

ⓒ 유승호, 2008

등록일 1994년 10월 27일
등록번호 제2-1825호
주소 서울 동대문구 신설동
　　　104-22번지 2층 (우 130-812)
전화 02) 2237-3301, 2237-3316
팩스 02) 2237-3389
http://www.ssbooks.co.kr
e-mail/ssbooks@chol.com

ISBN 978-89-8120-358-0(03810)

* 책값은 뒤표지에 씌어 있습니다.

유승호 교수의 사십 가지

달콤, 살벌한 문화이야기

유승호 지음

새로운사람들

| 머리말 |

　가치의 혼돈시대, 윤리의 타락시대에 문화를 복원해야 한다는 목소리가 드높다. 자유시장경제가 보편화되었지만 여전히 사회는 '비합리성'이 넘쳐난다. 아이들은 학교에서, 어른들은 직장에서 서로 극한의 경쟁을 하고 있다. 어른은 물론이고 아이들까지 믿고 의지할 사람이 없다고 한탄한다. 지난 20세기 후반기 전세계 나라를 통틀어 유일하게 최고의 경제성장을 이룩하여 선진국에 진입한 나라이기에, 신뢰의 붕괴는 경제성장을 위한 기회비용이었나고 생각하자는 학자들도 있다. 고도성장기의 정경유착도 똑똑한 관료들이 나라를 위해 헌신한 기회비용으로 합리화될 수 있다. 이제 한국은 명실상부하게 선진국에—물론 세계적으로는 선진국으로 대우받으면서 유일하게 여전히 개발도상국, 중진국이라고 자칭自稱하는 나라이지만—진입했다. 그래서 새로운 발전을 위해 무엇인가 새로운 가치를 찾아야 한다는 것에 이의를 달 사람은 별로 없다.
　문화의 중요성은 이런 한국적 상황에서 다시금 부각되고 있다. 10년 전 미국 등 서구문화와 일본문화의 침탈에 위협을 느끼며 우리의 전통문화를 살려야 한다는 목소리 속에서 부각되었던 문화의 중요성과는 정말 대비된다. 문화는 이렇듯 이전에는 온전한 문화로서 존재하던 것이 이제는 경제의 종속물로 취급되는 지경에 이르렀다. 문화가 문화로 존재할 때 그 사회는 다양성을 확보하고 새로운 발전의 동력도 찾을 수 있다. 경제도 결국 문화로부터 나오기 때문이다. '돈'에 집착하는 외부적 동기의 경제는 결국 '돈'으로 인해 망한다. 왜냐하면 '돈 있는 사람'만이 대접받고 돈 없는 사람이 돈을 벌 수 있는 사회적 분위기는 존재하지 않기 때문이다. 승자독식의 원리만이 사회를 지배하면 그 사회는 자발적인 동기에 근거한 변화의 동인이 사라진다. 부의 화신인 빌 게이츠도 스티브 잡스도 모두 젊은 시절에는 '괴짜'들이었다. 자신의 관심에 열정적이었을 뿐 이미 확립된 성공의 길에는 무관심했다. 실리콘밸리의 성공도 거대한 벤처금융자본 이전에 '게이 문화'가 있었다. 사회의 주변인인 게이들까지 인정하는 문화적 다양성이 새로운 인재에 대한 포용성으로 이어져 풍부하고 다양한 인적 자원을 확보할 수 있었다. 문화는 이렇듯 경제에 큰 영향을 주고 있다.

그러나 이러한 사실에도 불구하고 여전히 문화는 문화로서 존재해야 한다. 경제로부터 일정한 거리를 두며 상호견제와 상호조화를 이루어야 한다. 앞서의 논의에서처럼 경제를 발전시키기 위한 수단으로서의 문화를 언급해야만 문화의 지위를 인정받을 수 있는 시대가 되었다. 어쩔 수 없는 노릇이기도 하나 다른 한편으로는 참으로 안타깝다. 문화는 인간이 인간으로서 존재하게 만드는 '정신'의 산물이다. 상품과 인간의 관계가 아닌 인간 대 인간의 관계로부터 문화는 창발하기 때문이다.

경제의 작동원리와 문화의 작동원리는 그 근원부터 다르다. 경제는 상품이 중심이기 때문에 최대한의 '동질화'를 요구한다. 그래야 시장이 투명해지고 가격형성도 자연스럽게 일어난다. 그러나 문화는 인간 중심이다. 문화는 인간에 대한 예의로부터 시작한다. 인간을 인간 개체로 보고 누구나 인간으로서 존중받을 때 정신체계인 문화가 부상한다. 그래서 문화는 '다름'에서 출발한다. 이는 다른 사람의 입장에 설 수 있는 자세로부터 출발하는 것이다. 그래서 문화는 겸손하다. 경제는 사람을 비교하고 순위를 매기지만 문화는 사람을 이해하고 존중한다.

문화는 타인의 입장에서 나를 바라보게 한다. 문화가 풍성한 나라는 행복을 늘 동반한다. 진정한 문화의 시대는 '완벽한 옳음'이 없는 시대다. 주장은 있으되 독선은 없으며, 비판은 있으되 경멸이 없으며, 경쟁은 있으되 배반이 없는 시대인 것이다. '완벽한 옮음'에서 떠나 '오류가능성'으로부터 인간에 대한 예의가 나오듯이 진정한 문화의 시대는 스스로를 성찰하는 새로운 이성의 시대로부터 온다.

이 책은 10년 만에 복간復刊되는 책이다. 학자에겐 저서가 복간될 수 있다는 말만큼 고마운 말도 없다. 세월에 쉽게 흩어지지 않고 세상에 조금이나마 다가갔을지도 모른다고 자족할 여지를 주기 때문이다. 또한 함께 생을 살아가는 이들에게 고마움을 표할 수 있는 소중한 기회이기도 하다. 도서관 한쪽에 묻혀 있는 책을 다시 꺼내 준 윤태, 그리고 광신, 우태, 종규, 원석, 희태, 일민 등 따뜻한 인생의 동반자 '라르고' 친구들. 나의 눌변과 만용에도 불구하고 늘 좋은 친구로 함께 있어 주어 고마울 뿐이다. 그리고 인생은 약간만 다르게 보면 너무 행복하다는 것을 늘 깨닫게 해 주는 나의 가족 린과 영, 그리고 아내에게 사랑 그 이상의 고귀한 말을 전하고 싶다.

Contents

머리말 / 4

첫째 마당 남성과 여성

여성은 쫄깃한 고기를 얻기 위해 권력을 내주었다 / 12
전쟁은 여성의 지위를 변화시켰다 / 20
결혼은 수학이 아니라 현실이다 / 24
일처다부제는 여성우위의 가족제도인가 / 28
식인종들은 편식가였다 / 37
자본주의가 심화될수록 부권은 몰락한다 / 42
몬드라곤은 새로운 대안일 수 있는가? / 47
경쟁력이 뒤처지는 부분은 도태시켜야 한다 / 50

둘째 마당 인간과 성

인간은 섹스의 욕망을 타고나는가 / 62
육체적 관계 속에도 지능은 존재한다 / 65
피임은 부부 사이를 원만하게 한다 / 70
우리는 그 일에 열중하고 있다 / 75

Contents

왜 베스트 서비스맨은 성욕이 없는가 / 82
포르노그라피는 무엇이 문제인가 / 88
그 레즈비언은 지금 행복해 하고 있다 / 93
그네가 없어서 미니스커트가 판친다 / 100
유행은 살아 남기 위한 몸부림이다 / 104
예쁜 여자만 보면 다 죽이고 싶다 / 112
두꺼비에게 아름다움이 뭐냐고 물어 보라 / 117
여성은 어떤 이유에서 화장을 하는가 / 124
옷차림도 전략이다 / 130

셋째 마당 갈등과 권력

모자관계와 고부관계는 같은 뿌리에서 생겨났다 / 140
미개인의 홀리 축제에서 현대인의 오빠부대까지 / 145
화가 나면 물동이를 깨뜨려라 / 150
나는 요리사가 아니잖아요 / 155
성문란 덕택에 중세 신부는 권력을 얻었다 / 161
첫날밤은 아무나 치룰 수 없다 / 167
사냥이 끝나면 사냥개를 잡아먹는다 / 171
무속은 인간의 희망을 대변한다 / 174
왜 윤달에 불안해 하는가 / 180

Contents

삼풍백화점이 무너지면 스포츠센터가 붐빈다 / 194
위험한 사회는 우상숭배를 낳는다 / 201

넷째 마당 풍요와 놀이

베푸는 사람이 더 많은 것을 얻는다 / 206
원시인의 뇌물과 현대인의 뇌물에는 어떤 차이가 있을까 / 212
인간은 놀이하는 것부터 배운다 / 215
기호가 사람들의 생활을 지배한다 / 221
과연 인간의 삶의 질은 향상되었는가 / 226
원시사회가 현대사회보다 더 풍족했다 / 234

다섯째 마당 문화와 경제발전

인간은 원래 게으른 존재다 / 238
문화와 발전 / 241

후기 문화와 창의성 / 250

첫째 마당
남성과 여성

여성은 쫄깃한 고기를 얻기 위해 권력을 내주었다

　　부계부권적 가족제도는 인류사의 가족 전통 중 가장 길고, 가장 넓은 영역에 걸쳐 있다고 한다. 그러나 원시사회에 모계모권적 가족 형태가 지배적이었다고 이야기하는 학자들도 적지 않다. 이들은 모권시대의 여인들은 수치심이나 감상성, 나약성으로 상징되는 여성적 특질이라는 것이 없다고 주장한다. 헤로도토스의 증언에 의하면 고대 스키치아의 여인들은 전쟁에 참가하여 싸웠고, 처녀는 한 사람의 적을 쓰러뜨린 후에야 결혼할 자격을 얻었다는 것이다. 중부 오스트레일리아에서는 남자가 질투 때문에 여자를 때리면 이에 지지 않고 여자도 같이 덤벼드는 것이 관습이라고 한다. 그래서 1 대 1로 싸워 때로는 여자가 남자를 때려눕히는 일도 적지 않았다. 지금도 모권사회를 이루고 있는 아프리카의 피론다족의 경우는 남자들이 여자에게 저항할 수 없으며 만약 여자의 비위를 건드리면 식사를 주지 않고 남자를 내쫓는다고 한다. 쫓겨난 남성들은 동네에서 사람들이 제일 많이 모이는 마당의 나무 위에 올라가서 슬픈 목소리로 자기의 신세를 한탄하며 운다는 것이다.

원시사회에서 모권이 권력을 잡을 수 있었던 것은 원시사회가 **난혼**적이었고 그래서 일부일처제적 가족형태가 없었기 때문이다. 아버지와 자식간의 관계보다는 모체인 여성이 중심이 될 수밖에 없었고, 또한 자식이 재생산되어야 사회 유지와 노동력의 공급이 가능하기 때문에 그런 점에서도 여성은 우위에 설 수 있었다. 특히 많은 출산을 통해 자연에 대처하는 부족의 힘을 키워 나갈 필요가 있었을 경우 재생산력이 높은 여성에게 지배적인 권력까지도 부여해 줌으로써 재생산력을 가진 여성이 권력을 누리기도 했던 것이다. 어머니만이 가지는 모성이라는 신체적 특성은 원시사회에서 가장 순수하고 강하게 발현되었던 것이다.

반대로 아버지는 먹고 사느라 사냥하기 바빠, 자식을 돌볼 틈도 관심도 없다. 그래서 호래자식을 만드는 원시사회의 아버지상像 속에서 인류학 연구자들이 때때로 가족에 관심 없고 제 갈 길과 자기 욕망만 채우기 바쁜 현대 아버지상을 투영하고 있는 것도 이상한 일이 아니다. 이런 원시사

> **난혼亂婚**
> 19세기 사회진화론자 모건 등이 세운 인류의 원초적 혼인제도에 대한 가설. 일정한 부부 관계가 없이 무질서하게 행한 성적인 결합 상태.

회에 빗대어 보면 원시사회에서 모계모권적 가족제도가 인류의 생존을 위해 필요했듯이 현대에도 인류의 발전을 해치는 쓸모 없는 가부장 권력을 몰아내기 위해 모계모권적 가족제도의 부활이 있어야 한다는 주장은 당연해진다.

그러나 대부분의 학자들은 인류 역사에서 이러한 모계모권적 가족의 실체를 부정한다. 우선 원시시대의 사회상과 아버지상의 투영에 왜곡된 것이 많기 때문이다. 현대인의 눈으로 원시사회를 보면 원시인은 굶주리고 불쌍하게 보이는 존재이다. 흡사 현대인은 원시인을 아프리카의 르완다 난민이나 난잡한 성교섭 때문에 에이즈에 질려 고통받는 태국 산촌의 토착민족들 수준으로 판단하고 있는 것이다. 이미 이러한 원시사회의 상황과 그것에 근거한 판단에는 현대의 가치와 현대가 빚어낸 여러 사회문제들이 혼합되어 있기 때문에 원시사회를 객관적으로 보는 눈으로는 적당하지 않다. 오히려 원시사회의 남성들은 생존을 위해 사냥을 한 것은 사실이었지만 그것이 그렇게 심각한 것은 아니었다. 지금의 자연환경과 그때의 자연환경이 판이했기 때문이다.

원시의 자연환경은 풍족한 열매에서 탄수화물

르완다
면적은 2만 6,338km², 인구는 838만 7,000명(2003)이고 인구 밀도는 202.7명/km²(2003)이다. 수도는 키갈리이고, 공식언어는 프랑스어와 킨야르완다어이다. 정식 명칭은 르완다공화국 Republic of Rwanda이다. 남쪽은 부룬디, 동쪽은 탄자니아, 북쪽은 우간다, 서쪽은 콩고민주공화국과 접한다. 1885년 독일식민지에 편입되었다가 벨기에의 신탁통치령을 거쳐 1961년 국민투표로 왕정을 폐지하였다.

을, 그리고 사방으로 뛰어다니는 동물에게서 단백질을 적절히 섭취할 수 있게 해 주었을 것이다. 그렇기 때문에 매일 밤을 새워 가며 사냥을 할 필요는 없었다. 식량이 다 떨어지거나 저장이 필요할 경우 부족의 건장한 남성들이 한 번 사냥을 갔다 오면 그 부족은 이후로 어떻게 하면 재미있게 살 수 있을까를 궁리하며 춤과 축제, 종교, 의례 등 다양한 여가생활을 누리는 데 관심이 집중된다. 그래서 원시사회의 축제와 의례가 발달했다는 것은 충분히 추측이 가능하다.

이렇듯 이상적으로 그려지는 원시사회 속에서 부계부권적 가족의 발생은 시작된다. 그것은 비록 풍족했다고 하더라도 일단 사냥이 부족의 생존에 필요한 영양섭취 식량이었다는 것이 중요한 계기가 된다. 왜냐하면 사냥은 남성들만의 전유물이었기 때문이다. 사냥에서 필연적으로 따르게 되는 문제는 신체의 힘이다. 물론 사냥을 하려면 경륜도 필요하겠지만 무엇보다도 짐승을 찾아 다니기 위한 건장한 하체, 화살과 창을 쏘고 찌르기 위한 힘센 팔뚝이 필요했을 것이다, 그리고 늘 타 부족과 맞붙어 좀더 나은 식량 확보를 위한 전쟁을 해야 했고, 또 사냥감이 떨어질 경우에는 먼

아킬레우스와 아마존 여왕 페테실레아(엑세키아스 화가의 도기 그림)

거리를 유랑해야 했을 것이다.

  이런 남성의 사냥 전유 때문에 여성은 그 쫄깃한 짐승고기를 위해서 남성에게 권력을 내주게 된다. 사냥이 끝나고 돌아왔을 때 좀더 많고 맛있는 부위를 먹기 위해서 여성들은 사냥에 혁혁히 공헌한 건장한 사람에게 잘 보여야 했다. 남성을 유혹하는 방법은 이때부터 시작되었고, 역시 원시시대 때도 그 유혹의 최고 방법은 외모밖에 없었는지 몸을 치장하거나 교태를 부리게 된다. 이것이 여성의 남성에 대한 종속을 가져오게 된 시초라고 할 수 있을게다. 물론 원시사회의 문제는 여전히 가설에 지나지 않지만.

  베블렌Veblen이 그의 『유한계급론』에서 외모의 과시와 비생산이 연결된다고 본 이유도 바로 이런 과시와 유혹을 통해 생존이나 부·명예를 얻으려는 인간을 빗대어 이야기하고 있는 것이라고 할 수 있다. 그러나 육류를 얻기 위한 폭력적 사회의 분위기는 여성이 종속될 수밖에 없는 물리적 조건으로 작용했다. 이러한 사냥과 전쟁이 곧 생존 조건이 되면서 남성의 부권은 시작되고 부계부권적 가족제도는 정착된다.

  물론 원시시대에는 모계가족 형태가 흔했다

베블렌Veblen(1857~1929)
미국의 사회학자이자 경제학자이다. 그는 미국경제의 성과를 신랄히 비판하였으며, 특히 상층계급의 과시적 소비를 지적하였다. 주요 저서로 『유한계급론有閑階級論』이 있다.

고 볼 수도 있다. 그러나 모계가족이라고 하더라도 모권이 그대로 행사되지는 않는 경우가 많았다. 예컨대 남태평양의 트로브리안드족 경우에는 모계가족임에도 불구하고 가족 내에서 권력은 외삼촌에 의해 행사된다. 이름의 성性자는 어머니 것을 전수받는다고 해도 그것은 단지 계통의 표시일 뿐 여성의 권력과는 아무런 관련이 없게 되는 것이다. 결국 생식에 따른 모계는 모권을 반드시 보장해 주는 것은 아니었다. 오히려 모계와 부권·남성지배권은 서로 양립했었다.

이렇게 원시사회부터 성립되기 시작한 부계부권적 가족 형태가 가장 명확하게 확립되고 고정되는 것은 상속제도가 생기기 시작하면서부터이다. 이 상속제도를 통해 성관계와 결혼관계가 결합되어 명실공히 현재의 일부일처제 형식이 완성된다. 생산력이 발전하면서 저장되거나 축적되는 물량이 늘어나고 그렇게 되면서 자식에게 전수할 상속재산이 생겨난다. 그러다 보니 남 주기 아까워 자기 자식을 찾게 되면서 일부일처제가 성립된다는 논리이다.

여기서 우리는 일부일처제의 성립 속에서 부모가 자식에 집착하는 과정을 두 가지 부류로 나누어 볼 수 있다. 사회적 지위가 낮은 계층의 경우에는 물려줄 재산 대신 자식의 성공에 기대어 자신의 지위를 높여 보려는 뜻에서 자식에 집착하게 된다. 반면 지위가 높은 계급일수록 자식은 곧 상속인이다. 그래서 자식에 대한 규율과 집착도 그만큼 더 심해진다. 결국 일부일처제는 사유재산과 상속제도의 발전과 일치되는 것이다.

그리고 상속재산의 형성에는 남성들이 가장 큰 기여를 한 것처럼 보인다. 왜냐하면 여성은 출산, 육아 같은 재생산노동에 종사해야 했으며 재산

형성은 남성에 의해 직접 조달되었기 때문이다. 재생산노동이 남성의 생산노동에 필요한 전제 조건이라는 것을 몰랐던 것은 아니었겠지만 역시 눈에 보이는 직접적인 관련성으로 따진다면 남성의 생산노동이 재산형성에 있어 우월해 보였을 것이고, 이러한 착각은 이미 가부장화된 사회적 분위기에 의해 더욱 강화되는 것이다.

이러한 여성의 숨겨진 재생산노동 때문에 생겨나는 여성의 종속성은 현대에 들어와서도 비슷하게 나타난다. 초기 자본주의시기에 영국에서 우리나라의 근로기준법과 비슷한 근로자 보호법인 공장법이 발효되어 아동노동이 법적인 보호를 받게 되고, 뒤이어 이 아동들을 돌봐야 할 여성들이 모성보호를 위해 노동조건에 있어 법적인 보장을 받게 된다. 그런데 문제는 이러한 여성 보호 입법이 여성의 지위를 오히려 저하시키는 결과를 초래하게 되었다. 모성보호라는 입장에서 남성들에게는 가족수당이 지급되고 이 때문에 남성들의 가부장적 지위가 사회적으로 인정받게 됨으로써 오히려 남성의 대사회적 지위가 강화되기 때문이다. 이것은 현대에 들어서면서 최초의 사회복지 정책법안이라 할 수 있는 **비버리지 보고서**에서도

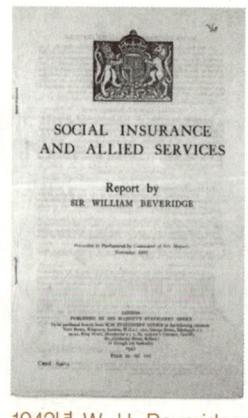

1942년 W. H. Beveridge 보고서

비버리지 보고서

비버리지 보고서란 제2차 세계대전 후 유럽과 미국의 각 사회보장정책에 커다란 영향을 끼친 보고서로서 1941년 영국 전시 내각이 창설한 '사회보험 및 관련 서비스에 관한 위원회'가 1942년에 제출한 보고서로, 정식 명칭은 사회보험과 관련사업Social Insurance and Allied Services이다.

그대로 나타났다. 결혼한 여성에 대해서는 보조수당을 줄임으로써 가부장에 종속되는 측면이 사회복지에서도 그대로 나타났던 것이다. 그런 의미에서 가족수당 대신 육아휴가를 남성에게도 주는 최근의 경우는 그만큼 사회적으로 부권이 옹호되지 못하는 추세를 반영한다. 그래서 과거와는 달리 현대의 복지제도는 오히려 외부에 의해 부여받지 못하는 부권, 그리고 출산과 육아의 고통을 감소시킬 수 있는 모권을 통해 부권과 모권의 균형을 유지하는 측면이 훨씬 강해졌다고 할 수 있을 것이다.

'요람에서 무덤까지' 라는 모토로 영국복지제도의 초석을 놓은 W. H. Beveridge (1879~1963)

전쟁은 여성의 지위를 변화시켰다

원시사회에서 여성의 지위가 종속적이 될 수밖에 없었던 물리적 이유는 사냥 이외에도 전쟁이 있었다. 사냥감이나 비옥한 땅 같은 제한된 물자를 두고 전쟁은 항존했으며 이것이 앞서 보았듯이 물리적 힘이 강한 남성의 지위를 높여 주었다. 폭력적, 무력적 사회일수록 남성의 지위가 더 높아지는 것은 당연했다. 원시부족 집단의 생존능력은 전투능력을 갖춘 남자들의 양육에 달려 있었기 때문에 남자들 중에 튼튼한 놈을 골라내 싸우는 법을 가르치는 것은 부족의 생존을 위해 필수적이었다. 그들의 무장이래야 창, 곤봉, 도끼, 활과 화살 등 모두 손으로 다루는 무기들이었고, 그래서 결국 이기느냐 지느냐는 근력이 억센 싸움꾼 수가 어느 쪽에 더 많으냐가 좌우했던 것이다.

따라서 남자는 여자보다 사회적으로 더 소중한 것으로 여겨졌고, 또 남자와 여자는 아들을 최대한 많이 길러 내기 위해 딸아이들을 제거하는 일을 수행하고 또 공모했다. 물론 딸아이를 살해한다고 해서 남자아이들의 절대수가 늘어날 수는 없는 일이다. 그러나 한정된 생산물을 가진 원시사회는 인구수를 줄이기 위해 생식규제를 해야 했고, 그 피해는 여자아이에게 돌아갈 수밖에 없었다. 남성의 경우에는 전쟁과정에서 자연스럽게 수가 줄어들기 때문에 여아의 수가 남아의 수와 비슷하다면 성비의 불균형이 초래된다. 그래서 전쟁에서 희생되는 남성의 수와 살해당한 여아의 수는 서로 비등해지며 이것은 종국에 가서 남녀 간 혼인의 균형을 맞추어 준다. 결국 전쟁은 집단의 생존압력과 생식압력, 그리고 짝짓기압력을 모두 해결해 주었다는 점에서 원시사회의 균형을 달성한 시장 역할을 한 셈이다. 그리고 이러한 균형을 달성하기 위해서 여아와 여성의 피해와 억압이 동반되었던 것이다. 이러한 생존원리에 근거한 여아살해와 남아선호사상이 흔히 문화유물론자라 불리는 **마빈 해리스** 같은 인류학자들이 원시사회를 보는 일반적인 시각이다.

그러나 원시부족과는 달리 현대에 들어서면서 여성의 지위가 향상되기 시작한 계기도 아이러니하게 바로 전쟁을 통해서였다. 제1, 2차 세계대전

마빈 해리스Marvin Harris (1927~2001)
미국의 대표적인 문화인류학자이다. 그는 문화의 발전과정을 유물론적 관점에서 이해하였으며, 그 핵심으로 생식압력→생산증강 과정→생태환경의 파괴·고갈→새로운 생산양식의 출현이라는 도식을 제공한다. 이러한 생태학적 적응양식을 통해 인간의 가족제도와 재산관계, 정치·경제제도, 종교, 음식문화 등의 변화의 원인과 결과를 이해할 수 있다는 것이 그의 주장이다.

2차대전 당시 일하는 여성

이 발발하면서 남성들은 전장에 동원되었고, 여기서 생겨난 생산노동의 공백을 여성이 담당하게 되면서 여성의 지위가 급격히 상승된 것이다. 사실 남성이 전쟁이라는 폭력적 사회를 기반으로 부권을 창출했다고 본다면 현대의 전쟁은 결국 이 폭력성에 의해 남성들이 몰락하는 과정을 역으로 보여 준 셈이다.

원시시대에 항존했던 전쟁이 남성의 지위를 보장해 준 이유는 그 당시 전쟁은 사냥감을 죽이는 전쟁이 아니라, 즉 생활 물자의 파괴가 아니라 물자의 획득에 기반을 두었기 때문이고, 또 여아 살해 풍습을 통해 남성성비의 초과를 항존시켰기 때문이라고 할 수 있다. 전쟁과 사냥 그리고 생식이 모두를 공존시킬 만한 남성수를 만들었던 것이다. 반면에 현대의 전쟁은 생활의 파괴와 남성의 성비초과가 없는 상황에서 생겨났다. 전쟁에 나간 남성으로 생긴 생산 공장의 공백을 또 다른 남성이 채워 줄 수 없었고 또 가족을 대신 유지할 만한 남성도 없었다. 이런 점에서 같은 전쟁이라고 하지만 원시시대의 전쟁과 현대의 전쟁이 남성과 여성에게 주는 의미는 사뭇 달라진 것이다. 전쟁으로 남편과 애인을 잃은 여성 개인에게 전

전쟁에서 강한 남성상을 보여 준 영화 〈300〉

쟁은 엄청난 슬픔을 안겨 준 것이었다. 그러나 다른 한편으로 남성의 인류사를 봤을 때 전쟁으로 인한 남성의 지위 몰락은 남성 자신들이 일으킨 전쟁에 대한 업보業報인 셈이다.

이렇게 현대에서는 비록 전쟁이 상존하고 있지는 않지만 세계대전을 통해 여성이 자신들도 생산노동에 참여할 수 있는 자신감을 얻게 되고 그 이후 여성의 취업 확대가 지속되면서 여성 지위는 상승해 왔다. 그렇다면 전쟁을 통한 여성지위의 상승이 생산인력의 수적 부족과 병행되었듯이, 전쟁이 없는 상황에서 나타나고 있는 여아부족 또한 여성지위 상승의 기반이 될 수 있을까.

결혼은 수학이 아니라 현실이다

임신한 한 부부에게 딸과 아들 중 어떤 성의 아이를 바라느냐고 물었더니 딸이 좋다고 한다. 그 이유를 묻는 질문에 그 부부는 농담 반 진담 반으로 경제적인 이유를 든다. 딸을 낳으면 적어도 그 애가 시집갈 때쯤 지참금 걱정은 하지 않아도 될 듯싶다는 것이다. 아이가 이제는 비용의 개념이 되어서 경제적 능력에 따라 아이의 수도 결정되는 것이 현대임을 상기해 본다면 이후 월등히 부족해지는 남자아이들이 결혼하기 힘들어 지참금을 부담할지도 모른다.

사실 향후 수십 년 간은 남자들이 결혼하기가 힘들어질 것은 불 보듯 뻔하다. 출생성비 파괴가 본격적으로 나타나기 시작한 지난 1980년대 이후 출생자가 이미 10~15세 정도로 성장했기 때문에 불과 5~10년 후면 이에 따른 위기가 도래하게 된다. 그렇다면 남성의 결혼위기는 곧 여성의 지위상승으로 나타날 것인가? 여성의 지위하락으로 남아선호사상이 생겨난 것이 다시 여성의 지위상승을 가져오는 역전의 과정을 보일까? 이 문제는 그렇게 단순하고 낙관적으로 볼 수만은 없다.

물론 우리는 간단하게 남녀의 비율을 기준으로 하여 남녀의 지위를 따져 볼 수 있다. 남자가 10명이고 여자가 5명인 경우를 가정해 본다면 남자들이 결혼하기 힘들어지는 것은 당연하다. 그래서 여자 5명의 희소가치는 이전보다 커지고 더 높은 선택의 가능성을 가지게 되는 것은 사실이다. 이렇게 따져 보면 여자 1명이 남자 2명을 선택하여 살아갈 수 있을 것 같기도 하다.

그러나 사회는 그렇게 수적으로 접근될 수 있는 성질의 것이 아니다. 남자 10명은 현실적으로 똑같은 남자들이 아니다. 예컨대 어떤 남자는 경제력이 있고 또 다른 남자는 경제력이나 능력 모두가 떨어질 수 있다. 그런 위계서열화된 남자가 10명 있다면 남자 2명당 1명씩의 여자가 짝지어지는 것이 아니라 가장 능력 있고 경제력 있는 남자가 예컨대 2명의 여자를 갖고 그 다음 순위의 남자가 각각 여성 1명과 짝지어지고 나면 위계서열 순위에 앞선 남자 4명만이 여성과 짝짓게 된다. 나머지 남자 6명은 여자 없이 노총각으로 늙는 것이 현실이다.

혼수나 지참금 문제만 해도 그렇다. 일반적으로 혼수는 여성이 많이 부담하고 있는 것으로 알고 있다. 그러나 남녀의 비율이 거의 엇비슷한 연령층이라고 하더라도 이를 계층적으로 나누어 본다면 여자 쪽에서 지참금을 부담한다는 일반적 인식은 사실과 다르다. 상·중층 계급의 결혼에서는 여자가 남자보다 월등히 많은 결혼지참금을 가져오지만 반대로 하층계급의 경우 결혼비용은 여자보다 남자가 더 많이 부담하고 있기 때문이다. 이것은 상류층계급이야 부모들이 벌어 놓은 돈으로 딸이 시집갈 때 지참금을 쥐어 줄 수 있지만 하층 계급의 경우는 부모들이 벌어 놓은 돈도 없고 결혼할 여성도 사회적 지위상 남자보다 경제력이 더 뛰어날 수 없기 때문에 여성 쪽에서 비용을 덜 부담하게 된다. 이러한 탓에 하층 계급에서 비정상적인 결혼형태라고 하는 '동거'가 많다. 남들이 하는 사회적 기준에 맞추어 결혼하기 어려워 일단 동거라도 할 수 밖에 없기 때문이다.

이런 계층화된 혼인 현실이 남녀비율이 같은 상태에서도 벌어졌었는데 과연 결혼 적령기 남자의 수가 많아진다고 그것이 곧바로 여성지위의 상승으로 나타날까. 그것은 순진한 수학적 사고방식에 근거한 생각이다. 남녀 비율이 같아도 농촌총각들이 결혼하기 힘든 이치를 생각해 보면 쉽게 이해가 간다. 회교권 사회에서 한 남자가 네 명의 아내를 얻을 수 있도록 허용해도 그것이 일부 갑부에게만 실현되고 있다는 사실에서도 잘 알 수 있듯이 결혼은 수학이 아니라 현실이다.

결혼적령기의 여성수가 줄어든다면 경제력이 있는 남성 쪽으로 여성은 더욱 편중된다. 이 경우 이전의 계급차이는 더욱 심화된다. 하층 계급의 경우 원래의 사회적인 불이익에 덧붙여 결혼까지 박탈당하는 이중, 삼중고를 겪게 되어 사회적 불만이 남아선호사상으로 인해 더욱 폭발하게 될 것이며, 이것은 곧 사회적 혼란이나 폭동상태로 쉽게 번질지 모른다. 도처에서 성범죄가 잇따르고 성적 욕구를 분출하려는 남성들로 인해 매춘이나 알코올 중독이 극에 달할 수도 있는 것이다. 그때가 되면 외국인 노동자만 수입하는 것이 아니라 외국인 신부도 수입해야 할지 모른다.

또한 남자의 수가 많아지면 남자의 결혼연령이 상승하고 여자의 결혼연령은 낮아진다. 이렇게 되면 여성의 경우 교육기회가 박탈되고, 경제적 활용인력으로 커 가는 여성에게 치명타로 작용하게 된다. 그나마 남성수의

국제결혼 사이트

확대에 따른 여성의 선택권조차 빼앗기게 되기 십상이다. 결국 남아선호는 기존의 계층양극화를 더욱 심화시키고 남성지위의 하락보다는 여성의 기회박탈로 이어지는 심각한 사회문제를 불러일으키게 된다.

최근 많아지고 있는 국제결혼 광고

성비불균형이 초래할 이런 사실들을 예측해 볼 때 경제적인 이유에서 딸을 낳으려 한다는 앞의 젊은 신혼부부의 생각은 잘못되었음을 알 수 있다. 아이들에게 들어가는 결혼비용을 아끼려면 실제로는 일단 아들을 낳고 돈을 많이 벌어 높은 지위를 차지하는 것이 가장 돈을 아끼는 길이 되는 셈이다. 결국 남아선호사상이 가져올 엄청난 사회문제의 해결은 어떤 수학적 균형 상태를 기다리는 것이 아니라 여성지위를 향상시키는 길 외에는 달리 방법이 없다.

일처다부제는 여성우위의 가족제도인가

　모든 사람들은 많은 이성들이 자신에게 관심을 가져 주기를 바란다. 특히 남성들은 일부다처제를 할 수 있는 사람에 대해 사회적으로 비난은 하지만 내심 부러워하는 경향이 있는 것도 사실이다. 그런 사회적인 비난은 모면하면서 이성에 대한 욕구는 채우려고 하는 게 '바람'이다. 그래서 이런 외도는 남자들을 계속 위선적이고 이중적 성격의 소유자이자 거짓말쟁이로 만든다.
　그런데 원시사회에서 일부다처제는 사회적인 비난의 대상이 되지 않았다. 남성들이 여성소유를 원하는 욕구를 잘 반영하듯 일부다처의 권한은 사회적인 지위가 있는 사람에게 정당하게 부여되었다. 예컨대 추장이나 족장의 경우의 사회적 지위는 아내의 수로 판별된다. 많은 아내는 추장이 자신의 마을을 이끌어 가는 '힘들고 위대한 일'에 대한 보답이었기 때문이다. 그래서 얼마나 젊고 예쁘고 튼튼한 여성을 많이 차지하고 있느냐에 따라 그 추장의 명예가 평가되었던 것이다.

    레비스트로스는 『슬픈 열대』에서 현대인의 통념과는 달리 실제로 추장은 마을을 제대로 이끌지 못한 경우 부족민들에게 탄핵을 받아 쫓겨나거나 무시당했다고 쓰고 있다. 때로는 집단살육을 당할 때도 있었다고 한다. 능력도 없는 놈이 동네 젊은 여자를 독차지했다는 원한이 폭발하면서 말이다. 그래서 추장은 실수하지 않기 위해 노심초사한다. 추장에게 이 정도의 심적 부담이라면 그것만큼 견뎌 내기 힘든 일도 없을 것이다. 이 탓에 추장이 되는 것을 일생의 목적으로 삼은 부족민은 실제로 거의 없었다고 한다. 애써 힘들게 인생을 살 필요가 없다는 것이다. 인간의 본능은 역시 편안하게 만족하며 사는 모습이라는 것이 원시부족민에게서도 잘 나타난다. 이 때문에 서로 떠맡으려고 하지 않는 추장에 대해 힘든 일에 대한 대가로 권력을 부여해 주고, 그 당시 교환체제에 속해 있던 여성으로 보답하는 것이 부족민들에게는 당연한 것으로 받아들여졌던 것이다. 이렇듯 권력은 타인에 의해 부여되는 것이고 그래서 이런 '상호성의 원칙'이 어느 정도는 깔려 있을 수밖에 없다.

레비스트로스Lévi-Strauss (1908~)
프랑스의 인류학자로 인간 사회와 문화를 이해하는 방법으로서 구조주의를 주창하였다. 랑그와 파롤을 신화의 구조를 해명하는 데 적용하였다. 주요 저서로 『슬픈 열대』 등이 있다.

『슬픈 열대』
1955년 발간. 기록문학의 걸작으로서, 9부로 되어 있는데, 학문적 자기형성을 서술한 부분, 1930년대 브라질의 열대 및 오지奧地의 실태에 대한 기록, 특히 카듀베오족·보로로족·낭비크왈라족·투피카와이브족의 민족지적民族誌的 기술記述, 아시아 여행의 인상 등이 밀도 높게 서술되어 있다.

이러한 권력의 원리는 현대사회의 대중스타들에게도 비슷하게 적용할 수 있다. 대중스타들은 많은 돈과 팬들의 숭배를 받아 엄청난 권력을 누리지만 그런 권력에는 다른 사람들이 겪지 않으려고 하는 고통을 겪고 있다는 것에 대한 보상의 성격도 없지 않다. 왜냐하면 인기연예인들은 평범하고 안락하고 자유로운 삶을 즐길 수 없기 때문이다. 지하철도 탈 수 없고 대중음식점에도 들어가지 못한다. 제한된 공간 내에서밖에는 자유롭게 행동할 수 없는 것이다. 그리고 거품처럼 사그라들 줄 모르는 인기도 엄청난 스트레스이다. 인기를 누릴 때는 물론 좋지만 해가 갈수록 유행 사이클이 짧아지듯이 연예인들의 인기도 오르는 속도만큼 내리막길도 가파르다. 연예인들은 이런 인기 유지를 위해 애써 보지만 그 많은 연예인들의 경쟁 속에서 뜻대로 되지 않는 것이 당연하다. 이런 인기 스트레스로 인해 신경불안은 다반사고 때로는 자살에 이르기도 한다.

그래서 **애덤 스미스**도 『국부론』에서 연예인들의 이런 고충 때문에 그 보상으로 임금이 다른 직종에 비해 높을 수밖에 없다고 말한다. 물론 대중매체의 시대인 현대에는 너나 할 것 없이 그런 고

애덤 스미스

애덤 스미스 Adam Smith (1723~1790)
영국의 경제학자로 고전경제학의 창시자이다. 근대경제학의 출발점이 된 『국부론』을 저술하였다. 경제학을 처음으로 이론·역사·정책에 도입, 체계적 과학으로 이룩하였다. 개인의 이익을 추구하는 경제행위는 '보이지 않는 손'에 의해 종국적으로는 공공복지에 기여하게 된다고 주장하였다.

통을 몸소 겪으려 해서 연예인의 평균개별 시장가치가 많이 떨어지긴 했지만 말이다. 근세기를 살았던 애덤 스미스이지만 그의 글을 보면 지금 우리 현실의 모습을 너무나 잘 간파하고 있다는 것에 놀라지 않을 수 없다. 약간 길기는 하지만 그의 말을 직접 들어 보자.

매우 유쾌하고 아름다운 재능을 가지면 존경을 받을 수 있다. 그러나 그것을 돈벌이를 위해 발휘한다면 공공연한 타락으로 간주된다. 그러므로 그 재능을 돈벌이를 위해 발휘하는 사람들의 금전상의 보수는 그 재능을 얻는 데 든 시간, 노동, 비용을 보상할 뿐만 아니라 그 재능을 생활수단으로 사용하기 때문에 얻는 불명예를 보상하는 데 충분해야 한다. 배우, 오페라 가수, 오페라 댄서 등의 매우 큰 보수는 이러한 두 개의 기준—즉 재능의 희귀하고 아름다운 것과 그 재능을 그렇게 사용하는 것이 불명예스럽다는 것—에 근거하고 있다. 우리가 그들의 인격을 경멸하면서도 그들의 재능에 대해 이렇게 후하게 보상하는 것은 첫눈에 모순되는 것처럼 보인다. 그러나 우리가 그들의 인격을 경멸하면 우리는 필연적으로 그들의 재능에 대해 후하게 보상할 수밖에 없다. 그러한 직업에 대한 일반의 견해 또는 편견이 변한다면, 그들의 금전적 보수는 곧 감소할 것이다. 많은 사람들이 그 직업에 응모할 것이고 그들 사이의 경쟁은 곧 그들의 노동가격을 감소시킬 것이다. 이러한 재능은 비록 평범한 것은 아니라 하더라도 결코 상상하는 것만큼 드문 것은 아니다. 그 재능을 돈벌이에 사용하는 것이 조금이라도 명예스러운 것이 된다면 그 재능을 발휘할 수 있는 사람들은 더욱 많아질 것이다.

다시 원시사회의 가족제도로 돌아와 보자. 여하튼 추장이 큰 역할을 수행하고 있고 잘못 수행할 경우 추장에게 돌아올 불명예는 그만큼 크다. 이런 불명예의 가능성과 재능의 희귀함 때문에 스미스의 언급대로 부족민들은 그에게 권력을 부여하게 된다. 그리고 화폐나 물건이 제대로 없던 원시 부족민에게는 여자가 곧 남성의 권력 보상물이 되었던 것이다. 그런데 이러한 일부다처제가 권력과 가치재를 소유한 최고 지위자에게만 부여되다 보니 때로는 부족민에게 짝이 될 여자가 부족해질 것은 뻔하다. 그래서 평 부족민들은 결혼할 여자가 있는 것만으로 만족해 하는 경우도 있다.

마을의 추장은 대개가 최고 연장자가 된다. 원시사회에서는 자연이 가장 큰 위험이고 또 이에 대처하기 위한 축적된 자료나 지식도 전수되지 않는다. 그렇기 때문에 오래 살아온 사람일수록 자신의 일생 경험을 통해 자연에 대처하는 능력이 남들보다 더 높아지게 된다. 그래서 최고 연장자가 추장이 되는데 추장은 당연히 젊은 여성들을 부인으로 맞아들이려 할 것이고 추장의 권력이 강해지다 보면 결국 부족의 젊은 여성은 모두가 추장의 아내가 되고 만다. 이제 남은 여자란 '쭈글쭈글한 할머니'들뿐이다. 부족의 젊은 남성들은 어쩔 수 없이 그러나 어찌 생각하면 다행스럽게도 할머니들과 짝이 되어 살아가게 된다. 젊은 남자가 늙은 할머니와 함께 결혼하여 정답게 사는 모습이 원시부족에게 그리 낯설지 않은 것도 그래서이다.

이렇듯 일부다처제는 권력 있는 남성의 상징이다. 그렇다면 반대로 일처다부제도 과연 권력 있는 여성의 상징일까. 물론 일반적으로 일처다부제는 권력 있는 여성의 상징으로 인식되고 있다. 잘 알려진 한국의 한 철학자는 그의 책 『시간과 인간의 존재』에서 일처다부제 생활에 지족해 하는 여성의 상태를 이렇게 서술하고 있다.

> 상상하건대 일처다부제에 있어서는 상황이 지금과 정반대였을 것이다. 인간에 있어 가장 자연스런 면, 즉 동물적인 면인 피와 성에 있어서는 남자보다 여자 쪽이 훨씬 강인하다 할 것이오. 이 점에서 본다면 원시시대에는 일처다부였을 것이 짐작된다. 뿐더러 그것은 가장 무리 없는 제도일 수도 있으리라. 그러나 지금은 그런 상황이 아니다. 툭하면 사내들은 아내에게

바가지 긁히기 일쑤다. 요즈음 젊은이들은 숫제 바가지 긁히는 것을 당연시하거나 안 긁히기 위하여 스스로 굽혀 들어가 부엌살림까지 거들어 준다. 여자 측에서도 바가지 긁기를 애정의 표시라고까지 미화해서 남편들을 순치시킨다.

그러나 저 일처다부시대에도 과연 바가지 긁기가 있었을까. 그것이 애정의 표시로까지 승화될 수 있었을까. 여자가 소유에 대해 그렇게 집요했을까. 오히려 그때의 여자는 원만하고 포용성 있고 관대하지 않았을까. 성적 만족으로 충일해 있으니 신경질 부리지 않고 원만했을 것이고, 이 남자의 아이 저 남자의 아이를 한 품에서 키우자니 포용성 있지 않을 수 없었을 것이며, 남자들이 노동해서 벌어 오는 것을 앉아서 먹고 있었으니 관대하지 않을 수 없었으리라. 여왕벌을 상상해 보는 것이 첩경일 것이다.

그런데 이 철학자의 '상상' 과는 달리 원시시대의 가족제도 중 일처다부제는 극소수에 불과한 것이 인류학계의 정설이다. 그런 오류만 고친다면 여성은 비록 소수에 불과했지만 일처다부제 사회에서 권력을 누렸던 것만은 확실해 보인다.

인류학자 마빈 해리스 Marvin Harris도 일처다부제는 여성권력의 상징이었으며 그것은 원시사회에서 소수에 불과했다고 본다. 그의 『식인과 제왕』에서 일처다부제는 여자들이 지배하는 용맹스

『식인과 제왕』
인류의 문명사를 체계적으로 서술한 것으로, 마야·잉카 문화의 식인풍습과 특이한 종교, 정치 그리고 고대 아시아에서의 전체주의적 절대 권력의 성립, 자본주의의 기원, 산업사회의 거품적 성격 등을 해부하고 있다.

일부다처제와 일처다부제를 다룬 'MBC 스페셜-배신 혹은 해방'

러움과 남에게 지기 싫어하는 경쟁적인 여자들이 보상물로서 굽실거리는 남자들을 차지하는 사회에 적합한 결혼형태라고 한다. 그리고 일처다부제가 가족형태 중 소수의 비율을 가지게 된 이유를 부족의 생존 때문이라고 설득력 있게 제시하고 있다. 그리고 다른 한편 일처다부제는 예외 없이 여성의 권력과 남성의 왜소함을 표현하는 제도로 그리고 있다. 그렇다면 과연 일처다부제에서 여성의 권력과 남성의 종속은 당연한 것일까.

여기서 일처다부제의 성격을 파헤치기 전에 원시사회에서 일부다처제와 일처다부제가 생리적으로 차이날 수밖에 없는 조건을 한 번 살펴보자. 과연 원시부족에 있어 일부다처제와 일처다부제를 시행하는 지역 중 어느 지역이 더 잘살까? 그것은 일부다처제 지역이다. 그 이유는 각 가족제도가 가지는 생식력의 차이를 보면 알 수 있다. 극단적으로 말해 인간은 신체 구조상 남자 1명만 있어도 수천 명의 여자에게 아이를 갖게 할 수 있다. 반면 여자가 1명인 상태에서 아무리 많은 남자가 있어도 아이는 10달에 1명 정도밖에 출산할 수 없다. 여기에다 여성의 수유기간까지 합친다면 여성의 출산 주기는 1년을 훨씬 넘게 된다. '생식의 생산력'에 있어서 일처다부제는 일부다처제와 비교도 되지 않게 열악한 셈이다.

이런 생식의 원리 때문에 일부다처제와 일처다부제 중 일부다처제 사회는 생식의 생산력을 충족시킬 수 있을 만큼의 재화 생산력이 높은 사회임을 짐작할 수 있다. 실제로 생산력이 현재의 인구생존을 충족시키지 못하는 사회에서 자식을 낳는 것은 종족의 파멸을 의미할 수 있다. 그렇다고 생식력 억제를 위해 남성들의 성본능을 계속 억제시킬 수도 없는 노릇이다. 원시부족에게 피임약만 있었더라도 그리고 체외사정 같은 지식만 있었더라도 이 딜레마는 벗어날 수 있었겠지만 그런 가정은 무의미하다. 결국 이런 모순을 극복하기 위해 원시부족이 택한 가족제도가 일처다부제였다. 일처다부제를 통해 남성들의 성본능 충족과 낮은 출산력을 동시에 해결할 수 있었던 것이다.

흔히 볼 수 있는 일부다처제와는 달리 현대세계에서 일처다부제가 확인되는 곳은 티베트와 네팔의 오지인데 그 곳은 대단히 빈곤한 산악 목축민 사회이다. 거기에서는 결혼자금으로 20, 30두의 가축을 신부 친척들에게 건네주어야만 결혼할 수 있다. 신부 집안에서 노동력을 가져오는 대가로 신부대금을 신랑 측에서 지불하는 것이다. 그런데 수십 두에 이르는 가축을 기르는 데 최소한 3년 정도가 걸린다고 한다. 그래서 형이 부인을 맞아들이고 나면 다음 동생이 결혼자금을 마련하기 위해 최소한 3년을 기다려야 했다. 게다가 기근이라도 들면 그렇게 많은 가출을 내놓을 수 없기 때문에 동생을 장가보내지 못하게 된다. 그래서 형이 신부를 맞아들이면 동생이 형수와 동침을 할 수 있는 것이 일처다부제의 실제규칙으로 자리잡게 되는 것이다.

그리고 부인을 공유하는 데서 발생할 수 있는 문제들을 보완하기 위해 다른 여러 가지 규칙이 생겨난다. 목축민의 경우에는 가축과 함께 이동하기 때문에 부인을 남겨 놓고 산에 올라가 수개월 동안 돌아오지 못할 때가 있다. 이 시기를 이용하여 형의 부인에 대한 동생의 사용권은 형이 없는 동안만으로 한정되는 식으로 서로의 경합을 합리적으로 피해 간다.

이처럼 일처다부제는 일부다처제의 방식처럼 한 남편이 여러 부인을 같은 집안에 두고 있는 것은 아니다. 그럼에도 불구하고 일처다부제 사회에서 여성은 단지 남성들의 성본능 충족과 출산력 통제의 희생자로 나타날 뿐이다.

더군다나 일처다부제 지역에서는 여아살해가 횡행할 수밖에 없다. 일처다부제를 시행하기 위해서는 여자가 부족해야 하는데 그러기 위해서는 태어난 아이 중 여아를 인위적으로 없앨 수밖에 없었기 때문이다. 결국 원시사회의 일처다부제는 여성 우위는커녕 정반대로 생존의 몸부림에서 나온 고육지책이었으며, 어린 여자에서부터 살아 남은 여성 모두에게 억압을 강요한 가족제도였던 것이다.

식인종들은 편식가였다

 일처다부제가 부족의 생존을 위한 출산통제의 효과를 가지고 있었던 것과 마찬가지로 식인도 과연 인구조절의 기능을 지니고 있었을까. 일처다부제가 출산을 규제하여 생존을 확보하는 방식이었다면, 식인은 이미 태어난 사람을 먹음으로써 생존을 위한 영양분을 얻는다. 그래서 집단생존의 측면에서 보면 두 제도는 서로 비슷한 성질을 지니고 있는 셈이다. 그런데도 인간이라는 만물의 영장이 어떻게 자신과 똑같은 종족을 먹어 삼키는 일을 벌일 수 있을까라는 의문은 쉽게 사라지지 않는다. 그러나 놀랍게도 인간은 그런 비합리적 행동을 역시 합리적으로 설명해 낸다. 이런 면에서 인간은 어떤 비합리적 행동도 결국 합리성 내에 포섭시킬 수 있다는 점에서 '합리적'이라는 역설도 인정할 수 있을 법하다.
 그러나 사실 식인이 자행된 이유는 원시부족의 의식과 인식의 한계에서 찾는 것이 더 정확하다. 레비스트로스의 『슬픈 열대』에서 잘 나타나듯이 식

보르네오섬에 거주하는 식인종들

인종은 흔히 생각하듯 아무나 잡아먹지 않는다. 우선 식인종들은 자신의 적을 먹어 치운다. 그리고 식인종들이 먹는 대상은 살아 있는 사람이 아니라 죽은 사람들이다. 그러나 그것은 우리 현대인의 관점일 뿐이다. 현대의 죽음에 대한 인식과 식인종들의 죽음에 대한 인식은 서로 다르다. 식인종들이 전쟁에서 창으로 적을 찔러 죽였다고 하더라도 우리 현대인의 입장에서 볼 때나 죽은 시체이지 원시 식인종들에게까지 '죽은 것' 은 아니다. 현대인들이야 움직이지 않고, 심장이 뛰지 않고, 숨이 끊어진 사람을 죽었다고 본다. 그러나 원시 식인종들은 다르다. 죽음에 대한 '과학' 이 없는 식인종들의 입장에서 본다면 창에 찔려 피를 흘리며 죽은 적들은 '죽은 것' 이 아니다. 여전히 팔도 있고 다리도 있고 눈, 귀, 코가 다 있다. 또 피도 흘린다. 이런 눈에 띄는 육체를 가지고 있는 이상 언제 그들이 벌떡 일어나서 자신들을 다시 공격해 올지 모른다. 그래서 식인종들은 적의 시신을 다 먹어 치워 없애 버려야만 적이 사라져 전쟁에서 완전히 승리하는 것이라고 생각한다.

다른 한편 식인부족들은 적을 먹지만 동시에 자신들 부족의 추장도 먹는다. 식인종들은 이렇게 적과 추장만을 가려서 먹는 편식가였다. 그런데 어떻게 적을 먹다가 정반대의 극단이라고 할 수 있는 자신들의 추장을 먹을 수 있을까. 추장이 죽으면 죽은 영이 적이 되기 때문인가. 그렇지는 않다. 오히려 그것도 적을 먹었던 그런 인식의 한계와 같은 궤에 있다. 자신들을 이끌다 죽은 추장을 먹는 이유는 추장의 육체 속에 추장의 정신이 깃들어 있다는 생각 때문이다. 추장의 시신을 부족들이 나누어 먹음으로써 추장이 가지고 있던 탁월한 능력과 지도를 자신들도 가질 수 있을 것이라고 생각했던 것이다. 결국 식인부족들은 눈에 보이는 사물의 곳곳에 정신이 스며들어가 있다는 정령의식을 인간의 육체에도 예외 없이 적용하고 있는 것이다.

그러나 식인부족들의 이런 인식상 한계가 생겨나도록 한 물질적 근거가 있다고 보는 학자들도 있다. 마빈 해리스는 식인 왕국이라고 불리는 아즈텍이 사람고기를 먹도록 했던 것은 그 지역에서 여러 세기에 걸쳐 강도 높은 생산 활동과 인구증가 때문에 생태계가 파괴되고 그 와중에서 동물성 단백질의 섭취도 어렵게 되자 이런 모든 문제들을 동시에 해결하기 위해 식인풍습이 등장했다고 설명한다. 물론 이런 사회적 근거가 정확하게 식인부족들의 의식 속에 자리잡혀 있던 것은 아니다. 그들은 식인풍습을 지니고 있을 뿐 그것의 의미는 알지 못했다. 단지 후대의 사람들이 그렇게 해석할 뿐이다. 그렇다면 부족의 생존이란 측면에서 식인부족민의 무의식 속에 식인을 하도록 하는 명령코드가 들어 있었다는 말이다. 결국 이렇게 식인풍습의 물질적 근거를 보게 되면 식인은 부족의 생존을 위해 정당화된다.

이렇게 식인을 원시부족의 인식상 한계나 물질적인 생존 근거라고 인식하면 이제 식인종은 무자비하고 비인간적인 부족이 아니라 그들의 생존문화에서는 당연했던 관습이라고 수긍하게 된다. 그래서 식인풍습에서 우리는 문화상대주의의 정당성을 다시 한 번 확인할 수 있다.

그런데 문제는 여기서 또 발생된다. 물론 이런 문화상대론은 서양 문화의 절대 우월성이란 맹신을 깨는 데 큰 공헌을 했던 것이 사실이다. 그래서 원시부족들의 생활을 개발과 선교란 이름으로 무자비하게 짓밟았던 서구 문명의 야만성을 폭로하는 시각으로도 유용했다. 그러나 이런 문화상대주의가 지나쳐 모든 문화나 모든 가치를 상대화시키게 되면 이것은 이제 외부의 모든 일에 무력해지고 방관자적인 입장에 서도록 만든다. 히틀러의 나치즘도 그 당시 독일 상황에 비추어 필연적인 현상이었다고 보게 되고, 모든 과부를 불태워 죽였던 인도의 구습도, 그리고 중세의 모순을 숨겼던 마녀사냥도 모두 나름대로의 시대적 이유 때문에 정당화될 수 있다.

이것은 현대의 사회현상을 보는 데도 그대로 적용된다. 보스니아 내전의 참상을 보고서도 그것은 그 나라의 일이니까 간섭하지 말자는 시각이나, 르완다 난민의 기아를 보고서도 그것은 그 나라의 식량이 부족하기 때문에 인구균형과 생존을 위해 당연한 일이라고 보는 것도 모두 이런 극단적인 문화상대론에 서 있는 입장인 셈이다. 이것은 현대 한국사회의 문제를 볼 때도 예외는 아니다. 예컨대 신세대 논쟁에서 신세대의 문제는 그들의 생활 속에서 나온 것이므로 신세대의 입장에서 봐야지 기성세대의 가치관으로 간섭해서는 안 된다는 시각도 결국 문화상대주의의 본질과 다르지 않다.

결국 문화상대주의는 그것이 극단으로 치달으면 모든 현상을 그냥 인정해 버리는 그래서 모든 현상을 적자생존과 시장의 논리에 내버려두는 진화론적 입장으로 돌변한다. 진화론이 오히려 진보주의가 아니라 보수주의와 더 친화력을 갖기 쉬운 이유도 여기에 있다.

 그렇다면 문화상대주의를 인정하면서도 그것이 보수주의나 방관주의에 빠지지 않도록 문화상대주의와 인간의 보편적 가치를 양립시킬 수 있는 일정한 잣대가 필요하다. 이 둘이 조화를 이룰 때 문화상대주의의 원래 의도였던 서구적 시각의 침략적 성격을 극복할 수 있기 때문이다. 그래서 어떤 문화라고 하더라도 그것이 인간의 이상인 자유나 평등, 행복과 일치하지 않는다면 그것은 문화상대론의 입장에서 내버려둘 일이 아니라 적극 개입해야 한다. 반면 그 지역의 풍습이 나름대로 자신의 삶과 행복을 유지시켜 주고 있다면 그것에 대한 침해는 야만성과 퇴보를 의미한다. 그러나 그런 자유나 평등, 행복이라는 보편적 가치의 기준조차도 서로 다른 기준으로 재는 것이 현실이다. 그래서 어떤 해결책에도 불구하고 문화상대론과 보수주의는 여전히 한없는 딜레마에 빠져 있다.

자본주의가 심화될수록 부권은 몰락한다

우리 사회에서 부권이 몰락해 간다고 한다. 그런데 과연 부권은 몰락해 가는가. 그리고 부권이 몰락하면 이 사회는 좋아질까 나빠질까.

부계부권적 가족에 고유하고 가장 큰 문젯거리는 두 가지이다. 그것은 고부갈등과 아버지의 이중성이다. 아버지의 이중성은 아들에 대한 아버지의 자세에서 잘 드러난다. 자기 자식이 귀엽고 사랑스러움에도 불구하고 아들은 상속인이라는 또 다른 역할을 부여받고 있다. 이 때문에 아버지는 상속자인 아들에 대해 한없이 자상할 수는 없다. 자상함과 엄격함이라는 모순된 태도가 공존할 수밖에 없는 것이다. 아들은 어릴 적부터 아버지의 이러한 이중성에 길들여지게 된다. 그래서 아버지에 대해서는 애정과 함께 반항심도 늘 상존하는 것이다. 그러나 대항할 수 없는 아버지의 거대한 힘 앞에서 자신은 그 이중성에 익숙해지고 스스로도 이중화된다. 아마 이 탓에 남성이 감정표현에 있어 솔직해지지 못하는 특성이 생긴다고 볼 수도 있을 것이다.

그러므로 남성권력이 몰락한다는 것, 즉 부계부권적 가족이 몰락한다는 것은 이러한 부계부권적 가족의 고유한 문제점을 없애 준다. 아버지의 이중성도 없애 주고, 부계부권적 가족에 고유한 고부갈등도 사라지게 만든다. 그래서 모계모권제가 가진 사회적 기여도를 역설할 수 있게 된다.

실제로 현대사회는 이러한 부권 몰락이 현실로 나타나고 있다. 이혼사유만 보더라도 우리나라의 경우 부인의 학대와 무관심 때문에 이혼하는 경우가 늘어나고 있는 것만 봐도 그렇다. 배우자의 구박과 폭행 때문에 이혼한 부부 가운데서도 아내의 폭행이나 구박을 호소하는 남편의 비율이 93년 25.5%, 94년 27.4%에서 95년 32.3%로 늘어나고 있어 실제로 매 맞는 남편이 사회적인 문제로 등장하고 있다. 이런 현상에 비추어 본다면 현대사회는 점차 부권 몰락과 모권 중심의 사회로 이행되고 있어 각 가족의 관계와 역할도 모권제에서처럼 원만해질 수 있을 것도 같다. 그렇다면 이러한 부권 몰락의 사회경제적 기원은 무엇일까. 그리고 부권 몰락은 가부장 전통의 몰락이란 측면에서 긍정적으로만 평가할 수 있을까.

프랑크푸르트학파의 시조인 **호르크하이머**는 현대사회의 부권 몰락의 원인을 부권의 물질적 기반이 해체된 것에서 찾는다. 봉건사회에서 가

프랑크푸르트학파
M. 호르크하이머가 지도하기 시작한 후의 '프랑크푸르트 사회연구소'에 참가한 여러 학자들과 제2차 세계대전 후에 재건된 동 연구소에서 배출된 제2세대의 연구자를 포함한 총칭總稱. 그들은 정통파 마르크스주의의 교조주의敎條主義에 반대하면서도, 어떤 의미에서든 마르크스의 동기動機를 계승, 그것을 S. 프로이트의 정신분석학과 미국 사회학의 방법을 결합시켜 현대의 경험을 바탕으로 한 비판이론을 전개하였다.

호르크하이머Max Horkheimer (1895~1973)
프랑크푸르트학파의 설립자. 프랑크푸르트대학에서 공부한 후, 1925년 I. 칸트에 관한 논문으로 교수자격을 얻었다. 1930년 프랑크푸르트대학 사회철학과 학장 및 부속 사회문제연구소장을 지냈으며, E. 프롬, H. 마르쿠제 등과 프랑크푸르트학파를 이루었다. 나치 정권 수립 후에는 스위스로 이주했다가 미국으로 망명, 콜롬비아대학에서 연구했다. 1940년 캘리포니아로 이주하여 아도르노와 함께 『계몽의 변증법』을 출간했다. 제2차 세계대전 후 독일로 되돌아왔다. 사상적으로는 사회민주주의자이며, 학문적으로는 헤겔 철학의 소양과 정신분석학의 지식을 결합시킨, 현대의 특색있는 사회 과학자였다.

정은 수공업 생산체제였다. 이때 가정은 곧 생산단위이기도 했다. 아버지는 생산체제를 지휘하는 감독자였다. 수공업 생산체제인 가정 내에서 위계는 생산적 기반을 위해 꼭 필요했고 그 위계에서 아버지는 연장자로서 그리고 숙련자로서 수장의 지위를 가졌던 것이다. 그래서 굳이 아버지이기 때문에 권위가 있어야 한다는 당위적 지위가 필요 없었다. 가정의 생산체제 기반이 아버지에게 정당한 권위를 부여했기 때문이다.

그러나 자본주의 체제하에서 아버지의 위치는 달라진다. 공장이 생겨나면서 가내 수공업이 해체된다. 생산 공간이 가정이 아닌 외부 공장이 되며, 가정은 생산단위가 아니라 소비단위로 변질된다. 아버지는 생산체제의 수장이 아니라 단지 돈을 벌어 와서 가정에서 소비할 수 있도록 해 주는 사람에 불과하다. 이 경우 아버지는 가정 밖의 기업이나 공장에서 높은 지위에 있을 때에만 가정 내에서 위계와 권위의 물질적 기반을 확보할 수 있게 된다. 전근대시대의 생산위계에 근거한 정당한 권위의 물질적 기반이 현대 가정에서 사라져 버린 것이다. 이 때문에 현대의 자본주의가 심화될수록 부권은 가정에서 몰락해 간다.

최근의 정보화 사회도 부권 몰락에 한몫을 한다. 현대 지식은 새로운 창조에 기반하고 있다. 이러한 정보사회에서 과거의 경험이나 고답적인 지식은 맥을 못 춘다. 이런 기반이 또한 자식에 대한 아버지의 권위를 깎아 내리게 한다. 예전에는 자식들이 신문을 보다 모르는 내용이나 한자를 아버지에게 묻고 그런 과정에서 아버지에 대한 믿음과 존경을 싹틔웠다. 그러나 신문을 읽기보다는 컴퓨터 앞에 앉아 있기를 좋아하는 지금의 젊은 세대는 아버지에게 신문의 내용이나 컴퓨터에 대해 묻지 않는다. 그만큼 지식을 통해 아버지의 존경을 유지할 만한 근거가 사라져 버린 것이다. 결국 현대사회에 필요한 지식이 급격히 바뀌고 정보지식을 둘러싼 세대간의 접촉격차가 벌어지면서 가정 내에서 지식을 통해 세웠던 아버지의 정당한 권위는 더욱 힘을 잃게 된다.

가정 내에서 이렇게 부권이 몰락해 간다고 하더라도 이것이 가정 밖에서 남성의 권력이 몰락하는 것과 일치하지 않음은 물론이다. 가정 내 부권도 사회적 권력과 지위에 의해서 확보되기 때문에 남성들은 기를 쓰고 사회적 지위를 얻기 위해 노력한다. 출세는 자신의 영광뿐 아니라 가정 내에서 자신의 부권을 떠받치는 유일한 길인 것이다. 그러나 대다수는 여기서 낙오되거나 이탈할 수밖에 없다. 그것이 냉혹한 사회적 현실이다.

이렇듯 가정에서의 부권 몰락은 이제 의외의 부정적인 사회적 결과를 초래한다. **프로이트**의 이론에 근거하면 인간의 도덕은 유아기의 오이디푸스 콤플렉스를 통해 성립된다. 오이디푸스 콤플렉스의 기본 가정은 아버지의 존재가 무한한 힘을 가진 권위의 존재라는 것이다. 이 때문에 인간은 성충동을 억제할 수 있는 초자아를 획득할 수 있고 성도덕과 더 나아가 인간 문명도 이룰 수 있는 힘을 얻게 된다. 그런데 문제는 부권의 권위가 물질적 근거를 잃은 현대에서는 이러한 오이디푸스 콤플렉스가 제대로 수행될 수 없다. 권위 있는 존재로서의 아버지상이 더 이상 현대가정에서는 성립되지 않기 때문이다. 결국 이렇게 되면

프로이트Sigmund Freud (1856~1939)
오스트리아의 신경과 의사, 정신분석의 창시자. 히스테리 환자를 관찰하고 최면술을 행하며, 인간의 마음에는 무의식이 존재한다고 하였다. 꿈·착각·해학과 같은 정상심리에도 연구를 확대하여 심층심리학을 확립하였고, 소아성욕론小兒性慾論을 수립하였다.

오이디푸스와 스핑크스
(Gustave Moreau의 그림)

오이디푸스와 안티고네

부권을 통해 성본능을 억제하는 기능에 장애가 발생한다. 물론 자신의 성기를 잘릴지 모른다는 남아의 거세 콤플렉스는 아버지의 사회적 지위와는 관련이 없을지도 모른다. 그러나 분명 가정 내에서의 부권의 몰락은 무섭고 지배적인 아버지상을 감소시킨다. 이것은 결국 프로이트 이론에 근거해서 본다면 성도덕의 문란, 더 나아가 문명 해체의 시발점으로 나타날 수 있다. 그렇다면 성도덕의 확립을 원하는 사람은 가정 내에서 부권 회복을 다시 외쳐야 한다.

게다가 국가가 가정에 간섭하는 것도 막아야 한다. 아버지의 역할을 국가가 빼앗음으로써 가정 내에서 아버지의 역할을 국가가 축소시키기도 하기 때문이다. 언젠가 청소년 비행문제로 청소년의 야간 통행금지를 추진하려는 정부의 시도가 있었다. 그러나 이런 가정과 부권의 논리에 비추어 본다면 청소년 통금은 가정 내에서 아버지가 자식을 통제할 공간을 국가가 그만큼 빼앗은 셈이고 그렇게 되면 부권의 몰락은 더욱 가속화될 것이다. 그리고 부권 몰락은 다시 성도덕의 파괴와 청소년 비행을 늘린다. 그래서 국가가 함부로 나서서 부권을 대신하여 자녀들을 통제하려는 시도는 그 의도와는 정반대로 역효과를 가져오기도 하는 것이다.

몬드라곤은
새로운 대안일 수 있는가?

일반적으로 가족이 해체되는 모습은 하층 계급에서 많이 나타난다. 시골 농지 주변의 한 고등학교는 농번기만 되면 학생들이 며칠 간 결석을 한다. 그래서 선생님들이 집에 전화해서 아이들을 학교에 보내라고 하면 농사일이 바빠 죽겠는데 학교는 무슨 학교냐고 선생님을 나무라는 학부모가 적지 않다. 그리고 아버지의 알코올 중독이나 어머니의 가출 등으로 가사일을 도맡아 해야 하기 때문에 학교에 나오지 못하는 학생들도 있다. 이런 학생들이 한 학급에 평균 십여 명 정도씩 있어서 선생님들을 안타깝게 하고 있다. 서울의 중산층 지역의 학교와는 비교가 안 될 정도로 가족이나 면학분위기가 판이하게 차이난다. 이런 하층 계급 지역에서의 가족문제는 거의가 경제력에 그 근원을 두고 있다고 해도 과언이 아닌 듯싶다. 그러나 경제력이 갖추어진다고 해서 가족문제가 다 해결되는 것은 아니다. 오히려 새로운 가족문제가 발생하기도 한다. 한국의 경기도 지역에서 스페인의 바스크지방의 몬드라곤으로 한 번 옮겨가 보자.

몬드라곤이 위치한 스페인 북부의 바스크 지방은 정치경제적으로 독특한 특징을 갖고 있다. 이 지역은 개인주의적인 서구인들과는 달리 가족간의 유대와 마을 주민들간의 유대, 가문과 핏줄을 중시하는 전통을 가지고 있다. 그런데 이 가난했던 광산촌의 몬드라곤이 30년 만에 고층 아파트와 현대식 건물이 즐비한 아름다운 소도시로 탈바꿈할 수 있었던 것은 이들만의 독특한 협동조합 덕분이었다는 것은 이제 널리 알려져 있다. 대학과 은행, 병원조차도 협동조합으로 운영될 만큼 이들에게 협동조합은 일상생활 그 자체이다. 3만여 명의 주민은 어느 특정조합의 조합원이면서 조합이 세운 공장이나 회사 슈퍼마켓의 공동출자자이자 동시에 근로자이기도 한다. 그래서 몬드라곤에는 자본가가 없다. 유럽 전체가 실업과 경기침체로 몸살을 앓고 있지만 몬드라곤에는 협동조합이 계속 결성되어 실업률이 제로이다.

그런데 이런 경제적 문제가 해결된 몬드라곤에 새로운 문제가 발생하고 있다. 조합에서 남자와 여자는 완전히 평등하고, 그러면서 남녀간의 전통적 차별의식이 도전받게 되면서 이혼이 급증하고 있다. 이를 두고 남자들의 불만이 대단하다.

"조합에서 여자들을 남자와 똑같이 대우하는 바람에 여자들이 드세지기만 했어요. 경제력이 생겼다고 조금만 마음에 들지 않으면 이혼부터 하려 들어요."

국교가 가톨릭임에도 불구하고 몬드라곤의 이혼문제는 이제 여간 심각한 것이 아니다. 물론 가족의 형태를 독신까지 포함시키고 또 이혼과 결혼이 자유로운 것까지 가족의 이상적 형태에 포함시킨다면 별 문제가 아니겠지만 전통적 가족의 해체가 어떻든 기존의 사회적 관념과 대립을 불러일으키는 것은 사실이다. 몬드라곤의 가족문제는 가족구성원의 관계가 이전의 가부장시대처럼 보완적 관계가 아니라 여성지위가 남성과 대등한 대체적 관계로 변하면서 급증한 것이다.

 남녀간 그리고 계급간 불평등이 온존할 경우에는, 경제력과 재산권의 우위를 지키기 위해 '상속'의 안정적 전달이 필요해진다. 이런 조건하에서는 하층 계급보다 중·상층 계급의 일부일처제에 기초한 가족형태의 안정이 더 두드러질 수밖에 없다. 이 경우에는 가족구성원간에 보완관계도 이루어지기 쉽다. 남성이 사회적인 우월위치를 등에 업고 임금취득자가 되고 여성은 가사 일에 중심을 두는 보완적 관계로 가정이 기능상으로는 안정되기 때문이다.

 그러나 불평등이 상존한 사회에서 하층 계급의 가장은 사회에 팽배해 있는 가부장적 이데올로기를 충족할 만한 능력을 갖추지 못한 경우가 대부분이다. 그래서 때로는 하층 계급의 여성들이 저임금취업전선에 뛰어들어야 한다. 이때 가족간의 보완적 관계는 파기되고 사회적으로 부여된 가족구성원간의 기능이 서로 충돌하면서 갈등관계로 진입한다.

 반대로 여성의 지위가 상승되고 사회적인 불평등이 심화되지 않았을 때, 그래서 물질적인 필요가 충족되었을 경우에도 가족해체는 폭 넓게 나타난다. 몬드라곤의 사례처럼 이때도 역시 가족구성원간의 보완적 관계가 파기되고 대체적 관계로 변화하기 때문이다.

경쟁력이 뒤처지는 부분은 도태시켜야 한다

몬드라곤의 사례로부터 가족해체에 대한 보수주의자와 급진주의자의 논쟁을 한 번 정리해 보자.

보수주의자들의 주장처럼 하층 계급에 대한 국가보조를 줄이면 하층 계급 구성원이 가족을 이룰 의욕이 많아져서 가족안정에 도움이 될 수 있다. 그러나 그런 가족이 이루어져도 그것이 중산층 이상의 남자와 가정이 이루어지지 않을 경우에는 여전히 불안정한 가정이 될 가능성이 많아진다. 그리고 또 하층 계급의 여성들이 중상층 이상의 남자와 다시 결합할 수 있는 가능성은 적다.

그리고 보수주의자들이 국가보조를 통해 편부모가족의 경제적 지위가 증대한다면 이혼이 늘고 결혼욕구가 줄어든다고 했는데 이것은 어디까지나 남녀간의 지위가 계층에 따른 불평등이 없어졌을 경우이다. 그런데 대부분의 국가에서 편부모가족에 대한 보조가 여성지위를 남성의 것과 대등하리만큼 많이 지불해 주는 곳은 없다. 결국 국가보조를 통해서도 가족해체가 개선되지 않는 이유는 거의 대부분이 그 국가보조에도 불구하고 결손가족들은 여전히 하층 계급에 속하고 그 때문에 하층 계급이 겪을 수밖에 없는 가족갈등의 경향을 그대로 답보하고 있기 때문인 것이다.

이런 면에서 자본주의 국가 아래서의 보수주의자들 주장은 단지 가족의 안정을 위한 정책이 아니라 경제성장을 위한 시장우위전략에 불과하다.

현대에 오면서 국가가 가족부문을 포함한 사회부문에 많은 관여를 하고 기능을 행함에 따라 사회생활의 변화도 많다. 그리고 성격도 변화한다. 그리고 이러한 국가의 관여가 확대되는 정도를 놓고, 국가의 간섭을 최대한 줄이려는 자유주의자와 국가간섭을 정당하게 생각하는 **케인즈주의**자나 사회주의자로 크게 나뉜다. 이들간의 대립적인 사례는 가족문제를 둘러싼 것뿐만 아니라 제반 사회정책에서 각자의 논리적 근거로 서로 대립되는 지형을 형성하고 있다. 이러한 대립이 가장 빈번하게 발생하는 곳이 경제부문이었다. 국가가 기업 활동에 개입해서 간섭하고 지원해야

케인즈주의
케인즈주의는 1930년대 세계경제가 대공황을 겪을 당시 시장의 자기조정성과 경제의 완전고용 및 성장을 강조하던 기존 경제학 및 행정이론에 대한 반발로 케인즈를 필두로 정부의 개입을 강조한 이론이다. 이후 이론적 변혁을 겪어 왔지만 정부의 개입과 시장의 불완전성을 강조하는 이론이다.

하는가, 그렇지 않으면 최소한의 국가개입으로 시장기능을 극대화시켜야 하는 것인가 하는 해묵은 대립점은 지금껏 그 다양한 아류들을 양산시키면서 존속되어 왔다. 이러한 국가개입효과가 현대에 와서는 경제부문뿐만 아니라 인간의 일상생활에 관여하면서 똑같은 국가개입 논쟁을 불러일으켰던 것이다. 이른바 국가에 의한 사회복지정책이 그것이다.

국가개입논쟁이 인간의 생활동태와 연결되어 논의된 것은 이미 18세기 이후 서구의 지성사에서부터 본격화되었다. 그 선봉장은 흔히 『인구론』으로 알려진 **맬서스**였다. 그는 "억제되지 않는 인구는 기하급수적으로 증가하는 반면 식량은 산술급수적으로 증가한다"라는 유명한 말을 남긴 것으로 기억되고 있지만 이 말 속에는 단순한 인구증가를 경계하는 목소리 이상의 것이 담겨져 있었다. 맬서스는 인구증가로 인해 대중들의 생활수준이 생존을 위한 최저수준에 머무를 수밖에 없었다고 생각했다. 때문에 그에게는 인구 억제가 인간 삶의 질을 향상시키는 데는 가장 중요한 지상과제로 등장한다. 그는 인구 억제가 여러 가지 방법으로 가능하다고 생각했다. 질병이나 기

『인구론』
영국 고전학파 경제학자 T. R. 맬서스의 저서. 맬서스는 식량은 산술(등차)급수적으로 늘어나는 데 비해 인구는 기하(등비)급수적으로 늘어나므로 자연대로라면 과잉인구로 인한 식량부족은 피할 수 없으며, 그로 인해 빈곤과 죄악이 필연적으로 발생할 것이라고 주장하였다.(『두산백과사전』)

맬서스Thomas Malthus (1766~1834)
영국의 인구학자이자 정치경제학자. 저서 『인구론』에서 인구와 식량 사이의 불균형이 필연적으로 발생할 수밖에 없으며, 여기에서 기근·빈곤·악덕이 발생한다고 하였다. 이러한 불균형과 인구증가를 억제하는 방법으로 도덕적 억제를 들고 있다. 차액지대론, 과소소비설, 곡물법의 존속 및 곡물보호무역정책을 주장하였다.

아, 전쟁 그리고 낙태, 동성애, 피임 등 이 모두가 인구 억제를 위해 기여할 수 있는 현상들이었다. 물론 맬서스도 이러한 규제들이 현실적으로 인구 억제에 큰 효과를 발휘하고 있다는 것을 인정했지만 실제로 반인륜적이었기 때문에 현실적으로 승인되지는 못했다. 그래서 맬서스는 결혼을 자발적으로 늦추는 행위가 인구 억제 방식으로 가장 바람직하다고 생각했다. 이러한 도덕적인 억제를 통해 인구를 억제할 수 있을 것이라고 생각했던 것이다.

맬서스

그렇다면 어떤 사람들이 결혼을 늦추면서까지 스스로의 생활을 유지하려고 할까. 이러한 부류에 해당하는 사람들은 대체로 가족의 부양이 곤란한 경우에 처한 사람들이나 결혼 전의 생활수준이나 사회적인 지위를 결혼 후에도 유지하기 어려운 사람들이다. 그래서 맬서스는 구빈법폐지에 초점을 맞추게 된다. 왜냐하면 구빈제도의 가장 큰 문제점은 빈곤층으로 하여금 생계를 보장해 주었기 때문에 빈곤층의 결혼을 앞당기게 하여 인구증가를 가중시킨다고 평가했기 때문이다. 빈곤층이 국가의 구빈제도로 인해 독립적인 생활을 하려는 의지가 사라진다는 것이다. 당시 영국의 구빈법은 2백년의 전통을 이어 온 사회보장제도로서 각 교구에 해당되는 교구민들로부터 세금을 징수하여 지역 내의 빈민들을 구호하는 형태였다. 그래서 맬서스는 이러한 구빈법을 폐지하여 인구증가를 억제하고 정부가 개입하지 않는 자유 경쟁적 노동시장을 확보해야 한다고 주장했다. 이러한 맬서스의 이론으로 이후 영국의 사회보장제도는 빈곤구제의 폭을 대폭 줄이는 대수술을 단행하게 되었다.

맬서스의 인구론은 인구증가의 경종을 말한 이론이기 이전에 국가의 간섭을 배제하는 자유방임적 사상의 토대가 된 이론이었다. 현실적으로 맬서스 이론이 크게 영향을 미친 것은 결국 구빈법의 폐지였지 인구 억제가 아니었던 것이다. 인구 억제는 맬서스의 자유방임사상을 떠받들기 위한 실증적인 자료로 등장할 뿐이었다. 그러나 사람들이 국가의 보조를 받지 못하고 빈곤에 허덕이면서 결혼을 과연 늦춰 갔는지는 확인할 수 없었다. 오히려 이후 몇몇 보고들을 살펴보면 빈곤계층들이 빈곤으로부터 탈출하기 위해 자식이나 배우자를 노동력 수단으로 했다고 한다. 그래서 빈곤계층들은 더욱 빨리 결혼하기도 했고 더 많은 자식들을 낳았을 것이라고 짐작할 수 있다. 이러한 사실을 놓고 볼 때, 맬서스에게 인구 억제를 위해 사회보장제도를 축소해야 한다는 것은 구빈법폐지를 위한 하나의 수단에 불과했다. 결국 맬서스는 삶의 질을 향상시키기 위해 다양한 이론을 펼치고 자유방임적 사상을 선도해 나갔지만 개별인간에게서 떠나 전체사회의 생존이라는 문제에 초점을 맞추자마자 개체로서의 인간이 처하는 가난이나 가족의 문제는 개인 스스로가 이겨내야 하는 것으로 변질되고 말았다.

이러한 맬서스이론이 발표된 이후 이에 대한 반론이 거세게 제기되었다. 그 대표적인 사람이 **마르크스**였다. 마르크스는 인구증가로 인해 개인의 빈곤을 가져온다고 보았던 맬서스에 대해 빈곤의 원인은 노동력을 착취하고 저임금을 지불하는 자본 때문이라고 그의 『자본론』에서 딱 잘라 주장했다. 맬서스는 인구감소→임금증가→삶의 질 향상이라는 메커니즘을 내세웠지만, 마르크스는 이에 대해 인구가 감소할 경우 자본가는 임금을 증가시키는 것이 아니라 고정자본을 늘려 고용되는 인구의 수를 감소시킴으로써 임금은 오히려 계속 저하될 수밖에 없다고 주장한다. 즉 인구감소→고정자본 증대→고용감소→임금감소→삶의 질 하락이라는 메커니즘을 내세워 자본주의체제에서의 자본가의 지배능력을 간과할 수 없다는 것을 지적하고 있다.

그리고 현실적으로 경제력의 저하가 인구를 감소시키지 않는다. 자본이 저임금을 강요하는 것으로 인해 가족의 생계가 어려워지면서 인구가 줄어드는 것이 아니라 오히려 노동자들은 더욱 많은 자식을 낳는다. 이들 자식들을 노동력으로 이용하여 가족생계를 보충하기 때문이다. 마르크스에게서 인구가 증대하는 것은 바로 자본의 착

마르크스

마르크스Karl Marx (1818~1883)
19세기의 철학자, 정치경제학자로서 공산주의의 아버지로 불린다. 1848년 『공산당선언』을 발표하며 "지금까지 인간의 역사는 계급투쟁의 역사다"라고 주장하며 각국의 혁명에 불을 지폈다. 엥겔스의 재정적 원조를 받으며 『독일 이데올로기』, 『자본론』 등의 저서를 남겼다.

『자본론』
원저명은 『Das Kapital, Kritik der politischen Oeconomie』이다. 시민사회·자본주의사회에 대한 내재적 비판을 의도한 것으로, '사회주의의 바이블'로 평가된다.

취가 가져온 가난 때문이었던 것이다. 결국 마르크스는 자유방임론을 주장하는 맬서스의 인구증가론에 대해 국가권력을 통한 정당한 분배를 이루어야 한다는 혁명적 의견을 내놓음으로써 맬서스와는 정반대의 사회주의적 견해와 처방을 내놓게 된다.

물론 현대에 들어와 자식들은 노동력개념이 아니라 양육비, 교육비 등이 드는 비용개념으로 변했다. 그래서 확실히 맬서스의 예견대로 경제력이 없는 집안에서 아이들 수는 많이 줄어들고 있는 것도 사실이다. 부잣집일수록 경제력에 걸맞게 아이를 많이 낳아 대학도, 또 심심하면 '늦둥이'를 낳아 노후에 아이 키우는 재미도 보고 하는 사례들은 모두 경제력이 자식 수를 결정하는 요인임을 잘 보여 주고 있다. 결국 국가의 지원 없이 현대를 살아가는 하층가족들은 비용개념으로 변한 아이들 때문에 가족계획에 아주 충실하다. 19세기에 마르크스에게 대판 얻어맞고도 별 할말이 없던 맬서스이지만 20세기 말에 와서 맬서스이론이 빛을 보는 것이라고나 할까.

최근 들어서는 국가개입의 효과에 대한 논쟁이 경제영역이나 가족문제뿐만 아니라 문화부문으로까지 파급되고 있다. 프랑스의 문화정책사례를 통해 확인해 보자. 프랑스에서는 한 문화부장관이 연극진흥의 뜻을 품고 이를 위해 연극보조금을 늘려 갔다. 그런데 결과는 연극이 오히려 대중들에게 따돌림받아 버리고 말았다. 이 때문에 프랑스 내에서도 자유주의자의 반발이 거세었다. 무슨 이유 때문이었을까.

그 분석은 이렇다. 정부보조금이 없었을 때 연극하는 사람들은 자기 집단의 유지를 위해서라도 대중들에게 인기를 호소하지 않을 수 없었다는 것이다. 상업적으로 성과를 거두어야 돈도 벌고 또다시 다른 공연을 준비할 수 있기 때문이었다. 당연히 연극 내용도 대중적이고 상업적인 방식을 추구하게 된다. 그러나 연극을 진흥시키기 위해 연극지원이 이루어지면서 연극인들은 그들이 원래 추구했던 예술적인 세계를 고수할 수 있게 된다. 그러다 보니 대중들과는 점점 멀어져 갔다. 연극이 대중화되지 못하고 고립되게 된 것이다. 전세계를 휩쓰는 미국문화에 대항하기 위해 자국의 문화를 보호하려던 프랑스의 정책이 오히려 대중들에게는 호소력을 잃고만 결과를 가져왔다.

당연히 이런 상황을 등에 업고 자유주의자의 입김은 세진다. 경쟁력에서 뒤쳐지는 부문은 도태시켜야 한다는 자유주의의 근본명제는 다윈의 진화론에 근거한다. 적자생존을 가장 중요한 명제로 삼는 다윈의 진화론은 적응해서 살아 남은 자는 우월한 능력을 지닌 자이고 그렇기 때문에 적자생존은 인간이 진보한다는 것을 보증한다. **애덤 스미스**는 시장상황은 보이지 않는 손에 의해 유지된다고 했다. 무한 경쟁이 보장된 시장이 신의 축복과 의지에 의해 움직이고 있다는 것은 바로 이런 시장의 우생학에 근거하고 있다. 그래서 시장지상론을 펴는 자유주의자들은 국가의 복지나 지원은 개별인간을 나태하게 만든다고 주장한다. 국가가 기업에 지원을 해 주거나 농업에 보조해 주거나 하는 것들이 오히려 기업과 농업의 경쟁력을 떨어뜨린다는 주장도 모두 이런 자유주의자가 전체사회의 자유를 기준에 두다 보니 이들 자유주의자들에게 개별인간의 존엄이란 무시된다. 전체사회의 발전을 위해 개별인간의 차등은 당연한 것이고, 그 속에서도 도태되는 것은 전체의 자유를 증진시키는 데 선한 것으로 인정되기 때문이다. 이들은 가족 내에서 한 아기가 탄생하는 것을 가족의 기쁨으로 받아들이기보다는 그 사회의 구성원이 한 명 더 충원됨으로써 그 사회의 유지와 재생산이 가능해졌다는 것을 더 중요하게 여긴다.

그러나 국가의 지원과 간섭을 중요시하는 복지국가나 사회민주주의 정책을 지지하는 사람들에게는 각 개인이 겪는 생활의 어려움이 사람들 사이의 평등한 기회를 애초부터 제약한다고 본다. 그래서 그 어려움을 해결해 주는 것이 자유로운 의지를 신장시키는 데 도움이 된다고 생각한다. 앞서 예를 들었던 연극인에 대한 지원도 그 지원을 통해 연극인들이 하고 싶어 했던 작품을 의도대로 꾸미기를 바라는 것이다. 그래서 그 연극이 비록 대중화에는 성공을 하지 못한다 하더라도, 또는 다수의 대중들에게 지지를 받지는 못한다 하더라도, 연극인들 입장에서는 스스로의 자유의지가 이전보다 자유롭게 관철될 수 있다는 것이다.

그러나 이러한 경향이 어디서나 나타나는 것은 아니다. 프랑스와 달리 대부분의 나라에서 이렇게 연극인의 입장에서 연극지원을 해 주고 있지는 않기 때문이다. 그 이유는 무엇인가. 연극에 대한 지원은 일부 연극인들에 대한 지원에 지나지 않는다. 그리고 그것이 가져오는 비대중화에 대중들은 불만을 가지게 될 것이다. 자신들의 세금이 재미없는 연극을 만드는 데 쓰인다는 것 때문이다. 그렇게 되면 선거를 통해 정권을 획득해야 하는 정부에게도 이로울 것이 없다. 지지율이 하락하기 때문에 차후에 정권을 계속 차지할 수 있는 가능성이 줄어드는 것이다. 그러므로 연극에 대한 국가의 지원이 그 한계를 가지고 있는 사례에서 볼 수 있듯이, 현대사회에서 복지국가는 국민의 지지율이 자유주의에 비해 낮아지는 경향이 있다.

이것은 다른 사례에서도 그대로 적용된다. 다수의 정상가족보다는 소수에 불과한 결손가족을 국가가 지원하는 것에 대해서 못마땅하게 생각할 것이다. 열등한 기업에 대한 지원도 우세한 기업이 거부할 것이다. 그렇기 때문에 다수결에 의해 운영되는 민주주의 형태에서는 복지국가 형태가 오래 살아 남기 어렵게 된다. 그나마 자본주의국가들이 사회주의권과 경쟁할 때는 자본주의국가에서 스스로 복지정책을 채택함으로써 자본주의체제의 우월성을 민중들에게 심어 주려고 애썼다. 그러나 동구 사회주의국가들이 몰락한 후에는 자본주의국가 내에서 추진되던 복지정책의 동기도 많이 약화되고 있다. 그렇지만 사회주의적 전통은 북구의 국가들에서 잘 볼 수 있듯이 복지국가의 전통으로 이어져 인간의 존엄과 휴머니즘을 담는 데 기여하고 있음을 확인해 둘 필요가 있다.

둘째 마당
인간과 성

인간은 섹스의 욕망을
타고나는가

　인류학자인 헬렌 피셔 Helen Fisher는 인간이 섹스를 즐기는 이유는 신체적으로 계속 섹스를 할 수밖에 없도록 타고났기 때문이라고 한다. 동물들은 암컷의 발정기에만 교미한다. 그리고 암컷의 발정기란 곧 가임기를 뜻한다. 동물들은 발정기가 되면 성기의 색깔도 변하고 냄새까지 풍겨 수컷의 성욕을 자극한다. 발정기의 암컷과 교미하기 위해 수컷들간의 큰 싸움이 벌어지고 결국 이긴 자가 암컷과 교미할 권리를 얻는다. 그러나 교미가 끝나면 암컷은 임신하게 되고 그러면 또다시 교미는 없어진다. 인간의 사촌쯤 되는 오랑우탄이나 침팬지, 고릴라 등 영장류의 경우는 한 달에 한 번씩 암컷의 발정기가 있어 수컷과 교미하기는 한다. 그러나 임신 중에 교미하는 유인원은 없다. 이렇듯 동물에게 생식과 교미는 일치한다. 동물이나 유인원에게 교미는 발정기에만 생겨나는 생애의 극히 일부분에 불과한 것이다.
　그러나 인간의 암컷은 어떤가. 배란기가 되어도 성기에 뚜렷한 섹스 스킨도 나타나지 않고 냄새도 풍기지 않는다. 여자는 발정기를 잃어버린 것이다. 단지 배란 때가 되면 성기 주변에 질액이 생기는 발정기 흔적 정도만이 남아 있다. 인간의 암컷은 발정기에 구애받지 않고 언제나 수컷의 성기를 받아들일 수 있게 된 것이다. 이는 인간에게서 곧 교미와 임신은 분리되어 있음을 뜻한다. 그래서 인간에게 생식과 섹스는 분리된다. 인간은 그 생식의 특성 때문에 섹스에 방해받을 필요가 없게 되었고 그래서 섹스에서 쾌락을 찾는 또 다른 유희를 만들 수 있게 된 것이다. 이것이 인간과 동물을 구별하는 그래서 인간이 동물보다 더 즐거울 수 있는 신체적 근거이다.

그런데 인간은 생식과 분리되어 섹스를 즐길 수 있는 신체구조를 얻었지만 아이러니하게 그런 신체적 특성 때문에 생식을 위해서도 섹스를 지속적으로 행할 수밖에 없다. 동물에게는 발정기가 가임기이지만 인간은 일정한 발정기가 따로 없고, 그 때문에 가임기도 알 수 없어 아이를 원하면 계속 섹스를 해야 하기 때문이다. 이제 생식 때문에도 쾌락 때문에도 인간은 '섹스 하는 동물'로 규정될 만하다.

원시인의 문신과 치장, 장식이 모두 성교접을 위한 유혹의 수단이었던 것처럼 현대인이 늘 행하는 옷차림과 화장에서부터 고운 말씨, 섹시한 걸음걸이, 늘씬한 몸매, 육중한 체구, 심지어 돈 벌

각종 문신

둘째 마당 인간과 성 63

무르시부족 여인의 얼굴과 입의 아름다운 상징

기에서 권력획득, 지식의 추구까지 이성과의 섹스를 위해 자신의 매력과 유혹미를 돋보이기 위한 수단이 된다. 이런 점에서 보면 비록 성교하는 시간은 일생에 얼마되지 않더라도 성교를 준비하는 시간까지 합친다면 인간만큼 섹스에 많은 시간을 할애하는 생물도 없다고 봐야 하는 것이다. 이런 면에서 우리는 이제 섹스를 추구하는 사람을 '동물적'이라고 부를 수 없게 된다. 그런 사람은 자신의 신체에 충실하기 때문에 극히 '인간적'인 사람이 되고, 반대로 성도덕을 지키는 사람은 성관계를 억제해야 하는 동물처럼 되어가니 '동물적'이라고 지칭해야 할 테니 말이다.

그러나 인간의 성을 이렇게 신체 생리적인 측면에서만 접근하는 것은 한계가 있다. 인간이 동물의 신체와 다르듯 동물적 이성과 감성을 그대로 갖고 있는 것이 아니기 때문이다. 그리고 인간은 동물과 달리 이런 이성과 감성을, 그리고 권력과 풍습을 늘 성과 연결시켜 왔다. 그 때문에 인간사회의 그 무수한 성관습의 역사가 존재하게 되는 것이다.

육체적 관계 속에도 지능은 존재한다

아이 섀도eye shadow는 중세 귀족부인들에게서 유래했다고 한다. 할일없이 소일거리를 찾던 중세 귀족의 여자들에게 자신의 복잡한 정사는 대단한 자랑거리였는데, 그래서 자신은 늘 남자 때문에 피곤하다는 기색을 보여 과시하기 위한 도구가 아이 섀도였다는 것이다. 그만큼 아이 섀도의 유래는 중세 귀족들의 문란한 성생활을 보여 주기에 충분하다. 그도 그럴 것이 자유연애란 없고 정략결혼만이 성행하던 귀족계급에게 자신의 쾌락을 자유롭게 펼칠 만한 공간으로 혼전이나 혼외의 정사를 추구하는 것은 자연스러운 과정으로 이해해 줄 만도 하다.

그러나 혼전의 남녀관계를 맺게 되면 정략결

여성의 화려한 화장

혼시 여자는 이미 처녀가 아니어서 결혼자격에 문제가 발생한다. 그것은 큰 낭패가 아닐 수 없다. 중세 귀족의 여성은 어정쩡한 상태에서 혼외관계를 추구하다 자신의 계급유지를 위한 모든 것을 잃을 수도 있었던 것이다. 그렇다고 자신의 의지와 상관없는 결혼생활 때문에 모든 쾌락을 포기할 수도 없었다. 그렇다면 결혼을 위해 필요한 처녀성도 보존하고 혼외의 성적인 쾌락도 얻는 방법은 없었을까?

이런 딜레마를 중세 귀족의 남녀는 플러팅flirting이란 것으로 해결했다. 남녀간의 혼전정사를 가질 때 처녀막은 다치지 않게 하면서 '할 수 있는 한' 모든 육체적 관계를 맺는다는 것이다. 플러팅으로 혼외의 정사에서 얻는 쾌락과 자신의 지위를 유지하는 두 마리 토끼를 잡는 것이다. 그러나 플러팅에서는 직접적인 성기교접으로 얻는 쾌감을 억제해야 했고, 그 때문에 성교접 이외의 다른 방식을 육체관계에 변형시키다 보니 변태적 성교행위도 빈번했음을 미루어 짐작할 수 있다.

이런 플러팅은 중세 귀족 계급유지에 한몫을 톡톡히 했다. 혹시 생길지도 모르는 귀족의 여성과 다른 계급 남성 사이의 생식을 미연에 방지하는 기능을 하고 기존의 귀족간 혼인관계와 혈통을 유지하는 도구로 플러팅 도덕이 작용했던 것이다. 이런 면에서 플러팅은 그 당시 귀족계급이 가지고 있던 도덕의 가식과 기득권의 부패가 한꺼번에 집약적으로 표출된 관습이었다.

그런데 현대 한국에서 이런 플러팅론이 맹위를 떨치고 있다. 그것은 '페팅론'이라는 새로운 사랑방식으로 부활하고 있다. 그 주창자는 젊은 미혼의 남녀들이 자신의 육체적 사랑과 성적 욕구를 실현시키려 하지만 현실적으로 어려움에 부닥치는 것이 현실이기 때문에 그들을 생각하는 마음에서 페팅론을 주장했다. 물론 육체적 사랑에서도 사랑이 움틀 수 있고 사랑의 발전이 있을 수 있다는 그 M 교수의 주장에 일리가 없는 것은 아니다. 오히려 지금까지 도외시되어 왔던 그래서 꺼려하기만 했던 육체적 사랑의 가능성과 진실을 밝힘으로써 사람들의 의식전환에 큰 자양분이 되었던 것도 사실이다.

그러나 그런 자유로운 육체적 사랑이 청소년을 포함한 젊은 연인들에게는 함부로 허용되지 않는 것이 현실이기 때문에 그는 '과감한 페팅'을 통해 자신들의 육체적 사랑과 성적 욕구를 해소할 수밖에 없다고 주장한다. 현실적으로 혼전 성관계가 인정되지 않는 상황에서라면 그리고 처녀막 없이는 결혼 후 불이익을 받는 것이 한국사회의 현실이라면 처녀막은 보존한 상태에서 육체적 관계를 가지는 진한 페팅이 육체관계의 패턴이 될 수 있을 것이란 이야기다. 얼핏 보기에 혼전의 한국 젊은 연인들이 겪고 있는 성 고민에 커다란 빛이 될 법 같기도 하다.

그러나 성문제의 심각성은 오히려 다른 곳에 있다. 지금 한국 청소년들의 성문제는 그들이 직접적인 성관계를 갖느냐 아니면 갖지 않느냐 하는 육체적 접촉의 정도에 달려 있는 것이 아니다. 이미 청소년들의 육체적 접촉은 상대방과의 인격적인 교감으로까지 발전되는 단계와는 무관해지고 있는 것이 현실이다. 육체적 관계를 꼭 추구하고 싶어하는 젊은 청소년들은 모두들 '잠깐 만나고 차 버리는 일회용'으로 자신들의 성관계를 생각한다. M 교수가 생각했던 대로 참았던 육체적 관계를 해방시킴으로써 인격적 관계로의 발전을 촉진하기보다는 육체적 관계 자체에 탐닉해 버리고 중독되는 그래서 인격적 관계발전에 오히려 장애가 되는 방식으로 육체관계가 받아들여지고 있는 것이다.

이렇듯 페팅론은 지금의 성 상황에 비추어 봤을 때 젊은 청소년들의 성의식을 대변하고 이끌어 가는 방식으로는 너무 무책임하다. 중세의 귀족 여성들에게 플러팅은 성의식의 이중성을 온존시키는 도구였던 것처럼, 지금의 젊은 남녀에게 혼전 페팅을 심어 주는 것도 그들에게 성의 이중성과 성의 가식을 심어 주는 그 이상을 넘지 못하고 있는 것이다.

'진한 페팅론'이 곧 성관계와 처녀성 보존이라는 모순 사이에서 나왔던 것이라면 이미 처녀막 수술의 기술이 알려지고 또 '누구나 이용할 수 있는' 단계에까지 와 있는 현실을 감안해 볼 때 진한 페팅을 허용함은 곧 처녀막 수술로 자연스럽게 이행된다. 처녀막 수술이 가능한데 굳이 성교섭을 참아 가며 진한 페팅을 할 필요가 없기 때문이다. 그렇다면 이제 성도덕의 이중성은 간단히 해결된다. 성관계를 가지며 자신의 욕구를 제어할 필요도 없기 때문에 신적인 갈등도 없다. 달라지는 것이 있다면 산부인과 의사들만 바빠진다는 것이다. 잠시 여기서 눈을 돌려 아랍과 아프리카 일부 부족의 할례의식을 잠시 들여다보자.

아랍계 이슬람권의 부족 중 워오다베족, 보로로족, 페르족 등에서는 처녀막 수술을 하는 산부인과 의사는 없지만 처녀보존을 위한 풍습은 있다. 이들 부족들은 결혼 때 신부의 처녀성을 검사한다. 만일 신부의 처녀성이 입증되지 않으면 결혼은 무효가 된다. 처녀성을 절대시하는 동부 아프리카의 수단과 소말리아에서는 그래서 아예 여자아이가 5~6세 되었을 때 파라오식 할례의식으로 음부봉쇄의 시술을 받는다. 시술은 잔인하며 무자비하다. 고통을 못 참고 울부짖는 어린 소녀를 모친이 상체와 양팔을 부둥켜안

중세 시대의 정조대

고 주술사가 가위로 음핵과 대음순, 소음순 할 것 없이 싹둑싹둑 잘라 도려 낸다. 그런 다음 바늘에 실을 꿰어 음부의 요도만 남겨 둔 채 질구를 봉합한다. 그리고 두 겹, 세 겹으로 실이 엮어지면 마지막으로 주술사가 실의 양끝을 힘껏 잡아당긴다. 잘라 낸 상처자국이 서로 엉켜 달라붙도록 하기 위해서 꼭꼭 묶어 두는 것이다. 시술부위는 8일 만에 아물고, 10년 후 결혼할 때 개봉하여 신랑에게 처녀성을 입증하게 된다.

정조대부터 할례의식에 이르기까지 처녀성에 대한 인간의 콤플렉스는 장대하다. 플러팅과 페팅에서는 비록 인간의 이중성이 역겹기는 하지만 이런 할례의식에서처럼 처참한 처녀성의 족쇄는 없어서 다행이다. 그러나 플러팅과 페팅은 사라져 가고 다시 처녀막 수술이 그 대안으로 등장하고 있다. 물론 처녀막 재생 수술은 주술사가 아닌 산부인과 의사에 의해 고통 없이 시술된다. 그러나 아무리 그렇다고 하더라도 처녀성을 위해 직접 음부에 칼을 들이대는 모습에서 순결의 비용을 생각하기 이전에 처참하고 무시무시한 할례의식이 부활하고 있다는 느낌은 지울 수가 없다.

피임은 부부 사이를 원만하게 한다

아이들에게 성에 대해서 가르칠 때 가장 곤혹스러운 것은 과연 피임법을 가르쳐야 하느냐는 것이다. 가르치자니 성관계를 유도하는 것 같고 가르치지 않자니 성교육의 핵심을 빼먹는 것 같기 때문에 고민하는 것이 당연하다. 그러나 여기에는 자그마한 오해가 있다. 알고 보면 피임기구는 사회적으로 봤을 때 성 개방을 부추기기보다는 오히려 성도덕의 확립과 가정의 안정에 혁혁한 공헌을 한 도구이다.

우리는 앞서 인간은 신체적으로 계속 섹스를 하도록 타고났다고 했다. 그래서 생식을 하기 위해서 인간은 계속 성 행위를 할 수밖에 없었다. 그런데 문제를 한 번 거꾸로 접근해 보자. 만약 아이를 낳지 않으려면 어떻게 해야 할까.

농업생산시기까지는 자식들이 노동력이었기 때문에 자식은 곧 생산성을 의미했다. 그래서 아이를 많이 낳는 것이 미덕이었다. 그러나 공업이 발달하면서 자식에게 교육비, 양육비 등이 들어가고 그러면서 자식은 비용개념으로 바뀌어 간다. 이때는 무턱대고 많이 낳을 수 없다. 우리나라도 경제발전 시기였던 1964년도에는 가족계획 캠페인 구호가 "덮어놓고 낳다 보면 거지꼴을 못 면한다"인 시절도 있었다. 이제 인간에게는 아이 낳는 문제보다는 아이를 낳지 않는 문제가 더 커졌다. 그렇다면 어떻게 해야 아이를 낳지 않을까.

인간은 가임기를 몰랐기 때문에 임신을 위해서는 계속 성관계를 가질 수밖에 없었는데 생식을 억제해야 할 반대의 상황에서는 거꾸로 가임기를 모르기 때문에 출산 억제를 위해서 부인과의 성관계를 일절 참을 수밖에 없다. 특히 중세 이후의 기독교 시대는 유아살해 등을 허용하지 않았기 때문에—물론 사회적 실상은 유아살해가 성행했지만—성관계를 더욱 억제해야 했다. 그래서 근세에 들어서면서 매춘은 더욱 성행하게 된다. 부인과 성관계를 가질 수 없기 때문에 매춘부를 찾게 되었던 것이고 그래서 사회적으로 매춘이 용인되기까지 하였다. 매춘여성 사이에서 낙태의 민간요법이 성행했던 것도 이런 상황과 무관하지 않다. 이렇듯 생식과 성교의 미분리는 인간에게 성적 타락의 기반을 제공해 준 셈이 되었다.

그러나 근대 들어서 피임기구가 개발되자 상황은 크게 뒤바뀐다. 콘돔은 18세기 중에 이미 대대적으로 선전되었다. 이제 피임기구의 발명으로 생식에 구애받지 않고 부인과의 자유로운 성관계를 가질 수 있게 된 것이다. 부인과의 피임을 위해 생겨났던 매춘여성도 그리고 비자발적 임신에 의한 유아살해도 그만큼 줄어들게 된다. 피임기구의 개발로 비로소 인간은 생식과 섹스의 결합에서 탈출하여 섹스를 쾌락의 차원으로 승화시킬 수 있었으며, 가정 중심의 성도덕 기반도 마련할 수 있는 쾌거를 세운 것이다. 동시에 피임법의 발달은 여성이 노동현장에 뛰어들 수 있는 가능성을 열어 주었다. 그래서 피임법은 여성이 대거 사회에 참여할 수 있도록 해 주어 노동력 공급과 경제발전에 공헌을 한 도구가 된 것이다.

다른 한편으로 피임기구는 근세 상층 부르주아 가정에서는 자녀양육에 커다란 역할을 했다. 전통의학에 따르면 아이에게 젖을 먹이는 어머니는 성행위를 하지 못하도록 되어 있었다. 왜냐하면 성생활 때문에 변질된 어머니의 젖이 아이에게 해로운 영향을 끼칠 수도 있다는 생각 때문이었다. 그래서 돈 많은 상층 부르주아 가정에서는 부부간의 성생활을 원활히 즐기기 위해 아이에게 유모를 붙이는 것이 일반적이었다고 한다. 그래야 부부간의 성관계가 원만해져 남편의 외도를 막을 수 있었기 때문이다. 그 당시 가난한 여자들이 대거 유모로 취업하였던 것은 이런 연유에서였다. 그러나 문제는 유모가 아이를 어떻게 돌보는지 알 방법이 없었다는 것이다. 아이가 죽었을 경우에도 유모나 중개인은 계속 돈을 받아 가로챈 경우가 드물지 않았다고 한다. 20여 명의 아이들 중 19명을 죽였던 유모도 있었다고 한다. 이 같은 혼란을 막고 질서를 회복하기 위해 어머니들은 어쩔 수 없이 자기 자식을 키워야만 했다. 그러나 이를 위해서는 아이를 낳은 후에 금방 임신을 하지 말아야 한다. 일단 아이를 가졌으면 잘 키워야 했기 때문에 또 다른 임신을 피해야만 했던 것이다. 그래서 피임법이 생겨나자마자 이것은 부르주아 가정에 급격히 보급되기 시작했다. 피임법 덕분에 부르주아 가정의 부인들이 직접 아이를 돌볼 수 있었고 이로써 젖먹이 아이를 둔 어머니는 성생활을 즐기지 못한다는 일반적인 규제가 무너졌다고 한다. 결국 피임법은 부부간의 성생활을 원만히 해 주었을 뿐만 아니라 자녀양육에 있어 부모와 자식간의 유대관계도 깊게 만들어 준 도구가 된 것이다.

콘돔 광고

이렇게 피임법은 부르주아 가정에서부터 프롤레타리아 가정에 이르기까지 각자의 필요에 의해 확산되었다. 부르주아 가정의 피임법이 부부 성관계의 원만함과 자녀양육을 위해 출산통제를 한 것이었다면, 프롤레타리아 가정에서 피임법이 확산된 이유는 출산통제를 통해 여성이 노동 현장에 뛰어들 수 있는 이유 때문이었던 것이다.

그리고 피임기술은 좀 넓게 보면 생식과 섹스를 극우논리에 이용하는 보수주의 이데올로기를 붕괴시키는 데도 공헌했다. 인구조절을 위해 금욕을 주장했고 거기에서 한 걸음 더 나아가 풍족함은 조혼을 유발함으로 구빈법을 폐지해서 만혼을 유도하자고 했던 맬서스Malthus의 논리도 피임기술로 인해 맥빠진 공론이 될 수밖에 없었기 때문이다.

결국 피임기구 덕택에 성의 동물적 한계로부터 그리고 온갖 생식과 섹스의 이데올로기적 결합으로부터 인간은 진정한 자유를 쟁취할 수 있

> **앙시앵 레짐**ancien régime
> 프랑스어로 구체제란 뜻으로 14세기~18세기의 절대왕정 시대를 가르킨다. 1789년의 프랑스 혁명 때에 타도의 대상이 된 정치·경제·사회의 구체제이다. 넓은 의미로는 근대사회 성립 이전의 사회나 제도를 가리키기도 한다.

게 된 것이다. 중세 **앙시앵 레짐**의 성 타락을 비난하며 새로운 시대를 세운 근대의 성도덕도 이러한 피임기구의 개발이 없었다면 아마 성합되기 어려웠음을 쉽사리 짐작할 수 있다. 그리고 이때부터 '낭만적 사랑'이라는 현대의 사랑정신도 가능해진다. 정신적 사랑과 육체적 사랑이 결합될 수 있는 여건이 그때서야 생겼기 때문이다.

우리는 그 일에 열중하고 있다

"겨우 한 달에 한 번?"은 불화와 이혼사유가 된다. 성관계 횟수뿐만 아니라 성접촉의 '질'도 불만의 사유가 된다. 남자로 태어난 남편이 아내에게 가장 듣기 싫어하는 말은 "남자가 이것도 못해?"라는 말과 이것을 밤일까지 연장시킨 말인 "벌써 끝났어?"라는 말이란다. 여성들도 이제 성관계 요구와 성적 쾌락에 대해 자율적인 의사를 표현하고 그것을 침실에서부터 법정까지 다 적용하는 존재가 된 것이다. 그러나 다른 한편으로 여전히 성적 행동은 부끄럽고 함부로 내세울 만한 일이 아니라는 생각도 있다. 신혼여행이나 부부관계에서 여성 쪽에서 먼저 과감한 성행위를 하려고 해도 혹 '이 남자가 나를 그런 쪽에도 튼 여자라고 생각하면 어떻게 하지?' 라는 생각 때문에 이러지도 저러지도 못하는 어정쩡한 상태가 오히려 지금의 현실을 더 잘 반영하는 것일 수도 있다. 아무리 침실의 쾌락을 추구하고픈 여자라고 하더라도 성행위를 너무 밝히면 오해받기 십상이니까.

그런데 많은 조사에서 결혼생활에 만족해 하는 부부 10쌍 중 8쌍 정도가 부부 성생활에 만족한다고 한다. 이런 조사에 의하면 성적 행위를 표출하든 억제하든 결과적으로 성생활의 만족 여부는 가정불화와 화목의 중요한 요소인 것이 사실인 듯하다. 그래서 이 조사를 놓고 결혼생활의 원만함을 결정하는 요소로 성관계가 가장 중요한 요소라고 공공연히 주장할 수 있다. 이혼 사유 중 '성격 차'라고 표현되는 것도 실제로는 모두 '성 격차'에서 비롯된 것이라고 간주하는 것이다. 이런 시각에는 인간은 신체 생리 구조상 섹스하는 인간이라는 것이 깔려 있다.

이런 판단은 어느 정도는 설득력 있게 현대사회의 부부생활을 설명해 주는 듯하다. 실제로 결혼관계의 사회적 변화 때문에 부부관계에서 성이 차지하는 비율이 커진 것은 사실이다. 이것은 여성들의 순결의식이 약화되고 혼전 성관계가 확대되었다는 사실이 잘 뒷받침해 준다. 예전 같으면 결혼 후 남편과 갖는 성관계가 최초의 성관계였고 그래서 성관계에 대해서는 비교 우위에 대한 생각이 없이 여성에게 그냥 주어진 것으로 살아갔다고 할 수 있다. 그러나 혼전 성관계가 확산되면서 성적 경험을 가진 여성들이 많아졌다. 그리고 여성의 성 개방이 혼전 성관계의 확산으로 나타나면서 성관계의 쾌감을 비교할 수 있는 척도, 즉 남성의 성적 테크닉의 차이를 구분할 수 있는 능력이 여성에게 생기는 것은 어쩌면 당연한 일이다.

이렇게 되면 남성의 성기능이 열등할 경우 결혼 후 성생활에 불만족은 늘어난다. 이것은 남성들의 '변강쇠 콤플렉스'를 더욱 자극한다. 탁월한 성적 능력을 통해서만 가정생활을 지키고 남성의 의무를 다해 낼 수 있다는 것이다. 남성은 이러한 성관계가 인간관계를 지배할 수 있다는 생각 때문에 더욱 집착한다. 그래서 침실에서까지 자신이 우월해야 하고 리드해야 하고 강해야 한다고 믿는다. 그러나 그것이 스스로에게 만족스럽지 못할 경우 남성들은 다른 방식으로—예컨대 무력과 폭력 등—자신의 우월함을 보여 주려 한다. 그래서 남성의 성능력 콤플렉스는 때로는 가내폭력이나 무기력의 원인이 되고 또 그런 부담 때문에 서비스를 제공받을 수 있는 매춘부를 찾는 남성들도 생긴다. 이 정도가 되면 부부 관계는 왜곡된다. 성관계는 관계의 발전이 아니라 탐닉과 도착, 권력의 장이 되고 마는 것이다.

이러한 방식으로 성을 생각하고 또 성에 접근하는 것은 성생활을 하나의 독립된 공간으로 간주하는 것이다. 그러나 성관계는 과연 그것 자체만으로 인간에게 진정한 쾌락을 주는 독립된 공간일 수 있는가. 진정한 쾌락은 만족이다. 만족된 상태란 더 이상의 것을 바라지 않는 상태다. 그렇다면 성관계에 계속 집착한다는 것은 결국 성관계에서 충만한 희열과 만족을 찾지 못한다는 것과 같은 말이다. 그래서 계속 또 다른 성관계를 찾게 되고 또 성적 분위기와 담화들을 추구한다. 포르노니 성희롱이니 하는 언술들에 빠져들고 끊임없이 집착한다. 프랑스의 사상가 **푸코**Foucault는 『성의 역사』에서 이렇게 말한다.

푸코 Michel Foucault
(1926~ 1984)
프랑스의 철학자, 역사가, 사회학자로서 20세기 가장 뛰어난 철학자 중 한 사람으로 꼽힌다. 그는 구조주의를 주창한 대표적 철학자로서 사회 구조나 언어 구조 등의 '구조'가 우리 사회의 모든 것을 결정한다고 주장했다. 여기서 구조란 '짜여진 어떤 틀'을 말하는 것으로, 인간의 자아나 관념 역시 이 틀 안에서 탄생하고 전개, 소멸한다고 그는 보았다. 권력과 지식 그리고 담론과의 관계를 중심으로 '무의식적 문화'의 체계에서 인간 사고의 기저基底를 구하였다. 저서에 『앎의 고고학』, 『감옥의 탄생』 등이 있다.

「성의 역사」
그의 모든 논의의 중심에는 인간의 신체가 있었다. 그는 신체야말로 권력의 시발점임과 동시에 저항의 시발점이라고 말한다. 이 책은 '성'과 그것을 행하는 '인간' 그리고 그것들을 조직하는 권력(혹은 담론 - 힘 있는 말)에 관해 이야기하고 있다.

성적 담화에 대해 고찰한 미셸 푸코

아무래도 우리는 다른 어떤 것보다도 성에 대해 더 많이 말하고 있는 것 같다. 우리는 그 일에 열중하고 있다. 그러면서도 우리는 이상한 거리낌 때문에 우리가 그것에 대해 충분히 말하고 있는 것이 아니라고, 우리는 너무 겁이 많고 소심하다고, 우리는 너무나도 분명한 것을 무기력과 복종 때문에 숨기고 있다고, 그리고 본질적인 것은 언제나 우리들의 손에서 빠져 나가며, 그렇기 때문에 그것을 찾아 또다시 떠나야 한다고 확신하고 있다. 성에 대해 가장 끈질기고 동시에 가장 초조해 하는 사회가 있다면, 그것은 바로 우리들의 사회일 것이다.

『TIME』지의 한 커버스토리에서는 3,432명의 미국 성인남녀를 대상으로 시카고 대학에서 조사한 「성에 관한 미국인의 의식과 행태」를 게재했다. 킨제이보고서 등 그간의 미국인에 대한 성생활 실태보고서의 조사상에 나타난 문제점을 불식시키고 객관적인 시각을 견지할 수 있는 대학연구소에서 미국인의 성생활조사를 시행한 것이다. 그런데 이 조사 과정에서 의회 보수주의자들의 반대로 연방정부로부터의 연구비가 완전 봉쇄되었다. 행여이 조사의 결과가 동성연애자들의 입지를 강화시켜 주고 무절제한 성적 행태를 추인하지 않을까 하는 보수주의자들의 우려가 작용했기 때문이다.

반면 진보적 성향의 재단은 적극적으로 이 연구를 지원했다고 한다.

그런데 연구결과는 기대와는 반대로 나타났다. 성경험, 자위행위, 임신과 피임, 낙태, 결혼과 동거, 성적 호·불호의 문제, 동성애 등에 관해 광범위하게 조사했던 이 보고서가 발견한 미국인의 성에 대한 의식 및 행위는 매우 무덤덤하고 보수적이었다.

예컨대 대부분의 미국인은 어느 한 시점에서 볼 때 성관계를 맺는 상대자가 하나밖에 없다든지 아니면 아예 없든지, 한 달에 고작 서너 차례 혹은 그 이하의 성관계를 갖는다고 조사되었다. 체위도 보편적인 형태를 선호하며 뭔가 새로운 자극을 추구하고자 하는 성향은 별로 없었다. 또 결혼을 통한 성관계에서 더 큰 만족감을 느끼며, 성생활 그 자체보다 결혼이 제공해 주는 심리적 안정감을 더 추구하는 것으로 나타났다. 이것이 전후의 베이비 붐 세대가 장년에 접어들고 있는 미국 보통사람들의 모습인 것이다. 미국사회가 성적으로 관용적이지만 실제 모습은 결코 자유분방한 길로 치닫고 있지는 않다는 것이다. 또 자신들이 미국 인구의 10%를 차지한다는 동성연애자들의 주장과는 달리 이들은 약 3%에 지나지 않는다는 결과도 나왔다.

이렇듯 미국의 예에서 잘 드러나듯이 성생활의 실제는 보수적임에도 불구하고 왜 인간사회에는 푸코의 말대로 야한 성적 담화가 차고 넘치는 것일까.

우리 사회에 충만한 성적 담화는 담화 그 자체로만 보면 인간의 신체와 의식이 성에 지배당하고 있는 것으로 비춰질 수 있다. 이를테면 문명을 처음 봤다는 남태평양의 어느 섬의 추장도 현대 문명인의 풍성한 성적 담화에 대해서는 충분히 이해할 만하다고 한다. 처녀들이 너무 철저하게 몸을 숨기기 때문에 젊은이들이 한 번만이라도 그것을 보고 싶다는 강한 소원을 가지게 되는 것은 자연스러운 것이라는 것이다. 남자들은 밤낮을 가리지 않고 이 일에 대해 고민한다. 그 추장은 만약에 여자들이 더 자유롭게 몸을 보여 준다면 그들이 처녀를 만났다 하더라고 좀더 다른 일을 생각하게 될 것이고, 눈을 찌그러뜨리지도 않을 것이며, 입으로 음탕한 말을 하는 일도 없을 것이라고 말한다. 이런 원시인의 눈에 비친 모습이 어쩌면 우리 사회를 잘 반영해 주고 있을지도 모른다.

　실제로 포르노를 본 남성들은 미국의 포르노가 일본의 포르노보다 더 노출이 심하고 노골적인데도 일본 포르노가 더 외설적이라고 한다. 미국의 포르노그라피는 성적인 교섭이라든가 성기 자체를 즉자적으로 노출시켜 버리기 때문에 육체를 물질시하지만 그에 반해 일본의 포르노그라피는 성기나 성교장면을 직접 보여 주지 않음으로써 심리적으로 외설적 추구를 더 고양시켜 성적인 망상을 증폭시키기 때문이라는 것이다. 포르노의 야한 수준면에서 보자면 일본의 포르노기 한 단계 위인 셈이다. 이런 짐은 단지 성교를 위한 매춘이 아니라 가상현실 속에서 이룰 수 없는 인간의 욕구를 적절히 이용한 최근 일본 포르노 산업에서도 잘 드러난다. 흔히 남성들은 버스 안에서 미니스커트를 입은 여자를 보고 성교의 충동을 느낀다. 이러한 남성의 상상심리를 이용해서 일본의 한 포르노 회사는 건물을 빌려 버스 공간과 미니스커트 입은 여자를 그대로 재현한 후, 그 버스 안으로 고객을 들여보내 그 여자의 치마를 들춰 보고 희롱하는 산업을 만들어 냈다고 한다. 결국 이런 성의 이중성 속에서 지속되는 인간의 충족되지 않는 성욕은 거대한 포르노산업의 토양이 된 것이다. 이러한 일본의 포르노는 성생활에 있어서도 실제의 보수적인 세계를 등에 업고 성적 담화들이 수없이 판칠 수 있는 가능성을 잘 보여 준다.

　성적 담화는 이렇듯 인간의 심리와 사회적 제도들 속에서 성에 대한 이중적인 모습 그 자체에 자양분을 두고 있다. 인간의 실제 모습이 성적으로 개방되고 아무런 규제가 없다면 그런 성에 관련된 무수한 담화들과 포르노·매춘산업은 자신의 입지를 잃고 마는 것이다. 사회적 장치들은 교묘하게 인간의 성적 심성을 이용하고 있다. 그래서 실상 인간의 성관계는 자신의 생각에 따라 스스로 생각해서 우러나오는 것이 아니라 사회적 생동과 제도의 집합체이자 종속물인 셈이다.

　많은 사람들은 포르노나 매춘, 그리고 탐닉적인 섹스에서 만족을 얻지 못한다. 사랑 없는 섹스의 고통증세는 갑절의 허탈감이다. 물론 섹스 뒤에는 보통 허탈감이 따르기 마련이지만 사랑 없는 섹스의 경우에는 사랑이 있는 섹스보다 그 허탈감이 더하다. 최고봉에 올랐다가 그 다음은 산에서 내려오는 일밖에 안 남으니, 정복감도 정복감이지만 허탈할 수밖에 없다. 그래서 그 심한 허탈을 메우기 위해 자극적이고 쇼킹한 섹스테크닉에 또다시 집착한다. 그러나 그럴수록 그 허탈의 파장은 더 길다. 많은 사람들이 피스톤 운동의 삽입이나 사정 같은 성관계 자체에서의 만족보다는 오히려 애정 있는 사람과의 전위, 포옹, 페팅, 접촉에서 더 큰 안정과 지속적인 만족을 얻을 수 있다고 말하는 이유도 그래서 이해할 수 있다. 이것은 인간의 성접촉이란 결국 인간관계의 반영임을 의미하는 것이다. 이제 앞서 결혼생활에 만족하는 대부분의 사람들이 성생활에 만족하는 이유는 바로 남성들의 정력과 섹스 테크닉 때문이라기보다는 바로 그 결혼관계의 원만함 때문이라고 봐야 할 것이다.

왜 베스트 서비스맨은
성욕이 없는가

 현대 가정에서 부권이 몰락하고 있다는 것은 가정과 같은 사적인 부문에서 민주주의가 진척되고 있다는 좋은 징표이다. 그러나 단지 남편이 아내에게 '잘해 주는' 것만으로 부부간의 관계가 원만해지는 것은 아니다.
 김 모씨는 63빌딩에서 베스트 서비스맨으로 뽑힌 20대 후반의 웨이터이다. 주위 사람들은 그는 사람에게 친절한 성품이 타고났다고 한다. 특히 여자에게는 듣기 좋은 말도 잘해 주고 선물도 주면서 그야말로 마음으로부터 우러나오는 친절을 베푼다고 한다. 이것은 결혼한 아내도 인정한다. 그의 아내는 그 남자의 그런 친절함에 반해 여러 여자와의 경쟁을 뚫고 그 남자와 결혼에 이르렀음을 스스로 고백한다. 그리고 결혼 후에도 그 웨이터 남편은 직장에서처럼 집에서도 요리며 빨래며 아기 봐 주기를 부인 뺨치게 잘해 자상하기 이를 데 없다고 부인은 연신 자랑이다.
 이런 남자인데도 부인은 남편에 대해 엄청난 불만을 갖고 있다. 남편이 자상한 것부터 시작해서 주위 사람에게 잘해 주는 것 등 다른 것은 다 좋은데 성관계가 문제라는 것이다. 한 달에 한 번꼴도 안 된다고 부인은 푸념이다. 남편이 혈류이상 등 발기에 이상이 있는 '고자'도 아닌데 그렇다고 한다. 문제는 남편에게 성적 욕구가 거의 없다는 것이다. 성관계 대신 그런 정력을 술로 소비한다고 술고래가 된 남편을 성토한다.

당연히 이 남자는 몸에 이상이 있는 것이 아니라 정신에 문제가 있다. 인간의 육체 중 성기는 인간의 정신적 상태와 가장 민감하게 연결되어 있는 신체부위이다. 특히 남성의 경우는 그 연결이 더욱 뚜렷하다. 자신감이 없으면 발기도 안 된다. 정신과 의사들은 그 남자의 정신적 이상이 부인으로 하여금 성관계에 불만을 품게 한 주된 이유라고 해석한다. 자신감 상실이 남성의 성욕감퇴에 가장 큰 요인인 것이다. 물론 어찌 보면 '속류적 프로이트주의'에 빠진 해석일지는 몰라도 현실적으로 남성이 자신감을 상실하면 부인에 대한 성적 욕구가 줄어들게 되는 것이 그리 이해하기 어렵지 않다.

특히 그 웨이터 경우는 직장에서 베스트 서비스맨이다. 그런 수준까지 올라갔다면 이미 다른 사람에게 봉사하는 정신을 스스로 체화시키고 있다고 볼 수 있다. 그러니 집안에서도 직장에서와 마찬가지로 아내에 봉사하려는 정신이 투철하다. 남편의 그런 봉사정신 덕택에 반대로 부인은 여장부처럼 드세고 그것이 거꾸로 남편의 자신감을 더욱 잃게 만든 요인으로 작용하게 된다. 결국 부권의 몰락과 가정 내 민주주의는 가정의 평안을 보장하는 필요조건은 될 수 있지만 충분조건은 아닌 셈이다.

실제로 이런 접근에서 우리는 남자와 여자의 관계에서 하나의 딜레마를 발견한다. 신체적으로 보면 인간은 다른 동물과는 달리 성행위시 남성이 능동적이어야 한다. 그렇지 않고서는 성관계가 성립될 수 없다. 극단적인 예이긴 하지만 강간에서 남성 가해자는 있지만 여성 가해자는 없는 것처럼 말이다. 그런데 여성이 사회적 심리적으로 능동적이 되더라도 남성이 따라 주지 못할 때가 있다. 특히 이것이 남녀평등, 부부평등의 가치 아래 부인이 가정 내에서 주도권을 실제로 잡으면 남편의 능동성은 더욱 약해질 수밖에 없다. 이것은 곧 부부간의 성관계에서 남성은 무력해지고 성관계를 의무감의 형태로 받아들이게 될 수 있다. 이런 성관계에서 무력감과 의무감을 느끼는 남성은 아내와의 성관계를 회피하거나 심할 경우는 매춘을 통해 자신의 욕구를 해결한다. 결국 성부분에 있어서는 사회적인 관계와 신체적인 관계가 조응할 때 남성지배라는 가부장제가 커다란 문제였지만 그런 양자의 관계가 서로 어긋나도 거기에서 또다시 다른 문제는 파생되는 것이다.

  베스트 서비스맨 사례에서도 어느 정도 드러나지만 자신의 직업이나 계급위치와 성행위와는 밀접한 관계가 있을 수밖에 없다. 이것은 인간의 생존을 위한 노동과 성행위가 서로 대립하고 있는 관계에서 잘 보인다. 바따이유는 인간이 도구를 사용하여 노동을 시작한 이후부터 성행위는 금기시되기 시작했다고 한다. 그럴 수밖에 없는 것이 노동에 몰두한 집단은 성행위에 빠질 수 없기 때문이다. 노동의 대립체로서의 성행위는 일종의 폭력이며, 더구나 그것은 순간적인 폭력이기 때문에 노동을 혼란에 빠뜨릴 수 있는 것이다. 그러므로 성의 자유는 노동이 등장한 이후부터 제한이 가해지게 된다. 그래서 원시시대부터 인간에게 유일한 보편적인 성적 금기로 존재하고 있는 근친상간 금기도 결국에는 이러한 인간의 노동을 통한 생존과 관련된다.

그래서 거침없이 개방된 성은 노동력을 감소시키고, 노동은 또다시 성적 충동을 감소시킨다. 이렇듯 노동과 성생활은 양립 불가능하다. **바따이유**Bataille를 통해 직접 들어 보자.

> 노동은 예술이 발생하기 훨씬 전부터 존재하던 것이었다. 연대를 가능할 수 있게 하는 석기의 흔적을 통해 우리는 그것을 짐작할 수 있다. 원시인의 노동은 성생활, 살해, 죽음을 배제한 노동세계를 지향했던 듯하다. 성생활, 살해, 전쟁, 죽음은 노동의 세계에서 볼 때 심각한 혼란이며, 더 나아가 그것은 전복이다. 그러한 것들은 전체적으로 노동의 세계에서 배척당했으리라는 것은 충분히 짐작하고도 남음이 있다.

이러한 성적 제약은 원시사회에서뿐 아니라 부르주아 시대에도 잘 나타난다. 결혼관계 내에서만 성행위를 장려하는 부르주아 성도덕이 확산되었던 것도 그리스시대부터 중세에 이르는 문란한 성행위가 노동을 방해할 수 있었기 때문이다. 그래서 부르주아 도덕은 자본주의 초기의 공장노동을 위해 노동자의 성적 충동을 억제하여 가정

바따이유Georges Bataille (1897~1962)
평생 무신론의 입장에서 인간을 구원할 통일원리는 무엇인가 하는 사색의 고투를 하였다. 미셸 레리스를 비롯한 친구들과 사회학연구회를 설립하거나(1936), 서평書評 중심의 새로운 형식의 종합잡지 『비평』을 창간한 것도(1946) 모두 이와 같은 입장에서 새로운 정신공동체의 수립을 목적으로 한 것이었다. 문학·철학·예술·사회학 등 광범위한 영역에서 죽음과 에로티시즘을 중심축으로 깊어져 간 사색은 『안구담眼球譚』(1928) 등의 처절한 에로티시즘 소설로, 또는 박력이 넘치는 『무신학대전無神學大全』(2권, 1943~1961) 등으로 결실을 맺었다.

킨제이 보고서

미국의 동물학자 A. C. 킨제이가 조사·발표한 현대인의 성실태性實態에 관한 보고서. 인디애나대학교 동물학 교수이자 성연구소 설립자인 킨제이는 록펠러재단과 국립연구평의회의 후원으로 두 사람의 협력자와 함께 미국의 모든 연령·직업·계급에 걸쳐 남성 5,300명을 면접하여, 『인간에 있어서 남성의 성행위 Sexual Behavior in the Human Male』를 상·하 2권으로 1948년에 발표하였다. 이어 1953년에는 여성 5,940명을 면접한 자료로 『인간에 있어서 여성의 성행위』를 발표하였다. 이에 의하여 현대인의 보편적인 성생활관념에 도전하고 금기의 주제를 다룸으로써 커다란 반응을 불러일으켰다.

에 한정시킴으로써 노동자의 노동을 공장노동에 집중할 수 있도록 했던 것이다.

그래서 **킨제이 보고서**에서 나타났듯이 노동을 하지 않는 룸펜 패거리는 성적 충동의 빈도에 있어 49.9%의 높은 비율로 나타나고 있다. 그러나 좀더 도덕적인 부류라고 할 수 있는 인부들은 15.4%, 단순 노동공은 16.1%, 숙련공은 12.1%, 하급 화이트칼라는 10.7%, 고급 화이트칼라는 8.9%의 빈도수를 나타내고 있다. 그런데 고급 화이트칼라로부터 지도계급에 해당하는 중역으로 넘어가면 수치는 세 단위 이상 건너뛰어 12.4%에 이른다. 인부에게서부터 고급 화이트칼라에 이르기까지는 일정하게 감소하는 반면, 고급 화이트칼라와 중역간에 벌어진 3.5%라는 수치는 약 30%의 증가율을 보이고 있는 것이다. 결국 성충동에 있어서는 노동이 없는 룸펜 프롤레타리아와 지도계급의 양극단만 우월한 수치를 가지고 있는 것이다. 특히 지도계급의 경우 오르가슴은 다른 노동계급보다 주당 2~3차례 더 많다고 한다. 이것은 지도계급들이 최대한 한가로움을 누리며, 그 계급이 누리는 부의 정도는 그들의 노동량과는 무관하기 때문이다. 그래서 지도계급은 명백히 노동계급보다는 더한 성적 충동 속에 살 수밖에 없다.

이것은 단지 성행위 빈도뿐만 아니라 성적 유희에 의한 에너지 소비와도 관련된다. 한 번의 오르가슴에 약 10초 정도의 시간을 소비하는 유인원과 성희를 즐기면서 수시간을 보내는 인간에게 있어서의 에너지 소모량은 비교할 바가 못 된다. 그러나 인간 사이에도 성희 지속에 있어서는 계급간에 차이가 나타난다. 장시간에 걸친 성희는 상류 계층에 속하는 일이다. 생활이 어려운 남자들은 동물의 오르가슴에 비해서 약간 길기는 하지만 대개 여자가 오르가슴에 오르기도 전에 끝나고 만다. 소수의 중역이나 지도계급만이 전희에 의한 성생활을 즐기는 것이다. 그래서 인간은 성교 수준에서 유인원보다 우월해지려면 적어도 최상층에 진입해야 하는 것이다.

결국 이런 식으로 노동과 성의 관계를 본다면 바깥일에 지쳐 집에 들어온 남편이 '밤일'도 제대로 못한다고 구박하는 것은 결국 일을 그만하고 집에서 쉬든가 아니면 빨리 돈을 벌어 유한계급이 되라는 요구와 별반 다를 것이 없다. 그러나 그 어떤 쪽의 해결책이든 인간의 생존과 인간의 영장성을 부여했던, 그래서 인간을 인간이게끔 했던 바로 그 '노동'을 부정하는 것이다. 이런 지경에 이른다면 이제 인간들은 설사 성적 충동은 늘릴 수 있다 하더라도 생활수준에 있어서는 그야말로 '가족'의 형성을 포기하고 '가축'이 되어야 할지도 모를 일이다.

포르노그라피는
무엇이 문제인가

　미국에는 포르노 영화만을 상영하는 '성인전용극장'이 있다. 그런데 이 극장 앞에서 자주 데모하는 대표적인 그룹들을 보면 재미있는 현상이 눈에 띈다. 우선 가장 자주 눈에 띄는 집단은 기존의 성도덕을 중시하는 보수주의 그룹들이다. 우리나라로 치면 청소년 선도협회 같은 그룹이 청소년의 건전한 의식형성을 위해 포르노 극장 앞에서 포르노 영화의 상영을 중지하라고 외친다. 그런데 이 극장 앞에서 데모하는 또 한 그룹은 이들 보수주의 그룹들과는 이념상 극단에 서 있는 급진적인 페미니스트들이다. 그래서 때로는 포르노 전용극장 앞에서 급진과 보수의 이데올로기를 대표하는 두 그룹이 함께 포르노 전용극장의 폐지를 외치는 해괴한 사태가 벌어지기도 한다. 서로 으르렁대며 이념적인 극단에 서 있는 이들이 어째서 포르노를 앞에 놓고서는 함께 행동하게 되었을까. 물론 그 결과야 같지만 그 동기는 서로 다른 이유에서 출발하고 있다.

보수주의 그룹에서는 당연히 포르노그라피가 성도덕의 파괴와 성관계의 문란을 가져오기 때문에 반대한다. 청소년기의 성관계 욕구를 적절히 통제해야 다른 일에 집중도 가능하고, 더 나아가 사회적 관습과 규범 그리고 기존의 도덕에 대한 사회화가 정상적으로 이루어지게 된다는 것이다. 포르노의 해악은 청소년뿐만 아니라 부부관계에도 영향을 미쳐 포르노그라피가 가지는 성적 탐닉이 결혼관계에 위기를 가져올 수 있다. 혼외성관계에 대한 집착과 가정 내 성관계의 감소 모두가 포르노그라피에 의해 초래될 수 있다는 것이다. 그래서 이런 보수주의 그룹이 포르노 전용극장을 반대하는 것은 그리 어렵지 않게 이해할 수 있다. 그런데 흔히 성적인 문제에 있어서는 개방적이라고 알려진 진보적인 페미니스트 그룹에서까지 포르노를 반대하는 이유는 무엇일까. 물론 페미니스트들이 포르노에 반대하는 이유는 보수주의자들과는 다르다. 그들은 물론 기존의 결혼관습이나 가족유형 유지를 위해서 포르노에 반대하는 것은 아니다. 이들이 반대하는 것은 성관계 자체가 아니라 성관계가 이루어지는 방식에 있어서 포르노가 여성 비하라는 사실에 있다. 포르노는 늘 성적으로 억압당하고 또 이것을 은밀히 표출시키는 남성 관객을 주 대상으로 하고 있다. 그렇기 때문에 남성의 성적인 지배욕이 포르노에는 늘 내재되어 있다는 것이다. 그래서 포르노는 여성을 '인간으로서의 여성' 자체로서 보는 것이 아니라 성적인 대상물로 평가한다.

예컨대 포르노는 여성이 성관계 과정에서 늘 이용당하는 느낌을 풍긴다. 성관계를 준비하는 과정에서도 남성의 옷가지가 펼쳐지는 것이 아니라 여성의 옷이 펼쳐진다. 보통 영화에서도 성관계를 갖기 직전의 암시는 여성의 구두에서 외투로, 겉옷으로, 속옷으로 브래지어로 팬티로 차례로 벗겨진 옷들을 클로즈업한다. 이런 장면은 여성을 성관계에서 늘 이용당하는 대상으로만 비춰 준다. 성관계를 갖는 장면에서도 남자와 여자 사이의 애정을 평면적으로 묘사하는 것이 아니라 성기를 중심으로 화면이 짜인다. 특히 여성의 성기는 화면의 중심을 차지한다. 성관계 과정에서 여성은 사랑을 나누는 인간으로 묘사되는 것이 아니라 남성의 성적인 집착물로 묘사되는 것이다. 결국 포르노에서 여성은 성기 중심적인 존재로 물화된다. 육체적인 성관계에서 여성의 인간적 품성과 성관계는 분리되는 것이다.

포르노나 외설을 판가름하는 잣대는 이렇게 이념상의 기준에서도 보이듯이 성교의 육체적 노출 정도나 여성 비하적 성관계라는 서로 다른 기준으로 나뉠 수 있다. 그래서 어떤 성표현의 농도가 짙은 연극이나 영화를 두고 이것이 예술이냐 외설이냐를 판가름할 때도 그 잣대는 이렇게 서로 다른 잣대를 갖고 접근할 수 있다. 물론 일반적인 외설기준은 육체의 노출 정도가 어느 정도이냐 하는 '양적인 기준'에 맞춰져 있다. 이런 잣대는 일반인에서부터 심의위원들까지 거의 일반화되어 있다. 하지만 무조건 성접촉 표현을 규제한다는 것이 예술발전에 있어서도 바람직하지 않다는 추세에 비춰 보면 이제는 외설의 기준을 페미니즘적 잣대로 재어 볼 수도 있다. 그래서 우리나라에서 외설 연극으로 알려졌던 〈미란다〉 같은 연극도 예술의 자유라는 면에서는 존중받아야 할지 몰라도 페미니즘적 시각에서는 외설의 범주를 벗어나지 못한다. 흰색 와이셔츠에 넥타이를 한 화이트칼라 남성들을 객석에 연극의 전개과정상 필연적이지 않은 여성의 나체를 그냥 갑자기 보여 줌으로써 그 나신배우의 육체는 자신으로부터 분리되고 관객에게 이용되는 수준에 머물렀기 때문이다.

물론 예술 자체를 두고서 예술이냐 외설이냐를 판가름하는 것부터가 우문에 불과할 수 있다. 예술은 늘 파괴와 혁신의 장이었다. 그래서 단지 선악의 차원이나 진실이 거짓의 차원을 넘어서 있고 그래서 예술은 언제나 인간과 그 학문을 선도해 왔고 또 앞질러 자리를 트고 있었다. 그래서 예술에 늘 뒤처지는 열등한 이성의 학문이 감성과 열정과 그리고 광기를 담는 예술을 이렇다 저렇다 재단하는 것은 어불성설인 것처럼 보이기도 한다. 모든 예술 관련 평론가들이 늘 감성 위에 이성이 군림하는 것을 보이려는 의도에서 글을 써 나가지만 그들 스스로 예술가가 될 수는 없는 것도 실제로 예술의 이런 선도성에 근거하고 있는 것인지 모른다.

그럼에도 예술은 그 본래 속성과는 무관하게 언제나 사회 환경에 의해 규제를 받는다. 아무리 혁신적인 백남준의 공연이나 비디오 아트라고 하더라도 그것은 그 사회의 모습에서 완전히 자유롭지는 못하다. 석가모니의 열반한 육체와 포르노 배우의 성기를 드러낸 육체가 비디오로 나뉘어져 병렬되는 작품 속에서도 우리는 현대사회에

백남준의 다다익선 작품

백남준의 TV 부처

서 육체 속에 깃든 폭력과 사랑의 이중성을 역설적으로 표현하려는 의도를 볼 수 있다.

예술적 표현과 그것의 사회와의 관련은 특히 대중매체를 통한 예술에서 더더욱 잘 드러난다. 그렇다면 결국 예술도 인간의 광기를 인간의 생존과 자유 그리고 평등이라는 보편적 가치와 합치시키는 범주로 귀결되는 것이 진정한 예술의 힘이자 역할이다. 그렇게 본다면 현대의 포르노를 예술이라고 우기는 사람들은 예술적 광기를 스스로 인정해 달라고 외치는 것이 아니라 예술적 차원이 뭔지도 모르면서 이성도 잃어버린 우둔함의 극치를 달리고 있는 것이라고 볼 수밖에 없다.

그 레즈비언은
지금 행복해 하고 있다

　동성간에 성관계를 가진다는 것이 가능한 이야기일까. 그리고 그 경우 사람들은 이를 왜 죄악시할까. 이미 동성애는 우리 주위에서 성 풍속의 한 부분으로 간주되고 있는 것이 현실이다. 킨제이 보고서에 의하면 미국남성의 약 50%만이 호모섹스나 그런 욕망을 느껴 본 적이 없는 사람이고 18% 정도가 완전 호모이거나 양성관계를 갖는 사람으로 나타났다. 여성들의 경우에는 2%만이 완전히 동성애자이며 15% 정도는 호모섹스에 참여해 본 적은 없지만 그런 욕구를 가졌다고 보고되었다. 물론 이러한 킨제이의 조사는 표본을 선택하는 데 문제가 있다고 지적되기도 하지만 동성애의 비중이 그만큼 크다는 것을 보여 주는 데는 이론의 여지가 없다.

　그렇다면 동성애자는 어떻게, 그리고 어떤 사람이 될까. 영국의 사회학

기든스Giddens, Anthony (1938~)
영국의 사회학자이다. 현상학·구조주의·민속방법론 같은 현대 사회이론을 토대로 하여 현대 사회와 자본주의의 현상을 분석하였다. 저서에 『구조화이론』, 『제3의 길』 등이 있다.

『친밀함의 변화』
원제는 The Transformation of Intimacy: Sexuality, Love and Eroticism in Modern Societies임. 기든스는 현대 사회에서 성역할에 대한 여러 주요 해석들에 관해 논의하였다.

자 **기든스**는 그의 책 『**친밀함의 변화**The transformation of Intimacy』에서 킨제이 보고서를 인용하면서 동성애자는 어떤 특수한 사람이 되는 것이 아니라 보통의 정상인도 될 수 있음을 한 할아버지의 사례를 통해서 보여 준다.

45년 동안 지속된 행복한 결혼생활 후 부인이 죽은 65세 된 한 할아버지는 부인이 죽은 지 1년도 채 안 되어서 사랑에 빠졌다. 여자가 아닌 남자와 말이다. 그 할아버지 자신의 증언에 따르면 그는 결코 이전에 남자에게 성적인 매력을 느끼거나 동성애 같은 행동에 대해 생각해 본 적이 없다고 한다. 그런데 지금 그는 동성에게 사랑을 느낀다는 것이다. 이제 그는 자기 아이들에게 무어라 말해야 할지 모르겠다고 혼란스러워 한다. 그가 이런 식으로 그의 성애가 변화된 것을 상상이나 했단 말인가.

이런 동성애자의 사례를 보면 동성애는 후천적으로 획득된 것으로 보인다. 최근에는 이런 환경에 의한 동성애자화가 유전적 요인보다 우세해지고 있는 실정이다. 그런데 문제는 대개의 동성애 성격이 이렇게 느지막이 찾아오는 것이 아니라 마치 유전적인 것처럼 자신에게 내재해 있는 것처럼 보인다는 것이다. 이것은 이런 동성애적 성격이 유아기 시절의 왜곡된 가족관계와 그로부터 발생하는 성의식과 역할의 왜곡에서 생겨나기 쉽기 때문이다.

동성애적 성격의 형성은 프로이트Freud의 시각을 빌려 보면 일단 가족 내 심리학으로 설명할 수 있다. 만약 아버지는 연약하고 수동적이고, 어머니는 지배적이고 폭력적인 부모에게서 자란 남자들은 여자에 대해 혐오감이 싹튼다. 그는 본받아야 할 강한 남성의 본보기를 찾지 못해 여성에게 무능력하게 비춰지며 그것이 여성에 대한 콤플렉스로 작용하게 되는 것이다. 여아의 경우는 그 반대로 자상함을 느끼지 못하고 폭력적이거나 무능한 아버지 때문에 남성에 대해 거부감을 갖게 된다. 의붓아버지에게 성폭행당한 여아가 정상적인 이성관계나 대인관계를 형성하지 못하고 동성애나 매춘에 빠지는 것도 이러한 가족환경으로 설명할 수 있다.

한국의 동성애 퍼레이드

그리고 섹스에 대해 심하게 비난하는 가정에서 자란 어린아이가 섹스에 대해 왜곡된 견해를 갖게 되고 이것이 이성애에 적응하는 능력에 장애를 가져오기도 한다. 이것은 우리나라 같은 유교권 국가에 특히 잘 적용될 수 있는 요소이기도 하다. 이렇듯 동성애는 유아기 때의 충격적 경험이나 지나친 이성간 섹스의 억압, 그리고 부모의 비정상적 역할로부터 생겨나게 된다. 이렇게 보면 부모가 지나치게 이성 간의 관계나 아이의 성을 통제할 경우 그 아이는 동성애자가 될지도 모를 일이다.

그렇다면 동성애는 어떻게 바라봐야 할까. 없어져야 마땅하다면 왜 그럴까. 그 원인을 따져 볼 필요가 있다. 우선 유전적 원인이 아닌 가족적 원인으로 접근할 경우 동성애는 정신과 치료의 대상이 된다. 왜곡된 성의식을 정신과 치료로 고쳐야 하는 것이다. 그러나 이미 동성애는 미국 정신질환 분류표에서 제외된 지 오래다. 물론 이것이 동성애자들의 로비에 의해서 이루어졌다고 하더라도 동성애를 사회적으로 용인하려는 분위기를 어느 정도 반영하고 있는 셈이다.

실제로 프로이트노 정신과 치료를 받으러 온 한 레즈비언 환자를 치료하지 않고 그냥 보낸 적이 있었다. 제자가 의아해 하면서 물어 보니 "그 레즈비언은 지금 아주 행복해 하고 있더군. 그렇다면 치료할 필요가 뭐 있겠나" 하며 웃어넘겼다는 것이다. 이것은 동성애자를 바라볼 때 중요한 시사점을 제공해 준다. 동성애자 자신의 개체로서의 인격이 가장 중요한 것이지 사회적인 인식이나 도덕은 부차적임을 암시해 주는 것이다.

동성애자를 정신질환자로 취급하는 것 말고 동성애를 부정적으로 바라보는 또 다른 입장으로 자주 쓰이는 것이 인류생존과 생식의 문제이다. 남자와 여자의 육체를 부여받은 인간은 인류의 존속과 생식을 위해서 서로 결합되어야 한다는 것이다. 만약 모든 사람이 동성애자가 된다면 인류는 절멸될 것이 뻔하다. 그런데 어떻게 동성애를 용인할 수 있단 말인가. 그래서 이런 논리는 곧잘 기독교계의 동성애 비판논리이기도 하다. 그러나 이에 대한 동성애자들의 항변 논리는 이렇다.

"이 세상 사람들이 모두 다 동성애자인가요?"

이 말은 이미 동성애가 전체 사회를 지배하는 이데올로기가 아니라 단지 사회의 다양성 중 한 부분에 불과함을 인정해 줄 것을 주장하는 것이다. 오히려 동성애자 때문에 인류가 절멸된다는 것이야말로 동성애자 억압을 위한 허위의 현실을 유포하는 이데올로기라고 동성애 옹호론자들은 입을 모은다. 동성애자가 아닌 사람들에 의해서 인류는 당연히 지속될 수 있다는 것이다.

에이즈도 동성애를 부정적으로 보는 중요한 요소이다. 동성애가 벌이는 지저분한 성적 교접들은 에이즈를 부른다고 알려져 있다. 그래서 에이즈를 '신의 징벌'이라고 부르기도 한다. 이 때문에 서구에서는 새로운 성도덕 회복 운동이 생겨나기까지 한다. 〈처녀 총각 동맹회〉 등 자신의 처녀성을 끝까지 보존하려는 운동이 점차 확산되고 있는 것이다. 에이즈가 성개방의 기류를 거역하는 보수주의의 양수기 역할을 하고 있는 셈이다. 이에 대해 동성애자들은 에이즈 예방 백신이나 에이즈 예방 기구를 발명하기만 하면 문제는 간단히 해결될 수 있다고 주장한다. 그래서 이들은 다른 전염병들처럼 국가 정책적으로 에이즈 예방 대책을 더욱 강화해 줄 것을 계속 요구한다.

룸펜 umpen proletariat
룸펜 프롤레타리아를 일컫는 말로 마르크스와 엥겔스가 『독일이데올로기』란 책에서 처음 쓴 말이다. 자본주의 사회의 가장 하층인 빈민층. 최하층 프롤레타리아로, 거의 일을 하지 않고 취업할 의사도 없으며, 일정한 거주지도 없이 구걸·범죄·매춘 등으로 그날그날 먹고 사는 부류를 말한다. 노동 의욕·능력을 상실하였으므로 실업자와는 다르다.

초기 자본주의 시기의 노동자와 **룸펜**의 주거지역은 지저분하고 비위생적이기 이를 데 없었다. 여기서 발생한 전염병이 자본가에게 언제 옮겨질지 몰라 자본가들은 노동자 주거지역의 보건 사업을 시작했다. 이와 똑같이 에이즈도 이제 동성애자들로부터 불특정 다수에게까지 확대되면서 동성애자들의 구역을 넘었다. 그리고 그 덕택에 에이즈 예방 지원과 시책은 더욱 가속화된 셈이다. 이렇게 되면 반대로 에이즈의 사회적 연결은 축소되고 다른 병처럼 질병의 일종으로 인식될 날도 그리 멀지 않다.

이렇게 정신질환자도 아니고 인류의 생식에 문제도 주지 않고 전염되는 에이즈도 막을 수 있다면 동성애는 당연히 용인되는 분위기로 흘러가야 할 듯하다. 그래서 현재의 추세도 그렇게 가고 있는 듯하고 또 그러는 것이 한 개인의 자유와 인격보존을 위해서도 옳은 일이다. 사회의 어두운 시선이 아닌 포용력 있는 다양성을 인정하여 개인의 고통을 줄여야 하는 것은 당연하다. 그러나 문제는 여전히 남는다. 그 경우 앞서 봤던 동성애를 양산한 왜곡된 사회 환경이나 열악한 가족환경도 정당화시켜야만 하는가. 그럴 수는 없다. 이 때문에 개인적인 구제와 사회적인 구제는 늘 병행되어야 하는 것이다.

   그리고 호모들간의 친교관계에도 문제가 없지 않다. 한 조사에 따르면 남성 호모들은 성적 파트너가 다양하다고 한다. 600명의 남성 호모들에게 그들이 각자 얼마나 많은 섹스 파트너를 가졌었느냐고 과거의 경험을 물었을 때 약 40% 정도가 놀랍게도 500명 이상이라고 대답했다. 이 정도면 남성 호모들의 관계는 인간관계를 형성하기 위해서라기보다는 성적 쾌락을 위해 잠깐 스쳐 가는 5분 커플들이 즐비함을 짐작할 수 있다. 혼란되고 무작위적인 '동물적' 행태를 벗어나지 못하고 있는 것이다.

그네가 없어서
미니스커트가 판친다

추억의 미니스커트 단속

미니스커트는 과연 남성을 유혹하기 위한 그래서 여성의 종속성을 드러내는 의복일까? 그 이야기를 하기 전에 그네에 관한 이야기를 잠깐 살펴보자.

그네는 알다시피 여성들의 놀이기구이다. 몸을 단련하고 스피드도 있는 훌륭한 스포츠이다. 그런 그네는 원래 북방 기마 민족들이 성채를 뛰어넘고 몸을 날렵하게 하는 무술에서 비롯되었다고 한다. 제나라 환공이 북쪽 오랑캐를 치고 돌아올 때 전래시켰다는 것이다. 우리나라 문헌상 그네가 처음 등장한 것은 고려 무신정권시대라고 한다. 최충헌이 단옷날 백정동궁에 그네를 매고 문무 4품 이상의 높은 벼슬아치들을 모두 모아 사흘 동안이나 그네경기를 베풀었다고 한다. 1,000여 명의 치어걸들이 풍악을 잡고 상금만도 몇 만금이었다고 하니 상상을 초월한 스포츠 잔치였다. 고려의 마지막 임금 우왕도 그네 챔피언으로 수창궁에 어용그네를 설치해 놓고 여가만 생기면 중신들과 더불어 그네를 겨루었다는 것이다.

그러나 그네는 이런 멋진 스포츠로만 존재한 것은 아니었다. 그네가 남성의 놀이가 아니라 주로 여성의 놀이일 수 있었던 것은 그리고 그것이 그토록 오랫동안 명맥을 유지할 수 있었던 것은 오히려 다른 쪽에 원인이 있다. 그것은 그네가 부권 중심 국가에서 여성이 남성을 유혹하는 도구로, 그래서 거꾸로 남성이 보며 즐기는 유희기구였다는 것이다.

중세까지만 해도 여자들은 절대로 하체를 드러낼 수 없었다. 발끝까지 가리고 또 몸의 형상도 드러나지 않기 위해 치마가 퍼진 **페티코트**를 입어야만 했다. 그 덕에 여성의 활동이 불편했고 늘 남성의 도움을 하는 존재로 자연스럽게 인식되었다. 남성을 유혹하기 위한 노출은 하체에서만큼은 불가능했던 것이다. 노출을 통해 매력을 발

페티코트
원래는 서양 여성복이 15세기 말에 상의와 하의가 분리된 결과, 그 하체의 下體衣, 즉 스커트에 대하여 붙여진 명칭인데 19세기 이후에는 부인이나 소녀의 속 스커트만을 지칭하게 되었다. 처음에는 소재도 간소하고 대개 한 장으로 만들었으나, 점차로 장 수도 많아지고 여러 가지 장식으로 꾸며지게 되었으며, 19세기 말기에는 실크·새틴 같은 고급 천이 즐겨 사용되었다. 현재는 주로 합성섬유나 면직물이 쓰이고, 슬립의 대신이나 스커트의 실루엣을 다듬기 위하여 쓰인다. 역사적으로는 작은 코트로, 15~16세기에 서양 남자가 더블릿 밑에 입던 보온용의 짧은 상의를 말한다.

원초적 본능에서 샤론 스톤의 미니스커트

산하기 위해선 상의의 노출에 의존해야만 했다. 그래서 때로는 젖가슴이 드러나는 옷을 입기도 한다. 그러나 하체의 노출을 통해 좀더 강한 유혹을 할 수 있다는 가능성은 포기되지 않았다. 긴 치마 때문에 하체의 노출은 도저히 불가능했지만 어떻게든 남들보다 더 강한 유혹을 하기 위해 기회가 닿는다면 하체 노출도 시도해 보려 했다. 그래서 자주 사용했던 것이 그네라고 한다. 살짝살짝 비치는 여성의 하반신을 그네뛰기를 통해 보여 줄 수 있었기 때문이다.

우리나라에서도 이몽룡이 춘향에게 몽롱해지는 이유가 바로 춘향의 그 그네 때문이었다는 것은 『춘향전』에서도 잘 나타난다. 방자가 춘향이 앞에 나타나 "네 년이 치마를 펄럭이며 가랑이를 비추니 우리 도련님이 너에게 빠졌다"며 춘향을 질책하는 것에서도 그 당시 그네가 놀이 이외의 용도로도 쓰였음을 잘 보여 준다. 이렇게 그네란 여성의 하반신 노출을 막았던 중세시대 유혹의 노출패션을 일구어 내었다.

20세기 초가 되어서야 이제 여성은 짧은 치마를 입을 수 있게 된다. 그 불편한 페티코트를 벗어 버리고 하반신의 자유를 택할 수 있었다. 쉽게 벗고 입을 수 없어 지저분했던 몸도 아마 더 깨끗해졌을 게다. 그리고 이때쯤 여성의 투표권도 생겨난다. 여성의 짧은 치마와 여성권리 신장은 동일선상에 있었던 것이다. 그래서 어떤 사람은 여성의 보폭과 여권신장은 비례한다고 본다. 이렇게 보면 짧은 치마는 여성해방의 상징이다.

그러나 한 번 뒤집어서 생각해 보자. 과연 짧은 치마는 활동의 자유를 부여해 주었을까. 물론 남을 의식하지 않을 때야 짧은 치마일수록 보폭도 커지고 활동도 자유로울 것이다. 물론 다 벗어 던지면 활동이야 자유롭겠지만, 노출을 의식할 경우 그 노출은 무엇이 되는가. 미니스커트의 딜레마는 바로 여기에 있다. 타인을 의식할 경우 그때부터 미니스커트는 활동의 자유가 아닌 활동의 부자유를 의미한다. 미니스커트를 입고 앉으면서 힘들어 하는 모습을 보고 있으면 미니스커트란 분명 활동을 제약한다.

결국 타인지향형 분위기가 강할수록 짧은 치마는 여성종속을 상징하는 의복이 되고, 자신의 활동을 위해서 입을수록 미니스커트는 여성해방의 상징이 된다. 그런 의미에서 미니스커트 속의 속 팬티를 보여 주는 사진이나 광고들, 그리고 때때로 미니스커트를 입고서 토크쇼 등에서 과감하게 속 팬티를 보이는 미국의 여배우들의 모습은 남성의 성욕을 자극하기도 하지만, 다른 한편에서 보면 짧은 치마를 통해 활동적인 여성상을 다시 부활시키려는 의미를 갖는 것이기도 하다. 물론 그러한 여성의 활동성이 남성들에게 성개방이란 오해를 불러일으키게 되고 그래서 여성이 또다시 이용당할 가능성도 배제할 수는 없지만.

유행은 살아 남기 위한 몸부림이다

요즘 전문의 과정을 밟는 의료인에게는 성형, 정형외과가 인기라고 한다. 의료계의 3D 부문으로 불려 대표적인 기피부문이던 '의학의 메카' 외과가 외과 내외 몇몇 부문에서 그 기력을 회복한 것은 우리의 변화한 현실을 어쩌면 잘 비춰 주고 있는 것 같다. 우선 최고의 지위상품이자 현대 산업의 총아인 자동차를 산업핵심으로 일구어 낸 대국답게 교통사고 선진국이어서 그렇고, 또한 레저문화가 급속히 확산된 덕택에 테니스 엘보우니, 볼링 디스크니, 스키 골절상이니 하면서 여기저기서 뼈와 뼈마디가 부러지고 쑤시는 일이 흔해빠져 버렸으니 말이다. 이런 문화양태들을 보고 인간의 놀이에는 위험성과 폭력성이 내재해 있다고 대수롭지 않게 잘라 말할 수도 있겠지만 어쨌든 레저문화가 골병문화와 병존하고 있다는 사실은 인간의 행복이 레저 속에서 쉽게 얻어질 수 있다는 선입견을 경고하고 있는 듯하다.

그런데 요즈음에는 이런 레저에서 생겼던 우연적이거나 비자발적인 신체손상이 아니라 자발적으로 신체에 상해를 하는 경우도 흔해지고 있는 것이 새삼스럽다. 대표적인 사례가 '롱다리 증후군'에 휘말린 통굽구두—물론 신발가게에 통굽구두밖에 없어 신고 다니는 사람도 많지만—가 일상적 패션으로 자리잡은 것이다. 물론 이를 추종하는 여성들은 극히 일부분이지만 이들이 유행을 선도하고 사회적 분위기를 주도한다는 점에서 문제가 되는 것이다. 이들에게 긴 다리를 과시하기 위해 미니스커트는 '토탈패션'화에 필수적인 '코디네이션'이 된다. 그래서 어느 구두광고의 카피처럼 '7센티 더 높은 곳'에서 세상을 보면 자신은 남이 바라보는 우상이 되고 스스로는 시끄러운 세상에 무관심할 수 있고 담담할 수 있는 성격까지 만들어지게 되는가 보다. 이미 이 통굽구두와 미니스커트는 현실적 실용성과 별 관련이 없는 것이고 보면 이런 유행족들이 세상일에 초연할 수 있음도 별로 기이한 일이 아니다. 통굽구두에서 걸음과 땅 딛기는 부수적 기능에도 못 미치고 있으며, 오히려 때로는 방해요소로까지 돌변하니까 말이다. 통굽구두와 미니스커트 덕택에 발목관절의 기능저하와 신체활동의 부자유는 레저에서 부수적으로 따랐던 신체장애와는 질적으로 다른 항상적인 위험과 고통을 자신의 신체에 받아들이는 것이다.

극단적이긴 하지만 유행의 과정을 좀더 들여다보면 유행은 이제 단지 의복이라는 신체 가리개의 차원에서 더 심화되어 육체 자체가 유행에 휘말리는 시대로 접어들고 있다. 유행에 따른 코나 눈의 수술은 이미 옛이야기고 이제는 명실상부한 '롱다리'를 위해 수천만 원을 호가하는 호르몬 주사도 등장하고 있으니 말이다. 뱁새가 황새 따라가려다 다리가 찢어진다는 이야기는 정말 옛말이 되어 버렸다. 뱁새도 재력만 있으면 황새의 긴 다리를 따라가긴 시간문제다. 이런 세상이 좋은 세상인지 아닌지는 여기서는 일단 판단을 유보해 두자. 지금 중요한 것은 이런 유행의 모습들이 우리 인간에는 과연 어떤 의미가 있는지를 먼저 따져 봐야 할 것 같다.

미니스커트나 통굽 같은 의복을 몸에 걸치게 되면 그 옷은 나름대로 힘을 얻는다. 옷을 통해 또 다른 자신을 만들기 때문이다. 남성의 정장이 '안정된 직장'과 '품위'를 상징하는 것처럼 여성도 여성적임을 강조하는 옷을 통해 여성임을 확인하게 되는 게 일반적이다. 200년을 남성으로 살았고 또 다른 200년을 여성으로 살았던 버지니아 울프의 양성인간 '올란도'도 결국은 멋진 이브닝드레스를 입고서야 자신이 '여성'임을 느낄 수 있었다고 고백하지 않는가. 이런 의복의 성격에 비추어 보면 현대의 미니스커트나 통굽구두도 현대적인 여성모습을 상징하고 또 규정하는 면이 있을 것이다.

우선 미니스커트와 통굽구두는 활동을 구속한다. 미니스커트와 통굽구두를 신고 버스와 지하철을 타고 다니기엔 꽤 거북하다. 자신의 신체는 미니스커트와 통굽구두 때문에 무력해지고 마는 것이다. 결국 함부로 움직일 수 없는 옷차림 때문에 이들이 이동하기 위해서는 편안한 자가용이나 택시를 선호하게 된다. 이동에 정작 필요한 장애인에게 그림의 떡인 자가용이 스스로를 장애로 만든 유행족들에게는 쉽게 구해 탈 수 있는 교통수단이 되는 것을 보면 세상이 요지경임을 다시 느낀다. 또한 미니스커트는 그 노출 정도 때문에 수치심을 유발하는 것이 자연적인데 그런 탓 때문인지 미니스커트족은 혼자보다 비슷한 사람들과 같이 어울리고 싶어한다. 여럿이 함께하면 수치심도 덜고 용기도 생기고 집단적 정체감도 느낄 수 있을 테니 말이다. 이것이 확대되어 아마 '압구정동'이니 '홍대 앞'이니 하는 유행 추종지역이 생겨나는 것일 게다. 이렇게 유행하는 옷들은 단지 팔려 나가는 경제적 기능뿐만 아니라 특정 여성들의 의사표현양식이며 또 그 여성의 생활양식에 영향받을 뿐 아니라 그것을 규정하기도 하는 엄청난 위력을 갖는다.

그런데 어째서 유행표현이 주로 '퇴폐적인 몸짓'으로 비춰지는 것일까? 분명 이런 사실은 문명발전과는 조화되지 않는다. 원시나 야만시대야 남성의 무력을 통해 보호받아야 했던 여성들이 그 생존을 위해 남성 유혹능력을 갖출 수밖에 없었다고 하지만 그런 원리가 문명화된 현대에까지 적용된다고 보기에는 선뜻 이해되지 않는다. 그렇다면 우리는 이런 현대의 유행을 놓고 두 가지 해법을 상정할 수 있다.

첫째는 유행이 점점 현실과 분리되어 독자적인 유행법칙을 만들어 가는 시대임을 남녀간의 역학관계가 유행에 반영될 수는 없다고 간편하게 생각해 보는 것이다. 여성이 생산현장에 대거 참여했던 제1, 2차 세계대전 시기의 유니섹스 선풍처럼 사회적 현실을 반영하는 패션개념을 현대유행에서는 부정하는 것이다. 이제는 대중매체나 브랜드가 주는 이미지에 의해 유행이 만들어지고 사라지고 하는 허상의 현실이 열린 것이다.

둘째는 유혹의 패션이 원시시대의 남성보호욕구가 새롭게 변형된 형태로 잔존하고 있다고 과감하게 생각해 보는 것이다. 과연 여성은 현대문명 사회에서 얼마만한 독자적 지위를 획득했을까. 여성의 사회진출이 광범위해졌지만 주변 하층직종에만 넘쳐날 뿐 권력중심부에서는 늘 여전한 배제가 지속되었다는 사실, 그래서 차라리 직장에 나가기보다는 집안일하는 것에 더 만족한다고 말하는 대졸주부가 많아진 사실들을 보면 여성은 현대에도 뒷전으로 물러나 있음을 다시 한 번 확인한다. 트뤽Truc은 『세계여성사』에서 여성의 사회진출 확대와 여성의 아름다움의 추구는 병행되어 진행되었다고 본다.

제르맹 보봉 부인이 프랑스의 1930년대 여성 활동을 서술한 것에 보면 여성의 활동영역은 전통적인 남성 직종으로까지 확장되었으나 여성 활동이 이전보다 수월해지지는 않았다는 사실을 드러내고 있다. 이것은 여성들이 획득한 평등이 생각했던 것만큼 행운만은 아니라는 사실을 암시하고 있다. 제르맹 보봉 부인은 작업복을 입은 남성들과 함께 검은색 앞치마를 두르고 조선소에서 일하는 여성들, 남성들과 똑같은 복장을 하고 탄광이나 채석장에서 일하는 여성들을 보여 주고 여자 수의사도 있다는 사실을 알려 준 후 여성노동자들은 '너무나 일이 많다든가 너무나 힘들어서가 아니라 여성의 적성에 맞는 일을 할 수 없어서' 괴로워한다고 지적하고 있다. 이러한 여성의 어려움에서 벗어날 수 있는 방법은 있는가? 남성

「세계여성사」
인류역사에서 여성이 자리했던 모든 좌표를 동서고금을 넘나드는 방대한 자료를 이용하여 객관적이고 흥미롭게 분석하였다. 미의식 변화부터 여성해방운동에 이르기까지 정치, 경제, 사회, 문학, 미술 등 여러 학문적 영역에 걸친 명제들을 다루었다.

에게는 힘과 일이 있는 반면 여성에게는 아름다움이 있다. 지치고 궁지에 몰려 다급해진 여성은 자신의 올가미, 즉 자신의 아름다움이라는 손쉬운 방법에 달려들다가 오히려 자신이 그 올가미에 걸려들지는 않을 것인가?

1930년대 프랑스에서도 이미 여성은 살아 남기 위해 가장 손쉬운 방법인 아름다움을 택했던 것이다. 이것이 정보화 사회를 치닫는 현대에도 강력하게 남아 있다. 한 화장품회사의 사외보에 실린 표지 카피를 그대로 옮겨와 보자.

Sexy, 혹은 섹시하게 사는 법

첫째, 나는 섹시하다고 생각한다. 섹시한 매력은 저절로 생겨나는 것이 아니다. 자신감, 바로 자신감이다. 섹시해질 수 있다는 자신감. 비록 몸매는 안 따라 줘도 눈빛만으로 그 누구에게도 뒤지지 않는다는 자신감. 하지만 군살 빼는 노력 또한 게을리 하지 말기를. 이왕이면 몸과 마음, 밸런스 있는 섹시가 더욱 아름다울 테니까.

둘째, 남자를 무시한다. 남자에게 잘 보이려고 안달하지 않는다. 단순히 남자를 대상으로 한 섹시는 가벼울 수밖에 없다. 그런 여자는 어딘가 헐렁해 보이기 십상. 내가 먼저 만족할 수 있는 마이페이스형 섹시를 연출한다. 멋진 남자라면 눈으로 볼 수 없는 여자의 깊은 매력까지도 캐치할 수 있지 않을까.

셋째, 반드시 성공하고야 만다. 출세하는 여성은 누구보다 섹시하다. 일에 대한 의욕과 정열, 행동력은 나이나 외모에 관계없이 여자를 섹시하게 한다. 그 섹시파워는 때로 더 좋은 대인관계를 만들기도 하고 또 끊임없이 유혹을 받게도 한다.

하이힐, 긴 다리와 미니스커트

　둘째와 셋째 내용이 모순되기는 하지만 둘째 내용이 남자에게 숨기는 매력까지를 말하는 것이라면 역시 현대에서 출세하는 여성은 '안팎'으로 섹시해야 한다. 그래서 여성들은 남자로부터 '우아하다'는 말보다는 '섹시하다'는 말을 들을 때 더 기뻐한다. 남성은 여성의 각선미에서 성적 매력을 느끼는 경우가 가장 많다고 한다. 미니스커트 아래로 드러나는 각선미, 적나라하게 드러나 보이는 매력적인 몸매를 볼 때 성적 매력을 느낀다는 것이다.

　결국 미니스커트로 성적 매력을 표출하려는 일부 여성들의 행동은 우리 시대에서 '살아 남기' 위한 또 다른 모습이며 결국 문명발전의 허상을 드러내는 서글픈 현실일 수 있다. 물론 여성의 남성에 대한 의존방식도 바뀌는 현실만큼 의존하는 남성의 주기도 그만큼 짧고 다양해진 것이 큰 차이점이긴 하다. 그러나 이를 인정하더라도 퇴폐적 유행과 잦은 유행주기란 진정한 의복과는 거리가 멀다. 환경문제를 생각해서라도(?) 이런 반자연적이고 낭비적인 유행의 속성을 계속 진행시키는 것이 온당한 일은 아니다. 이제는 1960년대의 히피운동처럼 자연으로 돌아가야 할 때임을 소리 높여 주장해야 할 때가 다시 온 것 같다.

『유한계급론』을 쓴 베블렌은 자기과시에 열중하는 유한계급을 무지한 야만인에 비유했었다. 귀부인들이 몸매과시를 위해 코르셋이란 자기학대적 의상을 입은 것은 자기과시를 위해 자기 몸에 피를 내었던 야만인의 자기학대와 별반 다를 게 없다는 것이다. 반자연적이고 자기학대적인 미니스커트와 통굽구두에서 이런 베블렌의 풍자가 재현되고 있는 것은 아닐까.

요즘 유행은 이제 '티내고 싶어하는' 남성에까지 확대되고 있다. 자신의 성적 매력을 드러내려는 젊은 남성이 많아지는 것과 젊은 남성의 부모의존경향이 심화되고 있다는 사실이 또 서로 정확하게 연결되고 있는 것이다. 유행을 쫓는 우리가 자기 성찰의 고삐를 늦출 수 없는 이유도 바로 여기에 있다.

예쁜 여자만 보면
다 죽이고 싶다

　자기의 외모 때문에 고민하던 어떤 한 여고생이 한 번은 "예쁜 여자만 보면 다 죽이고 싶다"고 말하는 것을 들은 적이 있다. 한마디로 섬뜩하다. 하지만 그 말을 들으면서 늘 그렇듯이 그냥 자신의 못난 자존심을 푸념으로 푸는 것이라고 보기에는, 또는 아름다움이란 외적인 것이 아닌 내적인 아름다움이 진실된 것이라고 위로하면서 쉽게 지나치기에는 이미 우리 사회는 외모에 압도당하고 있다는 느낌을 지울 수 없다.

　우리 사회가 외모가 지배하게 된 사회란 것은 우리나라 유머의 대부분이 외모에 관련되어 있다는 것에서 가장 잘 드러난다. 외모에 관련된 유머 중 기억에 남는 유머가 하나 있다. 남녀 둘 다 잘생긴 젊은 연인이 걸어가면 사람들은 "저 애들 언제 헤어질까?", 여자가 예쁘고 남자가 못생기면 "저 남자 능력 있나 보군?", 반대로 남자가 잘생기고 여자가 못생기면 "저 여자 돈 많은가 보지?"라고 한다는 것이다. 그런데 남녀 둘 다 못생긴 연인들이 걸어가면 사람들은 이렇게 말한다. "저 애들, 진짜 사랑하나 봐."

　이 이야기는 듣고 재미있다고 그냥 웃어넘길 수도 있지만 단순히 웃어넘길 수 없는 아찔하고 충격적인 의미 또한 담고 있다. 이 유머가 사람들을 웃긴다는 것은 이미 우리 사회에서 외모가 단순한 이야깃거리가 아닌 하나의 '자산'이 되어가고 있음을 반영하고 있기 때문이다. 정이 메마르고 각박해지는 현대에서 이제 평가의 잣대가 점차 외모로 쏠리면서 평범한 세속인들은 커다란 진리를 터득한 것이다. 잘생긴 사람들이야 언제든지 또 다른 사람들을 만날 수 있고 그래서 언제든지 파트너를 버릴 수 있지만 못생긴 사람들은 타인들로부터 무관심하다. 그런데도 못생긴 사람들끼리 서로 데이트를 하니 이건 모든 탐욕을 버린 '플라토닉 러브'임이 틀림없다는 것이다.

　마르크스의 제자 **엥겔스**는 초기 자본주의시기에 상속할 재산과 축적할 재산이 있던 부르주아들끼리는 안정된 가정을 이룰지 모르지만, 오히려 축적욕 때문에 진정한 사랑은 이루지 못하고 '위선적 사랑'이 될 가능성이 많다고 했다. 자산이 많기 때문에 부르주아계급 남성들은 본부인을

엥겔스 Friedrich Engels
(1820~1895)
독일의 사회주의자로 마르크스와 『독일 이데올로기』에서 유물사관唯物史觀을 제시하여 마르크스주의의 철학적 기초를 확립함과 동시에, 공산주의의 연대와 결집을 목표로 공산주의 통신위원회를 창설하였다. 마르크스 사후 그의 유고를 정리하여 『자본론』의 제2·3권을 편집하는 한편 제2인터내셔널의 지도자로서 노동운동의 발전에 많은 영향을 끼쳤다.

상속받을 자식을 낳는 도구로 보기 때문에 매음이나 정부를 둘 가능성이 많다는 것이다. 그러나 프롤레타리아 경우에는 비록 경제적인 어려움은 있더라도 사랑이 자산에 구애받지 않기 때문에 '진정한 사랑'이 이루어질 수 있을 것이라고 했다. 물론 자본주의가 발전하면서 이런 가설은 틀린 것으로 증명되었다. 가족의 안정과 낭만적 사랑은 부르주아계급들에 의해 주도되었던 반면, 하층계급들은 열악한 주거환경과 위생상태로 성도덕도 제대로 확립하지 못해 근친혼이나 혼외정사 등 '비정상적인' 성생활로 이어졌기 때문이다. 물론 이런 사회적인 이유에 근거한 구분으로 진정한 사랑과 위선적 사랑을 나눌 수는 없다. 그러나 적어도 개인의 자유에 기초한 구애받지 않는 진정한 사랑이 이루어지기에는 현실적으로 하층계급들에게는 사회적인 한계가 있었던 것이다. 이것은 엥겔스 스스로도 『영국 노동자계급의 상태』라는 저작에서 열악했던 영국 노동자계급의 가족상황을 통해 인정하고 있다.

그런데 점차 자산과 사랑이 그리 큰 관련이 없어지고 있는 듯하더니 정보사회라는 새로운 시대가 열리면서 자산과 사랑이 다시 밀접한 관련을 갖기 시작한 것이다. 외모지배시대가 열리면서 인간관계는 다시 역전되어 변화해 가고 있다. 사실 외모는 현대사회에서 가장 비중 있는 자산이 되었음에도 불구하고, 학자들이나 일반 사람들이 그 비중의 중요성을 애써 무시하고 있다. 외모에 대한 이야기라면 그냥 가십거리로만 여길 뿐 그런 외모가 인간의 불평등을 초래하는 등 커다란 사회문제를 야기한다고 보지는 않는 것이다. 사실 못생겼다고 잘생긴 사람을 죽이는 경우는 없으니 그럴 만도 하다. 그러나 외모는 이미 자신의 중추에 서서 다른 사회문제를 파생시키는 숙주가 되어 새로운 권력과 위계를 만들어 내는 커다란 위력을 지니고 있다. 한 연구사례를 보자.

요크 대학의 카크조로브스키 교수팀은 '캐나다의 삶의 질' 연구에서 외모에 관한 연구를 시행했다. 이 조사에서는 응답자들 스스로에 대해 두 가지를 평가하도록 했다. 하나는 응답자들이 자신을 포함하여 다른 응답자들 모두에 대해 그 사람의 성실성을 평가하게 했고, 다른 하나는 응답자들이 자신과 다른 사람들 모두에 대한 각각의 육체적 매력의 척도를 4개의 수준으로 평가하게 했다. 육체적 매력의 수준은 '못 봐 줄 형', '그저 그런 형', '봐 줄 만한 형', '수려한 형' 의 네 가지로 평가하도록 했다.

여기서 얻은 연구결과는 육체적인 매력이 수입이나 직업지위 같은 사회경제적 성취에 실질적인 영향을 미치고 있다는 것이다. '못 봐 줄 형'에 속하는 최하위 부류에서는 27%가 고소득층에 속한 반면 매력적인 수준에 속하는 상위 두 부류에서는 37%가 고소득층에 속하고 있는 것으로 나타났다. 수입을 직접 비교해 보면 '봐 줄 만한 형'이 하위 2개 부류보다 평균 75% 정도 수입이 더 많았다. 그리고 '못 봐 줄 형'은 '봐 줄 만한 형'의 수입에 57% 정도밖에는 벌지 못했다.

이 정도라면 외모로 인한 수입차별은 유럽이나 북아메리카의 남녀간 수입차별이나 흑백 사이의 수입차별 못지않게 큰 셈이다. 프랑스사람의 대다수가 "부자가 되는 것보다 아름답게 되는 것이 더 좋다"는 조사결과도 결국 아름답다면 스스로의 만족과 재력도 함께 쥘 수 있다는 현실적인 판단에 근거하고 있는 것이다. 결국 성과 인종문제 같은 사회적 차별이 수입차별을 불러일으켜 문제가 되었듯이 외모가 사회적 차별을 일으킨다면 이제 외모

중국 최초의 성형 미인

는 단순히 사람들의 가십이나 유머의 차원을 넘어 이제 성이나 인종처럼 또 다른 신체에 근거한 '사회적 차별' 이라는 대사회적인 문제로 떠올라야 한다. 그런데 이것은 쉽사리 일어나지 않는다.

현대사회와 외모문제의 핵심은 바로 여기에 있다. 이미 사람들은 외모지향성을 자신의 몸 속에 체화시키고 있다. 그리고 외모의 상승은 또한 완전 불가능한 것이 아니기 때문에 설사 '못 봐 줄 정도' 라고 하더라도 흑인이 백인이 될 수 없을 만큼 그렇게 절대적으로 단절된 것은 아니다. 화장품도 있고, 의복도 있고, 성형수술도 있고, 다이어트 상품도 있다. 그래서 희망이 있고 그런 희망은 바로 이상과 현실이 늘 연결될 수 있을 것 같은 바람을 만든다. 외모에 의해 벌어지는 사회적 차별과 그 속에서 아주 자그맣게 연결된 미와 추 덕택에 사람들은 끊임없이 '외모적 아름다움'을 추구하고 그래서 미용 산업이나 다이어트 산업, 성형수술 산업이 현대사회에서 엄청나게 발달할 수 있었던 것이다. 그래서 사람들은 20세기를 다이어트의 시대라고 부르기를 주저하지 않는다.

두꺼비에게 아름다움이
뭐냐고 물어 보라

아름다움이란 무엇일까? 외모가 지배하는 사회에 살면서 누구나 한 번쯤은 이런 의문을 가져 보았을 것이다. 간단한 질문 같지만 대답하기는 그리 쉽지 않다. 아름다움이란 타고난 산물인 것 같지만 미의 기준이 사회마다, 시대마다 다르기 때문이다. 18세기 프랑스 계몽철학자 **볼테르**는 미에 대해 이렇게 평가하고 있다.

> 시험 삼아 두꺼비에게 미가 뭐냐고 한 번 물어 보라. 아마 그는 돌출한 두 개의 커다란 눈, 귀밑까지 찢어진 커다란 입, 노르께한 배를 뒤뚱거리는 암두꺼비를 가리키며 그것이 미라고 할 것이다. 다음은 기니의 흑인에게 물어 보자. 그에게 있어서 미는 번들번들 기름진 새까만

볼테르Voltaire (1694~1778)
볼테르의 생전에는 많은 비극작품으로 17세기 고전주의의 계승자로 인정되었으나, 오늘날에는 간결한 문체의 『자디그Zadig』(1747)나 『캉디드』 등의 철학소설, 그리고 문명사적 관점에 따른 역사 작품이 더 높이 평가된다. 한편, D. 디드로, J. J. 루소 등과 함께 당시 사람들을 계몽하고 권위에 대해 비판적 태도를 취한 백과전서百科全書 운동을 지원하였으며, 백과전서파의 한 사람으로서 중요한 역할을 하였다.

피부, 파묻힌 눈, 납작코를 들 것이다. 다음은 악마에게 같은 질문을 해보도록 해라. 분명히 이렇게 대꾸할 것이다. 미란 두 개의 뿔, 갈퀴 같은 앙상한 손가락 그리고 엉덩이의 꼬리를 들 것이다.

그렇다면 어떤 기준에 의해서 미의 기준은 판별되고 있고 현대에서는 어떻게 변해 가고 왜 그렇게 되어가고 있는 것일까. 고대에서야 미와 진리가 일치할 정도로 아름다움은 신성의 대상이었고 또 사람들은 모두 미를 추구하고 그 덕에 인간사회의 문명이 이루어지기도 했다. 물론 우리가 흔히 생각하듯이 아름다움이란 시대를 초월하여 성적인 것과 연결되어 인간의 성 본능을 자극하기도 한다. 프로이트도 사실 인간에게 아름다움이란 성적 흥분과 연결되어 있을 수밖에 없다고 한다. 소위 '섹시하다'는 것이 아름다움의 핵심이라는 것이다. 그래서 '섹시한 아름다움'이 인간의 문명을 이룩한 힘이 되었다고 본다. 그러나 아름다움의 의미는 꼭 그런 것만 있는 것은 아니다. 오히려 아름다움은 개체의 자유로운 활동을 규제하고 인간을 과시적 욕구에 가두기도 한다.

베블렌의 경우는 아름다움을 값비싼 재물의 과시나 유한계급적인 성격과 연결시키고 있다는 점에서 독특한 사회학적 견해를 제시하고 있다.

> 이상적인 몸매는 섬세하고 작은 손과 발, 그리고 가는 허리이다. 이런 특징은 그 사람이 너무 귀중해서 유용한 노동을 할 수 없음을 보여 주고 있다. 이를 위해서 그녀는 그녀의 소유주에 의해 게으름이 보장될 수 있어야 한다. 그런 여자는 힘이 없기 때문에 아무런 육체적 노동을 할 수 없으며, 그것이 곧 '비싼 여자' 임을 입증할 수 있는 길이다.

베블렌에게 아름다운 여자란 곧 지위가 높은 여자임을 나타내 주는 것이다. 부유한 계층이 유한계급이라면 아름다움은 곧 비생산적이다. 아름다움을 위해서 그녀는 일을 하지 않고 또 할 수도 없게 되어 있다. 긴 머리, 코르셋, 하이힐, 긴 치마, 거기에 몸에 주렁주렁 달고 있는 값비싼 보석들. 이 모두가 '나는 일을 하지 않고도 너무 돈이 많다'는 것을 은연중 과시하는 소비라는 것이다.

비생산적인 것은 실로 인류의 역사가 시작된 이후부터 권력의 상징처럼 여겨져 왔다. 원시시대에는 남성 용사의 눈에 보이는 '전리품'이 생활의 중요한 장식물이었고 힘의 상징이었다. 침략은 칭찬받는 행동형태였고 전리품은 성공한 침략의 증거였다. 만약 탈취 이외의 방법에 의해 재화를 획득했다면 한창 나이의 남성에게는 그것만큼 불명예스러운 것은 없었다. 그래서 생산적인 일이나 대인적인 봉사를 하는 직업은 원시시대부터 천박하고 불명예스럽게 받아들여졌던 것이다. 음식을 만들고 숟가락으로 밥 떠먹여 줄 하인이 없어 굶어 죽었던 **폴리네시아** 추장, 불타는 움막 속에서 자기 의자를 옮겨 줄 하인이 없어 중화상을 입었던 프랑스 왕 등 인류사에 생산적인 노동을 죽음

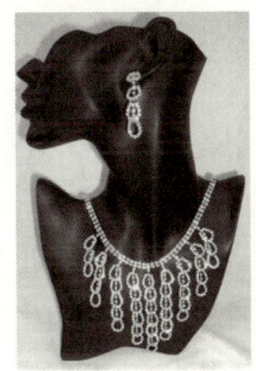

부유층의 쥬얼리

폴리네시아

육지 총면적 약 2만 6,000km². 폴리네시아란 '많은 섬들'이라는 뜻이다. 육지면적은 작으나 섬들이 분포하는 해역은 태평양의 거의 반을 차지하며, 서부의 엘리스·통가·사모아·토켈라우·피닉스 제도諸島, 중부의 쿡·라인 제도, 남동부의 투부아이·소시에테·투아모투·마르키즈 제도, 북부의 하와이 제도 및 남동쪽 끝의 이스터섬·살라이고메스 제도, 남서단의 뉴질랜드섬 등이 포함된다. 폴리네시아에서는 주민의 사회적 지위가 대추장·고위 추장·보통 추장·평민이라는 계층으로 나누어 있었는데, 그 밖에 추장에게는 반드시 몇 사람의 대판추장代辦酋長이 딸려 있는 것이 상례로 되어 있다. 대판추장은 추장을 대신하여 지방이나 읍·면을 다스리거나 추장을 보좌하는 일을 맡는다.

보다 천박하게 여겼던 사례는 얼마든지 있다.

비생산적인 것일수록 아름답게 보이고 그래서 그만큼 더 많은 권력을 얻을 수 있었다고 할 수 있다.

중세의 상인과 수공업자 사이의 여성미에 대한 관점 차이도 결국에는 비생산계급으로서의 지위를 과시하기 위한 이유에서 생겨났다고 할 수 있다. 문헌사가 폭스에 의하면 중세의 수공업자들은 정숙하고 참한 여자를 자신의 아내로 맞아들였다고 한다. 그것은 수공업자들의 아내가 가내공장에서 잡일을 돕고 인부들에게 음식을 내오고 또 생활에 필요한 가사노동을 해야 하는 역할을 고려해 볼 때 수공업자들에게는 정숙하고 생활력 강한 여성들이 아름답게 보였을 거라는 이유 때문이었다. 반면 상인들의 아내는 탄탄한 경제력으로 집안일을 할 가정부나 하인을 둘 수 있었기 때문에 수공업자의 아내처럼 생활을 꾸릴 만한 일을 할 필요가 없었다. 상인의 아내는 일없이 자기과시에 열을 올리는 것이 유일한 낙이었다. 그리고 상인들 스스로도 자신의 지위를 자신의 아내가 얼마큼 외모적으로 뛰어나고 아름다운가를 과시함으로써 스스로 아내를 비생산적으로 만든다. 봉건시대 때 수공업자의 아내들 옷차림이 정숙했던 데 반해 상인의 아내들 옷차림은 상반신이 모두 드러나 보이는 야한 옷차림이 유행했던 것도 상인들이 자신의 아내를 과시하기 위한 장식품으로 여긴 데서 연유한 것이라고 볼 수 있다.

이런 과시용 아름다움이 사회 전체의 미적 가치를 지배하게 되면 미의 추구는 지위의 소비와 직결된다. 사람들은 미의 추구를 통해 지위를 얻음으로써 사회적인 대접을 받으려고 노력한다. 이미 사회는 아름다움의 성격이 어떻든 그것에 의해 지배되고 있다. 이제 아름다움이 결여된 사람은 대접이나 봉사를 받을 수 없다. 조금이라고 즐겁기 위해 아름다워야 하는 것이다. 자신의 지위가 높음을 과시하기 위해, 그리고 지위를 높이기 위해서 아름다워야 하고 그래서 섹시함이 돋보여야 한다. 프로이트가 결국에 인간의 미의 추구와 그것에서 얻는 즐거움은 고통의 위협으로부터의 보상이라고 보는 것도 이런 이유에서 일 것이다.

손톱의 길이로 부유층임을 나타내는 중국 여인

그러나 이런 지위의 문제와 관련되어 생기는 더욱 커다란 문제는 외모지배사회가 현대사회의 계급유지 메커니즘과 연결되어 있다는 것이다.

미모는 끊임없이 소수화와 희소가치화를 대변하고 있다. 굶주렸을 때는 풍만한 미가, 그리고 모든 사람이 어느 정도의 영양을 섭취하거나 또한 비대한 사회에서는 날씬한 미가, 그리고 온갖 소비상품이 난립할 때는 휘황한 자동차나 옷이 가져다주는 과시적인 소비의 미가 유행한다. 얼굴만 잘생기면 미인 축에 끼던 것이 얼굴 잘생긴 사람들이 많아지면서 키도 크고 몸매가 늘씬해야 하는 자격이 포함된다. 덧붙여 섹시한 미와 패션 감각도 소유해야 했고, 더 나아가서는 멋진 자동차도 몰고, 훌륭한 직장에 다녀야 하고, 지적인 미도 갖추어야 완벽한 미인으로 평가받는 시대가 된다. 이렇든 미인은 미인의 기준이 희소가치를 대변할 수 없게 되면 점차 그 기준을 좁혀 그 희소성을 지속적으로 유지해 온 것이다.

　결국 특수한 시대의 이상적인 미는 항상 권력을 장악한 계급 또는 적어도 정치를 지도하는 계급의 이해관계에 부응해서 형성된다. 그렇기 때문에 절대군주시대에는 빈둥거리는 생활을 할 수 있는 인간을 아름답게 여기지만, 실업이 광범한 현대사회에서는 소수의 상위전문직종에서 활동하는 여성의 미모가 아름답게 비춰지는 것이다.

　이렇게 사회적으로 규정된 미에 따라 수입격차부터 시작해서 지위격차가 생겨나면 이것은 사람들에게 '나도 예쁘기만 하면 잘될 수 있다'는 희망을 심어 주기도 하지만 반대로 그렇지 못할 경우 체념의 상태로 몰고 간다. 이때는 외모가 계층상승의 도구라기보다는 오히려 기존의 계층구조를 더욱 공고히 해 주는 결과를 빚는다. 사회적인 지위가 있는 사람들이 아내를 미인으로 얻게 될 것이고 거기서 태어난 아이들이 유전적으로나 아니면 성형 기술적으로나 그 당시 사회적 기준으로 봤을 때 예쁠 가능성이 더 많기 때문이다. 또한 여유 있는 중상류층에서 다이어트와 미용 산업이 번지고, 그러면서 미용 센터는 부유층 여성문화의 새로운 공간으로 등장한다. 이런 미용 센터는 외모에 대한 관심을 통해 상류층의 범주가 더욱 공고화되는 결과를 가져온다.

　이렇게 외모와 계급간의 관계를 봤을 때 그것은 최근의 교육과 계층상승 사이의 관계와 비슷해져 간다고 할 수 있다. 교육은 계층상승의 가장 큰 수단이어서 한국의 부모들이 자식들의 교육에 매달리지만 역시 교육의 혜택을 받는 계층은 상층으로 갈수록 높다. 이 경우에는 하층에게 공부 못해서 우리는 어쩔 수 없다는 생각을 심어 주게 되는데, 이렇게 되면 교육은 계층이동을 촉진시키는 것이 아니라 기존의 계층구조를 더욱 강화하는 이데올로기로 작동하게 된다.

미모의 경우도 마찬가지이다. 예쁘기만 하면 단번에 좋은 남자 만나 좋은 집안에 시집갈 수 있고 취직도 좋은 곳에 할 수 있다는 희망이 있지만, 반대로 "나는 못났기 때문에 못 버는 것은 당연"하다는 인식도 불러온다. 이렇게 되면 기존의 지위구조는 아무런 변화 없이 더욱 고정된다. 외모를 단지 가벼운 소재 정도로 떠넘기는 외모에 대한 희화주의나 냉소주의가 극복되어야 하는 이유도 바로 여기에 있다. 외모지배사회에 대한 적극적 비판은 곧 상품화되는 인간을 극복하는 과정일 뿐만 아니라 외모로 인해 심화되는 사회차별을 극복하는 과정이기도 한 것이다.

여성은 어떤 이유에서 화장을 하는가

나르시시즘
물에 비친 자신의 모습에 반하여 꽃이 된 그리스 신화의 미소년 나르키소스에서 유래한 말로 자기 자신에게 애착하는 일을 가르킨다. 자신이 리비도의 대상이 되는 정신분석학적 용어로, 자기애自己愛라고 번역한다.

여성들에게 화장을 왜 하느냐고 물어 보면 대답은 주로 두 가지로 나뉜다. 하나는 "자신의 만족을 위해서"라는 대답이고, 다른 하나는 "예절을 지키기 위해서"라는 대답이다. 화장에는 여성의 **나르시시즘적** 요소와 사회규범에의 두 가지가 양립하고 있는 것이다. 이런 이유에서 아름다움을 추구하는 여성 본래의 성격 때문에 화장을 한다고 일방적으로 말하기는 어렵다. 남자가 예절을 위해 정장을 하고 면도를 하듯이 여성도 주어진 사회적 역할에 충실하기 위해 화장을 한다. 물론 최근에 각광을 받고 있고 또 확산되고 있는 '스피드 화장법'은 기존의 긴 시간 화장의 통념

자신의 외모에 반해 물에 빠지는 나르시소스(카라바지오의 그림)

을 깨고 있다. 거울 앞에서 자신의 변신을 지켜보는 기쁨이 활동적인 현대 여성에 의해서는 무시되고 있는 것이다.

그런데 화장이 갖는 이러한 사회적 성격을 단지 사회적 예절 쪽으로 규정한다고 하더라도 화장이 갖는 본래의 의미가 사라지는 것은 아니다. 특히 화장의 사회적 의미를 보면 그것은 여전히 큰 힘을 발휘하고 있다. 화장은 일단 여성의 사회적 지위를 드러내 준다. 이런 점에서 보면 화장이 여성에게 그리 유익하지도 않은 듯하다. 가까운 일본 경우만 하더라도 화장의 색조나 유형을 보면 대충 그 여자의 사회적 지위를 판가름할 수 있다고 한다. 보통 색조가 짙은 화장을 한 여자일수록 낮은 사회적 지위를 갖고 있다. 타인의 지위와 성향에 의존하는 업종일수록 자신의 영역을 가지고 있는 전문직업의 여성보다는 화장이 짙어질 수밖에 없기 때문이다. 이런 점에서 본다면 화장한다는 것은 여성에게 또 다른 사회적 제약으로 나타난다. 이것은 비록 일본만큼 확연하지는 않다고 하더라도 우리나라에도 적용 가능하다. 타인에게 봉사하는 직종의 여성과 자신의 전문영역에서 일하는 여성과의 사이에 화장의 색조차이는 어렴풋이 가늠할 수 있기 때문이다.

그렇다면 이제 화장의 다른 한 측면을 살펴보자. 여성의 아름다움은 당연히 나르시시즘적 요소이며 그것이 여성의 화장 같은 미의 추구 속에서 나타나고 있다고 한 번 생각해 보자. 이때는 여성의 존재가 있는 그대로 인정받는 것일까.

여성 자신의 아름다움을 가꾸는 것이 나르시시즘에 기초하고 있다는 것을 가장 잘 보여 주는 것이 속옷이다. 속옷은 남에게 보이지 않는다. 속옷을 보여 주기 위해 옷을 입는다고 할 수 없는 것이다. 문화인류학자인 **우에노치즈코**는 여성의 속옷에 대해 이렇게 말한다.

여성은 어떤 기준에서 팬티를 골라 입는가? 남자와 만나기로 약속한 날에 여자들은 신중하게 팬티를 골라 입는다. 그렇지만 보통 날에도

우에노치즈코
도쿄 대학 사회학과 교수이며 일본을 대표하는 사회학 연구자이자 여성학 연구자이다. 구조주의 사회학, 문화인류학, 기호론을 비판적으로 재검토하면서 새롭게 마르크스주의 페미니즘을 모색하고 있다. 저서에 『여자놀이』(2000), 『내셔널리즘과 젠더』(1999), 『가부장제와 자본주의』(1994), 『스커트 밑의 극장』(1991) 등이 있다.

여자들은 그날 어떤 팬티를 입을까를 고민한다. 그것은 여자들이 '뜻밖의 외출에 뜻밖의 사건에' 만반의 준비를 게을리 하지 않기 위해서일까. 그러나 현실 생활에서 그런 일은 그리 자주 있는 것이 아니다. 여자들은 그날 전혀 일어나지 않을 일—갑자기 낯선 남자에게 유혹당하지도 않고, 맨홀에서 불어오는 바람에 치맛자락이 뒤집히는 일도 없으며, 높게 꼰 다리 사이를 마주보는 좌석에서 훔쳐보는 경우를 당하지 않는다 하더라도 역시 그날 어떤 팬티를 입을 것인가를 고민한다.

결국 여성은 자신의 의복과 장신구를 통해 만족을 얻는 페티즘 속에 빠져 있는 셈이다. 자신의 아름다움을 남에게 보여 주기 위해서가 아니라 자신 스스로의 즐거움 속에서 만끽한다. 고가의 속옷이나 맞춤 속옷이 젊은 여성이 아닌 중년 주부여성에게 인기가 있다는 것은 몽상에 빠진 '중년 해바라기족'을 잘 표현해 준다.

일본의 사례를 들어 보자. 팬티 하나에 2천 엔을 넘는 것은 보통이고 비싼 것은 3, 4천 엔을 호가하는 것도 있단다. 대개 이렇게 비싼 것은 나이 어린 사람들이 구입하기는 어렵다. 그래서 이렇게 비싼 팬티의 주요 고객은 40대부터 50대 여인들이다. 그런데 재미있는 것은 이 팬티를 탐내는 사람들은 비록 재력은 있지만 작아서 자기 몸에 맞지 않고 심지어는 들어가지도 않는 중년 여성들이다. 그들은 체형이 완전히 망가져 있다. 그렇다면 이들 중년 여성들은 실제로 그런 팬티가 맞기보다는 오히려 그런 팬티에 어울리는 신체 이미지를 자기 몸에 갖다 맞추는 망상을 하고 있는 것이다.

그런데 의류산업이 발달하면서 이제는 그런 망상을 실현시켜 주는 단계에까지 이르렀다. 한국의 사례를 보자. 이미 서울 강남 일대, 수도권 신도시 고급 아파트 단지에 맞춤속옷 방문판매가 주부의 인기를 끌고 있다. 팬티, 브래지어 등 몇 가지 속옷을 묶어 세트로 파는 이 맞춤속옷의 가격은 웬만한 밍크코트 한 벌 값인 100~200만 원대를 호가한다. 이처럼 워낙 고가이다 보니 고관대작 부녀자들이 주로 찾는다는 연유로 '장관부인 속옷'이라고 불릴 정도이다. 이런 맞춤속옷이 주부들의 눈길을 끄는 이유는 군살을 제거하고 날씬한 몸매를 되찾아 줄 수 있다는 판매회사의 광고 때문이다. 맞춤속옷을 구입한 어떤 부인은 "몸매를 되찾아 준다는 말을 믿고 눈 딱 감고 한 세트를 구입했다"고 말한다.

현대의 광고가 이끄는 소비사회는 여성들의 나르시시즘을 자극한다. 중년의 여성에게는 젊은 여성의 몸매를 회상시키고 스스로 그런 몸매로 회귀할 것을 강요한다. 이루어지지 못할 것을 보여 줌으로써 끊임없이 그 이상을 향해 추구하게 만든다. 자기만의 개성을 가지라고 하면서 은근히 그 개성은 '이런 것'이라고 보여 주고 있는 것이다. 소비사회에서 나르시시즘은 결국 순수하게 개인적인 것이 아니라 타인지향적인 모습들 속에 감염된다.

현대소비사회에서 여성이 바라는 육체상은 여자에게는 타인이, 좀더 분명히 말하자면 가부장적 가치에 의해 부여된 육체상을 내면화해 가는 과정이라고 할 수 있다. 결국 여성미의 강조는 미디어의 가부장적 성격이 상품화와 결합되면서 지속적으로 강화되었던 것이다. 그래서 여성의 나르시시즘과 소비의 결합은 엄청난 미용 광고 산업을 탄생시킨다. 여성은 너무도 분명하게 기존 권력자이고 실제 소비자인 남성의 의해 규정되고 있는 것이다.

이것은 이제 남성의 경우도 예외는 아니다. 얼마 전까지만 하더라도 남성의 몸이 여성에 의해 만들어진다는 것은 생각하기 힘들었다. 그러나 최근 들어 이 추세는 바뀌고 있다. 여자의 시선이나 평가에 의존하는 젊은 남성들이 많이 나타나고 있는 것이다. 속옷 패션과 남성향수·화장품에 신경 쓰는 남자들이 계속 늘어나고 있다. 그런데 이들 남성들의 아름다움은 남성적이지 않다. 어찌 보면 중성적이다. 이제 소비사회 속에서 나르시시즘에 의해 규제 받는 것은 여성만이 아니다. 오히려 여성이 바라는 자신의 육체가 남성에게까지 침투한다. 남성들 스스로도 자신의 주체적인 성을 잃어가고 있는 것이다. 그런 의미에서 여성에게 자신의 외모에 대한 억압을 강요했던 남성들은 또 다른 업보를 받고 있는 셈이다.

옷차림도 전략이다

    어떤 양복 광고에 '옷차림도 전략입니다' 란 말이 카피로 등장한 적이 있었다. 그리고 그 양복은 동종업계에서 단일 기간 내 최대 매출실적을 기록했다. 물론 그 광고에 등장한 모델이 뭇 남성들의 최고 데이트 상대로 꼽히는 당대 최고의 인기여자 탤런트인 면도 있었겠지만 기록적인 매출실적의 힘은 아마 그 카피가 가지고 있는 현실독파력에 있었던 것이 아닌가 싶다. 이미 자신의 외모를 통해 이미지 관리에 나서는 남성을 보는 것은 그리 이상한 일이 아니다. 남성화장품은 말할 것도 없고 남성들의 장식용 액세서리 사용도 흔해졌다.
    그러나 이런 면들이야 일부 남성에 국한되는 것이라고 그냥 치부해 버리면 별 신기한 것도 아닌 듯하다. 그러나 요즘 대부분의 남성들이 이용하는 미장원을 보면 남성에게 이미지의 중요성이 그만큼 커졌음을 단적으로 확인할 수 있다. 강남구 대치동에 있는 한 남성전용 미용실의 남성미용사를 만난 적이 있다. 그는 덥수룩한 머리를 하고 커트하러 온 남성손님에게 늘 촌평하는 말이 있다고 한다. 요즘이 어떤 세상인데 이렇게 머리를 하고 다니느냐고, 이미지 관리 좀 하시라고 점잖은 말로 타이르는 것이 그것이다. 그런 사람은 이제 자기 머리 때문만이 아니라 주위 사람까지 답답하게 만들기 때문에 '답답형'이란다.

요즘 남자들이 어느 정도 헤어스타일에 신경을 쓰는지 또 얼마나 자주 미장원에 들르는지를 물었더니 요즘 남성들이 미용실에 들르는 평균기간은 약 20일 정도라고 귀뜸해 준다. "요즘 남성들은 헤어스타일이 약간 흩어질 정도만 돼도 미장원을 찾죠. 민감한 사람들은 10일에 한 번씩 오기도 하죠. 그런 사람들은 머리를 다듬고 면도 정도만 하고선 갑니다. '조급형'이라고나 할까요. 그래도 답답형보다는 낫죠."

그 미장원이 강남 중심의 주택가였으니까 아마 다른 지역보다 머리를 자르는 기간이 약간 짧다고 보더라도 헤어스타일 관리가 그 정도 수준이라면 우리 사회의 남성 헤어스타일은 절약이나 편안함의 차원보다는 유행과 외모관리의 차원으로 이미 넘어온 것이다.

다양한 남성 향수들

현실은 이렇듯 변했다. 남자들도 단순히 정장의 쾌감에서 벗어나 패션에 신경 쓸 만큼, 그리고 비듬 같은 생리적 요소 때문이 아니라 자신의 외모관리를 위해 헤어스타일에 신경 쓸 만큼 세태는 변했다. 그리고 헤어스타일에 머무는 것이 아니라 남성용 화장품과 향수, 패션용 속옷도 이제는 낯설지 않다. 남성의 멋을 가르치는 남성전용잡지가 나온 것도, 그리고 그것을 보고 있는 남성들도 이제는 별로 이상하지 않다. 그렇다면 언제부터 우리 사회는 이렇게 변해 갔을까. 계절이 바뀔 때마다 한 번씩 이발소에 들르면 깨끗한 이미지를 가질 수 있었던 시절이 언제 갑자기 이렇게 변하게 된 것일까.

그 미용사의 말로는 88년 서울올림픽 이후부터 남성들의 머리손질 기간이 짧아지기 시작했다고 한다. 그러나 굳이 그 미용사의 말을 빌리지 않더라도 우리 사회의 거대한 전환의 시기는 단지 정치·경제적 수준에서뿐만 아니라 우리 자신의 의식과 사고국조까지 비꾸어 놓은 시기였다. 바로 노동운동이 폭발했던 시기였고, 88 올림픽으로 전세계인의 이목을 한 몸에 받았던 시기였다. 그런 모습들이 바로 그 자그마한 미용실 공간에서도 예외는 아니었던 것이다.

87년도 이후부터 우리 사회는 삶의 성격이 바뀌기 시작했다. 노동운동 덕택에 노동시간이 줄어들고 임금이 늘어나면서 그야말로 여가와 소비가 생활의 중심에 등장하는 사회로 이행되기 시작한다. 사람들의 관심도 예전보다 많이 바뀌었다. 돈도 좋지만 돈을 어떻게 쓰는가도 중요하다고 생각한다. 무조건 절약하고 생필품들만 사던 시절에서 이제는 무엇을 소비하느냐가 중요 관심사로 등장하기 시작한 것이다. 이전에는 통장 속에서 모아진 돈과 고생 끝에 장만한 집에서 자신의 인생이 실현되고 살맛을 느꼈다. 그러나 점차 '다 먹고 살자고 하는 일'이고 '남보다 더 멋진 자동차를 가지고 싶다'는 것이 자신을 확인하는 새로운 가치로 떠올랐다. 이러한 것들은 따지고 보면 모두 우리 사회에서 노동시간이 줄어든 덕택에 여가시간이 늘고, 임금이 늘어난 덕택에 그 여가시간에 소비할 돈이 생겼다는 것에서 연유한 것들이다.

그리고 여가와 소비의 중심은 가족이 된다. 상품생산 중심의 사회가 남성 중심의 사회가 될 수밖에 없었던 반면—주로 남성이 가계의 책임자였다고 가정할 수 있기 때문에—소비의 단위는 가족이다. 외부에서 일해서 벌어 오는 돈은 아버지가 책임진다고 해도 쓰는 것은 가족들이 모두 함께 써야 하기 때문이다. 풍요로운 여가생활과 일상생활의 중요성이 부각된 것은, 그래서 가족중심주의가 점차 우리 사회에 자리잡기 시작한 것도 바로 소비사회로의 전환 때문이라고 할 수 있다.

그러나 소비사회로 전환된 것은 이렇듯 노동시간의 단축에 공헌한 노동자들 덕택만은 아니다. 그렇게 늘어난 여가시간을 사람들이 그냥 이전처럼 생활하는 방식이 아니라 소비하도록 충동시키는 또 다른 측면의 변화가 병행되고 있다. 그것은 단연코 문화산업의 거대한 힘 때문이다. 소비 충동은 노동운동과는 극단에 서 있다고 할 수 있는 자본의 문화산업에 의해서 만들어진다. 영화와 비디오, 유선방송에서부터 외식산업과 화장품산업까지 여가생활은 자본의 문화산업에 의해 추동된 것들이 모두 점령하고 있다. 노동운동이 힘들게 일구어 만들어 놓은 여가와 일상생활을 문화산업이 독식했다고나 할까. 적절한 표현은 아니겠지만 '열심히 죽 쑤어 개 준 형국'

이 되어 버린 것이다.

　광고는 끊임없이 이미지를 개인에게 주입한다. 상품의 기능성이나 유용성과는 아무런 관련 없이 광고는 계속 개인들에게 자신의 이미지를 상품 속에서 찾으라고 강요하고 그래서 순진한 소비자들은 그런 교활한 광고의 요구를 거역하지 못한다. 거역하지 못할 뿐만 아니라 어느 순간에는 스스로도 그런 광고처럼 생각하고 그 광고에 동화되기까지 한다.

　TGI 프라이데이 같은 외식업체는 TV나 신문에 광고를 하지 않는다. 단지 그 외식업체 장소가 스스로 이미지를 만들어 실내장식을 해 놓고 웨이트리스들도 그런 이미지에 맞는 유니폼과 행동들을 만들어 낸다. 그런 모습을 보고 또 듣고 하면서 사람들은 그런 이미지를 찾고 그 곳에서 음식을 소비한다. 이미 음식점은 음식 맛을 보는 곳이 아니라 이미지를 소비하는 곳이다. 손님들도 모두 하나같이 멋진 옷과 화려하면서도 산뜻한 화장을 갖춘 사람들이고, 여기저기 테이블에서 웨이트리스들의 생일축하 박수소리가 들리는 그런 분위기를 고객들은 소비한다. 주위 사람들로부터 이미 진정한 축하는 받지 못하고 아리따운 웨이트리스들에게 축하를 받음으로써 현대 젊은이들은 자신의 자아를 확인한다. 이제 음식 맛보다는 식당의 이미지가 음식 맛을 대체하고 때로는 음식 맛을 지배하기까지 한다.

　식당의 음식 맛은 이제는 그리 큰 비중이 아니라고들 한다. 음식의 깊은 맛도 없고 값도 비싼 서구풍의 음식점이 본건물보다 훨씬 큰 주차장을 만들어 놓고서도 장사가 되는 이유가 바로 여기에 있다. 물론 식당 측도 그런 이미지와 분위기, 서비스에 돈이 들 수밖에 없으니 음식에 그만큼 신경을 덜 쓸 수밖에 없다고 한다. 이런 면에서 보면 그런 음식점에서는 맛이 그리 중요하지 않다고 생각하는 젊은이가 있는 것도 어찌 보면 당연한 셈이다.

광고와 대중매체 그리고 그것에 의해 힘을 얻은 이미지를 통해 현대인은 스스로의 개성을 느낀다. 이 경우 개성의 확충은 곧 문화산업의 확충이다. 서비스가 아니라 상품에 개성이 침투하는 것이다. 이런 개성은 이제 여성으로부터 남성으로 확대된다. 성인의 패션에서 아이의 아동복 패션으로 확대되어 갔으니 이제 여성패션에서 남성패션으로 확대되지 말라는 법도 없다. 그래서 앞으로 노령사회가 될 것이니 노인들의 유행도 그리 먼 이야기는 아니다.

남성 속옷, 화장품 등에는 이미 남자의 개성을 심는 이미지가 연출되고 있다. 그것은 곧 색감과 디자인, 향취 등으로 상징된다. 물론 옷감이나 상품의 질은 이전과 별반 다를 게 없다. 특히 속옷의 경우는 결코 남에게 과시되지 않는 옷인데도—일상생활에서 보여질 가능성은 극히 적은데도—남성조차 디자인과 색상에 신경 쓰는 형국이다. 이것은 이미 남성의 패션이 남에게 보여 주는 것을 뛰어넘어 자신의 이미지를 스스로 체화시키고 있다는 것을 뜻한다.

이렇게 남성들도 스스로가 자신의 이미지를 속옷이나 옷, 향수, 헤어스타일 등 육체와 외모에서 찾게 된 것은 사회 전반에 퍼진 외모중시 풍조가 중간에서 매개되었기 때문이다. 남성들도 외모에 신경 쓸 수밖에 없는 분위기가 만들어졌고, 적응의 동물인 인간은 그런 신경 쓰이는 외모를 그냥 자신 속에 습관화시켰을 것이라는 말이다.

설사 외모에 신경을 쓰지 않는 남성이라 할지라도 예외가 될 수는 없다. 이 경우에는 상품을 팔아야 하는 기업은 여성의 심리를 이용하기 시작한다. 남자의 속옷과 화장품은 부인이나 애인이 사 준다는 점에 착안해서 여성의 입장에서 남성을 산뜻한 외모를 가진 사람으로 그리고 남성적인 이미지가 풍겨지도록 만들어 주어야 한다고 충동질한다. "내 남편이 아저씨? 말도 안 돼. 남자를 완성하는 향기"를 부인이 만들어 주어야 한다는 것이다. 아내나 애인이 남성화장품과 속옷을 남성개성에 맞도록 구입하는 것을 의무로 생각하게끔 하는 것이다. 여성의 외모지배의식이 남성에게까지 확대되도록 하는 데 이만큼 자연스런 과정도 없을 것이다. 물론 이런 과정 전체를 관장했던 것은 광고 산업을 이끄는 자본이었음은 당연하다.

외모를 중시하는 풍조는 처음엔 여성을 억압했었다. 여기에 예외적이었던 남성은 이제 어떨까. 남성들도 상냥해졌고 남성의 섬세함이 패션 감각과 잘 어울린다. 이 때문에 외모지배를 페미니즘의 틀 속에 넣을 수 없게 된다. 오히려 남성들에게까지 확대된 외모중시풍조 덕택에 페미니즘의 대상은 더욱 확대된다. 페미니즘이 원래 의도였던 인간해방이 오히려 더욱 절실해지는 것이다.

그러나 여성과 늘 똑같은 과정으로 남성의 외모중시풍조가 생겨난 것은 아니다. 나르시시즘은 여성뿐 아니라 남성에게도 나타난다고 보면 그런 나르시시즘은 개인적인 수준뿐만 아니라 사회적인 수준에서도 나타날 수 있다. 치열해지는 경쟁 속에서 자신을 나타내는 수단은 이제 무한해져야 한다. 모두가 익명의 삶을 살아가기 때문에 자신의 인상을 훌륭히 가꾸어야 한다. 특히 첫인상과 대인관계의 중요성은 인간관계의 일시성이 증폭되면서 점차 부각된다. 사람과의 교제, 이성과의 만남이 빈번해지고, 업무도 영업이나 서비스, 판매 등 대인서비스직종이 늘어나면서 일시적 만남은 계속 확대된다.

여기서 첫인상은 개개인들이 자신들의 생활에 영향을 주는 잠깐 스쳐 가는 정도의 사귐뿐 아니라 짧은 기간의 익명적 관계를 갖는 인간사회에서 더욱 중요해진다. 첫인상은 신체적 외모를 근거로 해서 형성될 수밖에 없기 때문이다. 그래서 외모가 뛰어나면 같은 일을 해도 후광효과halo effect를 기대할 수 있다. 결국 자신을 금방 나타낼 수 있어야 한다는 강박관념은 그만큼 경쟁이 치열하다는 것을 입증하는 것이기도 하다.

심리학자 **에리히 프롬**은 경쟁이 치열해질수록 개인적인 나르시시즘과 집단적인 나르시시즘이 동시에 창궐한다고 진단했다. 나르시시즘의 기반은 생존욕구인데 경쟁 속에서 생존욕구가 더욱 커지기 때문이다. 그래서 나르시시즘을 소비사회가 잘 이용한다면 소비사회가 추동한 나르시시즘은 경쟁사회를 바탕으로 해서 커 나갈 수 있다. 경쟁이 강해질수록 나르시시즘은 커지는 것이다. 거기에 집단적 나르시시즘까지 덧붙여지면 이제 자신이 엘리트임을 의복과 행동, 지위상품, 분위기에서 나타내려는 과정으로 이행되고 만다.

이런 모습들이 한국에서 두드러진다는 것은 그만큼 한국 사람들이 격화된 경쟁 속에서 살고

프롬Erich Fromm
(1900~1980)
미국 신프로이트학파의 정신분석학자이자 사회심리학자이다. 프랑크프루트학파에 프로이트 이론을 도입하여 사회경제적 조건과 이데올로기 사이에 사회적 성격이라는 개념을 설정하고 이 3자의 역학에 의해 사회나 문화 변동을 분석하는 방법론을 제기하였다. 저서에 『자유로부터의 도피』, 『선禪과 정신분석』 등이 있다.

있고 그래서 배타적임을 뜻하는 것일 수 있다. 늘 청바지에 티셔츠 하나 걸치고 다니던 외국 사람들이 한국에 와서 한국 여성들이 모두 모델처럼 예쁘다고 말한다. 이런 말들이 이제 남성들에게도 예외가 아니다. 정연한 패션과 남다른 색채감각, 정장의 격식 등은 남성사회를 지배하는 룰이 되고 있다. 의복과 자신의 이미지 관리를 어느 정도는 대인관계의 예의라고 생각하고 나아가서 전략이라고까지 여기는 정도이니까. 그런데 이러한 우리의 외모중시풍조는 북구의 복지국가에 사는 서구인들이 서로 편안한 의복과 생활을 추구하며 외모에 별 신경을 쓰지 않는다는 것과 잘 대조된다. 이것을 거꾸로 이야기하면 그들은 우리만큼 경쟁이 격하지 않고 느긋한 생활을 즐기고 있음을 뜻한다. 또한 서로가 서로를 깊이 이해하고 잘 아는 공동체생활이 배인 지역이라면 첫인상과 외모 중심적인 사고가 자리잡기 어렵다. 공동체사회이고 유대관계가 지속적일수록 외모의존도는 약화될 수밖에 없기 때문이다.

이런 외모의 성격을 돌아보면 남성들이 생존을 위해 그리고 출세를 위해 조급하고 바쁜 시간을 쪼개어 외모에까지 신경 쓰는 모습은 또 다른 방식으로 우리 사회의 각박하고, 개체화된 현실을 드러내고 있는 셈이다.

셋째 마당
갈등과 권력

모자관계와 고부관계는 같은 뿌리에서 생겨났다

밀란 쿤데라

브륀 출생. 프라하예술대학 영화학과에서 수업하였고, 시·평론과 예술적인 에세이, 희곡·단편·장편 등 어느 장르에서나 뛰어난 작품을 발표하였다. 그의 작품 중에서 제2차 세계대전 후 발표한 희곡 『열쇠의 소유자』(1962), 『프타코비나』(1969)와 단편 『미소를 머금게 하는 사랑이야기』(1970)는 특히 유명하다. 장편 『농담』(1967)에서는 비뚤어진 사회주의 사회의 인간관계를 묘사하여 뛰어난 능력을 보였으며, 많은 번역 작품에 의해 세계적으로 유명해졌다. 1975년 체코를 떠나 프랑스 렌대학교에서 교편을 잡았으며, 1979년 체코 정부는 그의 시민권을 박탈했다. 조국이 아닌 프랑스 등 제삼국에서 발표된 장편소설 『웃음과 망각의 책』(1979), 『참을 수 없는 존재의 가벼움』(1984) 등은 큰 반향을 불러일으켰다.

흔히 여성을 자학적 존재라고 말한다. 대표적인 예가 여성의 출산이다. 세상에서 가장 심한 고통을 겪고서도 그리고 향후 그 아이로 인해 자신의 자유를 엄청나게 빼앗기는 것이 불을 보듯 뻔한데도 여성은 또 아이를 낳는다는 이유 때문이다. 그렇기 때문에 여성은 본능적으로 자기학대적이라는 것이다. 물론 이것은 출산의 경험이 없는 남성의 입장에서 판단하는 협소한 시각이다. 여성은 자신이 낳은 아이만을 보고 있어도 모든 고통을 다 잊는다고 하니까. 그러니 이 정도라면 **밀란 쿤데라**의 말처럼 여성 스스로가 망각과 투쟁하는 것 말고는 달리 자유를 찾을 방법이 없는 셈이다.

그러나 다른 한편에서 보면 여성의 이런 고통에 대한 망각―달리 표현하면 고통과의 대결에서 인간이 얼마만큼 강할 수 있는가를 보여 주는 것이기도 하지만―으로부터 인류의 생존은 시작된 것이라고 할 수 있다. 인류의 근원을 따져 들어가 보더라도 생육기간이 다른 동물에 비해 유난히 긴 인간에게 이런 모성이 없었던들 인류는 지속되지는 못했을 것이다. 결국 인류를 지탱한 것은 모성인 것이다.

이런 위대한 모성을 가족관계 내에 투영시켜 봤을 때 모성이 가장 잘 발현된 가족 형태가 부계부권적 가족 내의 모자관계이다. 모자관계는 부계부권적 가족이 만들어 낸 가장 완벽한 관계인 것이다. 어머니의 아들에 대한 무조건적인 희생과 사랑 속에서 어머니의 모성이 여지없이 발현되기 때문이다. 그렇다면 부계부권적 가족에서 가장 열악한 가족관계는 무엇일까? 부계부권적 가족 내에서 가장 열악한 관계는 우리 사회가 잘 보여 주듯 고부관계이다. 그런데 부계부권적 가족 내에서의 모자관계와 고부관계라는 양극단의 관계는 실제로는 같은 뿌리에서 태동했다.

어머니는 아들에게 희생을 바친다. 그러나 이제 아들에게 경제적으로 의존하고, 심리적으로 위안받을 만할 때가 되었다고 어머니가 생각할 때쯤 아들은 다른 여자와 결혼한다. 아들은 자기 처자식 살피느라 정신없지만 또 다른 한편에서 어머니에 대한 관심도 그만큼 써야 한다. 아들을 두고 시어머니와 며느리가 서로 경쟁하는 것이다. 그래서 시어머니가 며느리에게 간섭하고 또 아들에게 경제적으로 의존하면서 고부갈등이 생겨날 수밖에 없게 된다.

한국사회를 포함한 대부분의 유교권 동양사회는 부계부권적 가족 형태

극단적인 고부관계를 보여준 영화 〈올가미〉

이다. 고부갈등은 부계부권적 가족 형태를 지닌 곳에서는 어디든 존재한다. 그래서 고래로 중국이나 일본 같은 동양권에서는 이러한 고부갈등을 해소하기 위한 다양한 혼인제도가 생겨났다. 민며느리제, 사촌혼, 이중혼례 같은 다양한 혼인제도가 이러한 고부갈등을 극복하기 위해 생겨났다고 할 수 있다. 민며느리제의 경우 어릴 때 아내 될 사람을 미리 들여와 시어머니에게 잘 적응되도록 했으며, 사촌간에 혼인을 할 경우 고모나 이모가 시어머니가 됨으로 고부갈등의 가능성을 애초에 줄일 수 있었다. 이중혼례는 일본에서 성행했는데 결혼 이전에 미리 며느리와 시어머니가 함께 생활해 보고 서로 원만할 경우 정식결혼을 하는 방식이다. 이러한 다양한 혼인제도는 결국 모두 고부갈등을 조금이나마 줄여 보기 위해 창안해 낸 것들이라고 할 수 있다.

그런데 이러한 독특한 혼인제도들은 주로 중국이나 일본에서 성행했다. 반면 우리나라의 경우에는 결혼한 여성에게 가장 큰 인생의 역경이랄 수 있는 고부갈등을 해소할 만한 다양한 결혼제도가 상대적으로 부족했다. 그 때문에 같은 부계부권적 가족이면서 유독 한국에서만 고부갈등이 심하게 나타나는 이유도 여기에 있다. 또한 고부갈등은 단지 시어머니와 며느리의 관계만이 아니라 아들과 시어머니, 아들과 며느리의 관계에까지 큰 영향을 미친다. 이것은 그만큼 한국의 여성들이 같은 부계부권적 제도 하에서 살았다고 하더라도 다른 부계 부권지역보다 살아가기가 더 힘들었다는 것을 입증하는 것이기도 하다. 아마 이런 데서 한국여성의 정신적인 왜곡이 생겨났을지도 모른다. 우리나라에 뿌리깊은 무녀들도 사실 그 사회적 근원을 추적해 가 보면 모두 이런 가족 내의 왜곡된 관계가 반영되어 생겨났을 것을 추측하기란 그리 어렵지 않다.

그러나 고부갈등의 해소방안이 전혀 없었던 것만은 아니다. 물론 다양한 혼인제도처럼 고부갈등을 적극적으로 해소하기 위한 제도는 없었지만 개별적으로 고부갈등을 해소할 만한 장치는 있었다. 대표적인 것이 빨래터였다. 빨래터는 각 집안의 일꾼인 며느리들끼리 모여 자기 집의 시어머니의 흉을 보는 훌륭한 장소였다. 빨래터에서 서로 웃고 울고 소리 지르고 하며 서로의 공감대를 형성하고 소외를 달랬던 것이다. 방망이로 빨래를 하며 정신적 스트레스를 육체적으로 풀어 갔고, 빨래의 찌든 때를 방망이로 떨어 내듯 시어머니에게 찌든 불만을 떨어 내었다. 그래서 빨래터는 고부갈등을 가족형태로 해소시키지 못한 한국에서 부계부권가족이 큰 문제없이 지속될 수 있도록 하는 데 큰 역할을 해낸 셈이다.

그러나 지금 빨래터는 없다. 세탁기와 세탁소, 빨래방이 빨래터를 대체했다. 사람들은 빨래방으로 모이지만 시어머니 험담은 하지 않는다. 세탁비와 찾을 날을 묻고 갈 뿐이다. 그리고 고부갈등을 해소할 만한 새로운 가족형태도 본격적으로 등장하지 않았다. 가끔씩 친구를 만나 불만을 달랠

뿐이다. 결국 빨래터가 없어짐으로 해서 갈등의 출구만 봉쇄된 셈이다. 이것은 단지 며느리뿐 아니라 시어머니에게도 큰 타격이 아닐 수 없다. 가족은 모든 구성원간 관계가 원만해야 온전한 가족이 될 수 있는데 며느리의 불만이 해소되지 못한다면 가족간 관계가 불안정해지기 때문이다. 90년대 중반에도 고부갈등으로 인한 이혼율은 여전히 줄어들지 않고 오히려 늘어나고 있다고 한다. 이런 현상은 우리에게 가족간 갈등을 제도화할 출구가 시급히 마련되어야 함을 잘 보여 준다 하겠다.

미개인의 홀리 축제에서
현대인의 오빠부대까지

　지금의 대학 술 문화나 MT 문화는 어떨지 모르지만 과거에는 보통 선후배가 함께 자리를 할 때 분위기가 무르익으면 늘 하던 의례 같은 것이 있었다. 소위 '야자타임'이 그것이다. '하늘같이 떠받들던' 선배를 앞에 두고 반말을 지껄여 가며 한 번 위계의 판도를 뒤집어 보는 것이다. 평소 주눅 들었던 만큼 야자타임의 재미와 쾌감은 대단했다. 물론 당하는 입장에 서야 쓴맛 단맛 다 보겠지만.

　그러나 다른 한편 생각하면 이 야자타임 덕분에 선후배간의 위계도 확고하게 유지되었다. 야자타임이란 합법화된 위계전환이 선배에 대한 불만의 폭발을 막고 기존 위계에 적응할 수 있는 분위기를 만들어 주기 때문이다. 또한 서로 입장을 바꿔 봄으로써 기존 위계에서 생길 수 있는 여러 부작용이나 과잉 억압을 미연에 방지할 수 있는 기능을 하였다.

　그런데 이런 일시적 위계전환은 위계가 뚜렷한 사회에서 때로는 제도적으로 보장되기도 한다. 매년 2월 인도에서는 세계에서 가장 오래된 축제의 하나인 홀리 축제가 열린다. 소위 진흙축제라고도 하는 이 축제에서 사람들은 여러 색깔의 흙과 물을 섞어 신분이나 계급에 관계없이 서로에게 뿌리고 던진다. 이날만은 나이와 계급, 성의 벽이 무너진다. 그래서 그 동안 억눌려 지내던 사람들이나 여성들이 공격적인 행동을 많이 하게 된다.

이런 위계 파괴의 축제가 카스트 제도로 세계에서 위계와 신분의 전통이 가장 강한 인도라는 곳에서 열리고 있는 것이다. 이것은 일견 모순처럼 보이기도 하지만 다른 식으로 생각하면 이런 축제가 인도의 카스트 제도를 그만큼 오래도록 남아 있을 수 있도록 해 준 한 동력을 제공했을 수도 있다.

원래 기존 사회를 안정시키는 가장 정통적인 방법은 일탈적인 사람들에 대해 벌을 내리는 것이다. 지금이야 이것이 질서계도의 차원에서 법으로 제정되어 단죄되지만 전근대사회에서는 마술이나 마녀사냥 같은 주술적 방식에 의해 일탈행위가 처리된다. 아프리카나 북미 원주민사회에서는 친족의 규범을 따르지 않거나 규칙대로 행하지 않는 자, 심지어는 남들보다 성공한 사람까지 마술사로 지목하여 죽이거나 쫓아낸다. 중세시대에도 마녀사냥을 통해 중세사회의 계층갈등과 사회의 어두운 부분을 가릴 수 있었고, 가족생활, 성생활의 억압을 통해 중세를 계속 유지시킬 수 있었다. 그러나 이렇게 기존 위계의 유지를 위해 일방적으로 단죄하거나 억압하는 방식과는 정반대로 오히려 기존 위계를 일시적으로 풀어 줌으로써 기존 위계와 사회적 안정을 달성하는 방법도 있다. 야자타임과 홀리 축제가 이런 역할을 톡톡히 수행했던 것이다.

이렇듯 원래 고대사회든 중세사회든 또는 현대사회든 축제나 주연 자체는 억압된 삶에 대해 위반의 기회를 부여해 준다. 그래서 축제는 결혼을 벗어난 위반의 기회를 부여하는 동시에, 정상적인 생활과 질서를 되찾을 수 있게 한다. 주연에서도 술을 마시면 한계를 넘어서 보려는 힘이 솟구친다. 축제가 금욕적인 삶의 한계를 부정하는 것이라면 주연은 기존 체제의 전복의 신호일 수 있는 것이다. 농경사회에서의 주연은 주인이 노예노릇을 하고 하인이 주인의 침대에 눕는 등 사회질서가 완전히 전복되는 모습으로 나타났던 것은 그래서 그리 이상한 일이 아니었다.

독일 라인강 지방의 전통 축제 카니발도 이런 전복의 축제라는 점에서 예외는 아니다. 이 축제는 각 도시와 마을에서 여성들이 남성지배의 상징으로 간주되는 시청과 마을 행정관청을 습격하는 '여인의 밤', '남성공격의 밤' 행사로 시작한다. 관공서 습격은 기존 체제의 가장 큰 벽인 가부장 지배에 대항하여 마치 기존체제를 뒤엎는 혁명의 시작을 연상시킨다. 이들 여성들은 가위를 흔들면서 닥치는 대로 남자들의 넥타이를 자른다. 여성들은 이에 대한 보상으로 남자들에게 키스한다. 수동적이고 피지배적 입장에서 있던 여성들이 축제에서는 도리어 능동적이고 적극적으로 남성들을 끌어 가는 것이다. 이런 남녀지배의 완전한 역전의 축제가 유럽 중에서도 가장 가부장적 전통이 강한 독일에서 열리는 이유도 바로 이런 축제의 '전복적 모습'을 단적으로 드러내는 것이다.

다시 요즘 이야기를 하나 해보자. 현대사회에서 이제 축제는 없다. 대학 축제는 있어도 사람과 사람 사이의 자연적 관계를 발흥시키고 반영하는 축제는 없다. 축제를 대치한 것은 스포츠이다. 원시인들이 축제에서 서로 열광했던 것처럼 현대인들은 스포츠 경기장에서 열광한다. 그리고 그 열광의 상징처럼 보이는 것이 오빠부대다. 응원단처럼 오빠부대도 보수를 주고 고

오빠부대의 원조 조용필

용하는 경우도 있지만 여하튼 오빠부대는 경기장의 꽃이라고 한다. 그런데 그런 오빠부대는 어떤 연유에서 나타나고, 어떤 구성원들로 이루어져 있을까. 주로 중·고등학생들인 이들은 공부에서 오는 압박감과 그 스트레스를 경기장에서 해소한다. 소리 지르면서 스트레스를 푼다. 그래서 오빠부대에는 공부에 관심 없는 아이만큼이나 공부 잘하는 아이도 많다고 한다. 스트레스야 공부를 잘하건 못하건 서로 엇비슷할 테니까. 자살하는 아이들 중에는 성적이 예전보다 약간 떨어진 상위권 성적의 아이들이 더 많다는 것에서 공부 스트레스의 편재성을 충분히 납득할 수 있다.

그러니 청소년들 보는 부류가 동등하게 오빠부대에 참여하는 것은 아니다. 청소년관계연구를 하는 한 연구소의 조사내용 중에 "오빠부대에서 오빠스타를 위해 돈을 얼마만큼 쓰느냐"는 질문을 한 적이 있었다. 그런데 그 결과는 의외였다. 집안이 부유한 아이들보다 집안이 하층에 속한 아이들이 오빠부대를 위해 돈을 더 많이 쓰고 있는 것으로 나타났다. 하층에 속한 청소년들이 오빠부대에 더 적극적으로 참여하고 있다는 말이다. 이것은 무엇을 의미할까.

우리는 여기서 양면적인 의미를 끌어낼 수 있

다. 하나는 하층계급에 속한 아이들의 불만이 더 크다는 것이다. 그 불만은 자기 자신의 미래에 대한 불확실성의 불안이 잠재화되어 더 크게 나타난다. 그런 불만이 오빠부대에 더욱 열광하도록 하는 것이다. 그래서 오빠부대 덕택에 자신의 위치를 잊는다. 이것은 오빠부대가 그만큼 기존 사회의 계층적 제도를 안정시키는 역할을 수행하고 있다는 것이다.

그러나 또 다른 의미는 정반대로 이런 열광 속에서 하층청소년들의 미래에 대한 이상을 엿볼 수 있다. 자신이 계급이동할 수 있는 가능성은 사회적으로 봉쇄되어 있다. 이전 같으면 하층계급출신이더라도 열심히 공부해서 '훌륭한 사람'이 될 수 있었을 것이다. 그러나 이제 사회는 변했다. 일류대학에 들어가려면 과외 정도는 받아야 한다. 교육은 이미 계급이동의 가능성을 만들어 주는 제도라기보다는 거꾸로 기존의 계급위치를 자연스럽게 받아들이도록 정당화시켜 주는 역할을 하고 있는 셈이다.

현대사회는 이렇듯 폐쇄화되었다. 이제 하층청소년들이 급속한 계급상승을 달성할 가능성은 대중스타가 되는 길 이외의 다른 길은 없어 보인다. 마치 신도에게 추앙받는 교주가 되어야 돈을 수억 벌 수 있듯이 말이다. 그래서 하층계급출신들은 스타에게 열광한다. 그 열광은 나도 너 같은 스타가 되고 싶다는 열광을 포함하고 있는 것이다. 프랑스의 사회학자인 모랭은 그래서 이들 스타에 대한 열광을 '스타예배'라고 표현하기도 했다. 하지만 그 예배는 신이 될 수 없는 인간이 아니라 신이 되고픈 인간을 표현한다.

이렇듯 현대사회든 원시사회든 축제와 놀이 그리고 그 속에서의 열광은 기존의 위계에 대한 정당화와 반발을 동시에 함축하고 있다. 그렇다면 과연 어느 쪽이 더 강하게 나타날까. 그것은 누구도 모른다. 사회 제도와 인간 행동에 따라 달라질 테니까.

화가 나면 물동이를 깨뜨려라

간 큰 남자 시리즈나 마누라 등쳐먹는 사람들 모임 이야기 같은 요즘 유머를 들어 보면 가정 내에서 여성의 지위가 그만큼 상승되어 가정 같은 사적 영역 내에서만큼은 여성의 지위가 이제 남성에 육박하거나 또는 더 높은 지배적 위치까지 올라온 듯하다. 그러나 이런 유머와는 달리 우리 사회의 가정은 여전히 가부장적이다. 사실 간 큰 남자 시리즈의 유행 자체가 가부장제의 붕괴가 온전하지는 못하다는 것을 반영하는 것이다. 유머가 모두에게 익숙한 당연한 사실이라면 웃길 일도 없을 테니까 말이다. 실제로 여전히 중요한 의사결정에 있어서는 남편의 의견을 따르는 가정이 압도적이다. 집을 선택할 때는 남편의 의견이 가장 중요하며, 자동차를 살 때도 차종은 아버지가 결정하고 색깔 정도만 아내가 결정한다. 텔레비전이나 전화, 가구 등을 선택할 때 정도나 아내 견해를 따른다. 사사로운 것은 아내가 결정하지만 비용이 크게 들고 중대한 결정에는 남편의 의견을 따르는 것이 압도적인 것이다. 이런 상황을 고려해 본다면 오히려 '간 큰 남자 시리즈'는 이전보다 몰락한 남편들이 그 몰락의 속도를 줄이고 막기 위한 사회적 처방의 한 수단이고, 또 다른 한편으로 아내 쪽에서는 남편이 '그렇게 되어 주었으면…' 하는 희망의 발현이라는 양면적 성격을 띠고 있는 셈이다. 그래서 현재 상태는 가부장제와 그것의 붕괴가 동시에 공존하는 과도기라고 할 수 있다. 그러나 아무리 가부장제가 붕괴되는 과도기라 해도 여전히 매 맞고 사는 아내의 문제를 일시적 문제로 치부할 수는 없는 일이다. 수원 「여성의 전화」 설문조사에 의하면 남편의 구타가 시작되는 시기는 결혼 후 3개월에서 1년 이내가 전체 응답자 중 61.8%를 차지한 것을 비롯하여, 결혼 전에도 11.8%나 맞은 경험이 있다고 조사되었다. 구타 이유로는 '남편에게 말대꾸한다'가 44.5%를 차지했고 다음으로 '시댁식구에게 못한다'가 19.5%, '남편을 무시한다'가 11.1%로 나타났다. 구타 방법으로는 '칼이나 흉기로 위협한다'가 16.1%, '뺨을 때린다'가 12.3%로 나타나 구타할 때의 주위의 모든 것이 남편의 흉기로 사용되고 있음을 알 수 있다. 그러나 더 큰 문제는 여성의 태도에서 나타난다. 구타당할 때의 여자의 태도는 '그냥 맞고만 있는다'가 34.5%, '도망간다'가 20.7%, '무조건 빈다'가 17.2%로 나타나 아내가 구타에 대해 소극적으로 행동하고 있음을 잘 드러내 주고 있다. 그럼에도 구타 후에 남편이 아내에게 '말과 몸'으로 잘 대해 주면 아내는 또 그냥 희망을 가지고 산다고 한다. 이 정도라면 노예나 다름없다는 것이 「여성의 전화」 담당자들의 말이다. 노예가 주인이 때릴 때면 싫지만 때리고 난 뒤에 먹여 살려 주는 것 때문에 도망가지 못하는 것과 비슷하니 그렇게 말해도 꼭 심하다고만 할 수 없는 노릇이다. 그런데 이런 아내구타의 모습은 통通역사적이다. 원시 부족사회에서도 아내가 바람을 피우거나 집안일에 충실치 못하면 분에 못 이긴 남편의 가내폭력이 자행되곤 했다. 그러나 재미있는 사실은 남편이 직접 아내의 몸을 구타하지는 않고 별 상관없는 아내의 물동이를 깨뜨려서 자기화를 푼다는 것이다. 인류학자 **말리노프스키**는 남태평양 트로브리안드족의 관찰에서 이런 풍습을 관찰했다. 어느 높은 추장의 아들이 그의 이복형제에게 안겨 있는 자기 아내를 발견한 후 무척 화가 났지만 자기 아내나 정부를 때리는 대신 아내의 물동이들을 모두 깨뜨려 버리더라는 것이다. 그리고는 아무 일 없었다는 듯 만족해 했다고 한다. 이런 모습들은 한편 생각하면 쉽게 이해가 간다. 화풀이할 대상을 찾아서 화를 푸는 것이라고 보면 된다. 보통의 부부싸움에서도 직접 아내를 때리는 것보다는 집안의 다른 가구들을 부순다거나 하니까. 언젠가 일본인 부부가 한국에 놀러와 호텔방에서 지내다 부부싸움을 하던 중 홧김에 텔레비전을 창 밖으로 던져 길 가던 행인이 화들짝 놀란 일도 있었던 것처럼 말이다.

그런데 트로브리안드족은 왜 하필 물동이를

말리노프스키Malinowski (1884~1942)
폴란드 출생. 크라쿠프대학 졸업 후 W. 분트, J. 프레이저 등의 영향을 받아 라이프치히대학에서 인류학을 공부하였다. 1914~1920년 트로브리안드섬을 중심으로 몇 차례의 집약적 현지조사를 하여 1927년 런던대학 교수가 되었다. 문화인류학에서 역사주의를 비판하고, 분석과학으로서의 인류학을 지향하여, 기능주의라는 연구방법을 창시하여 사회·문화 연구에 새 국면을 열었다. 그는 기능이란 전체에서 부분의 역할임과 동시에 제도·관습이 인간의 생물학적 욕구를 만족시키는 작용이며, 문화는 상호 관련하여 하나의 통합적 전체를 형성한다고 하였다.

깨뜨렸을까. 그것은 물동이가 여성이 가정에서 훌륭한 역할을 담당하고 있음을 상징하는 물건이기 때문이었다. 물동이는 여성이 샘에서 모여 서로 대화하는 공간을 제공해 주며 그래서 여성임을 느끼게 해 주었다. 또한 물동이는 물을 담는 그릇이며 물은 생식과 관련된다고 원시부족들은 생각했다. 사실 정액과 질액의 많은 부분이 수분으로 이루어져 있기 때문이기도 하겠지만 남자나 여자 성기에서 나오는 '이상한 액체'를 원시부족들이 물과 동일시한 것은 그 당시 '인식수준'에 비추어 보면 당연한 귀결일 수 있다. 여기서 곧 생식이 물에 의해 이루어진다는 원시부족의 생각이 그대로 투영된다. 그리고 아이를 낳는 것은 여자 몫이었고 그래서 물과 여성은 동일시된다. 이런 이유로 아내를 구타하는 대신 물동이를 깨뜨리는 것은 여성에게 큰 모욕이었고 그런 모욕을 퍼부은 남편은 심히 만족할 수 있었던 것이다. 현대인들도 아내를 구타하는 대신 아내가 아끼는 물건을 때려부숨으로써 화를 푸는 남편들이 있다. 차마 아내를 때리지는 못하니까 아내가 애지중지하는 물건을 깨뜨린다. 화장품이나 텔레비전, 가구나 그릇 등이 부부싸움의 흉기로 둔갑하

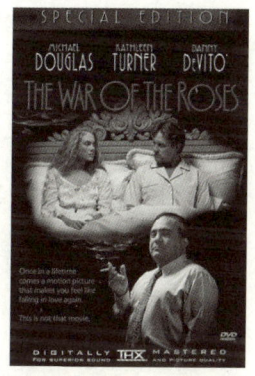

부부싸움 끝에 죽음에 이르는 영화 〈장미의 전쟁〉

는 것이다. 그러나 남편들에게 그런 물건은 아내 자체를 상징하는 것이 아니다. 그래서 화가 완전히 풀리지도 않는다. 현대인들은 적어도 부부싸움에 있어서는 원시인들보다 훨씬 야만적이다.

비록 아내구타까지는 가지 않는다고 하더라도 우리 사회의 부부는 너무 권력다툼이 심하다. 부부가 서로 너무 상호 종속적이거나 의존적이기 때문이다. 이것은 사랑이나 생활 자체에 별 도움이 되지 못하는 경우가 더 많다. 원시부족의 부부생활은 달랐다. 비록 혼인하여 부부라고 하더라도 자신의 독립적 공간이 따로 있다. 대개는 잠도 생활도 따로 한다. 성교를 할 때, 그리고 식사를 할 때 정도만 함께 있고 그 이외는 자신의 독립된 생활이 있었다. 이제 이런 모습들은 현대의 부부들도 배워 볼 필요가 있다. 중년에 가서 남편의 외도나 무관심으로 인생을 낙담하는 것은 결국 자신의 인생을 초라하게 만든다. 남편에 대한 의존이 지나치다 보니 남편이 무관심하면 심한 우울증에 걸리기도 한다. 이런 황망한 사태를 가정하지 않더라도 스스로 자신의 독립된 공간과 생활을 만드는 것은 자신의 인생을 위해서도 필요하다. 이런 점에서 원시부족은 부부싸움에 있어서나 아니면 부부생활 전반에 있어서나 현대인들에게 한 수 가르쳐 주고 있는 셈이다.

나는 요리사가 아니잖아요

미국에 이런 농담이 있다. 아침에 남편이 음식을 먹다가 수프 맛이 고약하다고 불평했다. 그때 아내가 "여보! 당신은 요리사와 결혼한 게 아니잖아요"라고 쏘아붙였다. 이번에는 밤에 도둑이 들었다. 겁이 난 아내가 "여보, 도둑이 들어온 것 같은데 왜 나가지 않고 꾸물거려요"라고 겁 많은 남편을 꾸짖었다. 그러자 남편은 "여보! 당신은 경찰과 결혼한 게 아니잖소"라고 대답했다고 한다. 단순한 농담에 불과하지만 여기에서 현대 가족의 성격에 대한 몇 가지 의미심장한 면을 추출할 수 있다. 최근 가사노동은 외부서비스에 많이 의존하게 되었다. 주부들은 가사노동에 투여되는 시간을 절약하기 위해, 그리고 가족구성원들끼리의 좀더 많은 노동시간과 여가시간을 갖기 위해 가사서비스의 수요를 늘린 것이다. 그러나 이러한 시간절약적인 관점 말고도 여기에는 또 다른 이유가 있다. 그것은 외부서비스의 질이 이전의 가내 가사노동보다 훨씬 질적으로 우월해졌다는 것이다. '어머니의 손맛'이라는 광고도 이미 옛 추억을 되새기는 광고에나 나올까 지금은 먹혀 들지 않을 정도가 됐다. 집에서 어머니가 해 주는 음식이나 간식보다 패스트푸드점의 음식을 훨씬 더 좋아하는 것이 젊은 세대의 입맛이다. 사회의 분업화가 가정의 수준과 생산력을 높여 준 것이다.

그래서 현대로 오면서 가정에 대한 감상적인 신비는 점차 사라진다. 페미니스트 중 일부도 가정을 신성시하는 것은 미신이라고 단언하다. 사실 어머니는 천성적으로 훌륭한 영양학자인 것도 아니고 숙련된 육아기술을 가지고 있는 것도 아니기 때문이다. 사실 어머니의 경험에 의존하는 형편없는 요리사이며, 적절한 영양섭취에 관해서는 아무것도 모르는 것이 사실이다. 또한 가정은 아이를 지적으로 혹은 도덕적으로 올바르게 기르지도 못한다. 아이들은 강박관념에 사로잡힌 어머니들의 지나치게 경계하는 관심 때문에 가정에서 억압받는다. 이런 면을 한국의 부모들에 빗대어 보면 그 정도가 더욱 심하다. 다른 동물들과 비교했을 때 인간의 특징은 생육기간이 길다는 것이다. 인간의 생육기간에는 부모의 보호가 절대적으로 필요하다. 그래서 인간의 신체적인 특성이 가정을 그렇게 끈끈하게 만든 동물적 기반이라고 말해도 큰 무리는 없을 듯하다. 이런 면에서 보자면 인간은 어릴 적에는 큰 보호가, 다시 말해 부모에 의한 제재가 필요하고, 커 가면서 점차로 자유로워져야 한다. 이것이 인간의 신체생리와 사회적 생리를 일치시켜 조화를 이루게 하는 것이 된다. 그런데 한국의 부모들은 대부분이 어릴 때는 자유롭게 키우고 자식이 커 가면서 엄하게 키운다고 한다. 일본 총무청이 15세 이하의 자녀를 갖고 있는 한·미·일 세 나라의 부모 각 1천여 명을 면접 조사해 「자녀와 가족에 관한 한·미·일 국제비교조사」를 한 적이 있다. 이에 따르면 '어릴 때는 자유롭게 키우고 커 가면서 엄격하게 키우는 것이 좋다'는 문항에 미국은 8.2%, 일본은 38.6%가 찬성한 반면 한국의 부모들은 80.7%나 찬성하는 수치를 나타냈다고 한다. 물론 참으면서 살아왔던, 너무나 규제를 많이 당했던 우리 부모세대들은 자식들에게 다시는 그런 생활을 물려주고 싶지 않아 '기죽지 말라'고 웬만한 일들은 야단치지 않고 내버려둔다. 지하철 안이든 버스 안이든, 식장 안이든 공공장소에서 아이들이 마구 뛰고 시끄럽게 굴어도 부모들은 그저 대견스럽게만 바라볼 뿐 야단치지 않는다. 주위 사람들도 아이들에 대해서는 너그럽다. 어릴 적만큼은 자유롭게 키우고 싶다는 한국 부모들의 열망은 어쩌면 한 맺힌 전후세대의 원풀이일지도 모를 일이다. 그러나 아이들은 커 가면서 입시니 성문제니 하는 다양한 청소년기의 문제에 부딪히게 된다. 청소년기는 비록 성격이 형성되는 시기이지만 아이시절과는 달리 스스로 생각하고 사고할 수 있는 능력이 길러지는 때이다. 그런데 이런 청소년기에 부딪히는 문제들에 대해서 이제 부모들은 엄격해진다. 스스로 생각해서 결론에 도달하게끔 하는 것이 아니라 주어진 체제에 엄격히 적응하라고 가정에서, 그리고 여기서 연장되어 학교에서까지 간섭하고 요구한다. 커 갈수록 자유롭게 키워 스스로 문제를 해결하는 것이 아니라 그 역으로 커 갈수록 독립성을 빼앗는 역전의 과정이 한국의 자녀교육인 것이다. 특히 이러한 과보호는 여성보다 남성에게 더 큰 문제로 나타난다. 미국의 한인학생들 중 한국계 남학생의 경우가 여학생보다 대학생활에서 더 큰 어려움을 경험하고 있는 것이 일반적이라고 한다. 한인을 포함한 많은 동양계 남학생의 경우 자신이 없고 독립심과 분석력이 약해 미국 대학생활에서 낙오되는 경우가 있다는 것이다. 물론 이런 학생들은 사회생활에도 제대로 적응하지 못하고 실패하기 쉽다. 이것은 대부분의 한인 1세들이 한국의 전통적인 남아선호사상을 그대로 유지하고 있어 여자아이보다 남자아이에게 특히 맹목적인 사랑을 베풀고 있기 때문이다. 그래서 이들은 책임감이 없고, 비협조적이고, 독립심이 약하며, 남성우월적인 생각과 질서의식이 없는 버릇없는 아이로 성장하게 되는 것이다. 그래서 어떤 미국의 한인계 대학 교수는 대학을 졸업하는 한국계 학생들의 정신연령이 이제 막 대학에 입학한 백인 또는 흑인계 학생들보다 낮다고 말한다. 결국 맹목적인 자녀사랑은 자녀들을 책임 없는 방임주의자로 만들 뿐이다.

이러한 자녀교육 현상을 보면 인간의 신체적 생리적 발달단계와 사회 교육의 발달 단계가 우리 사회에서는 어긋나고 있는 셈이다. 인간을 동물학적인 견지에서 본 모리스도 그의 책 『접촉』에서 인간은 어릴 적에는 보호와 규제가, 커서는 자유가 주어지는 것이 인간의 신체생리 리듬과 조화되는 가장 좋은 생육과정이라고 말하고 있다. 그래서 어릴 적의 접촉을 통한 보호는 곧 사

『접촉』
『털 없는 원숭이』로 알려진 데즈먼드 모리스의 저작이다. 인간의 신체적 행동을 성 심리에 입각해 파헤쳤다. 저자는 이 책에서, 어머니의 자궁 속에 머물면서 느낀 원초적 접촉이 인간의 일생을 지배하는 심리라고 설명하고 있다. 자궁을 떠난 인간이 커 가면서 악수, 포옹, 키스 등의 접촉으로 친밀한 행동을 확대하는 것도 바로 원초적 접촉의 결과라는 것이다.

랑의 정표인 것이다. 그러나 어린 시절을 그냥 제멋대로 하도록 내버려둔다면 결국 커 가면서 접촉을 그리워하게 되고, 그것은 왜곡된 행동표현으로 나타난다. 우리나라의 높은 흡연율이나 넘쳐 나는 만원 지하철의 치한들이 양산되는 것도 우리의 거꾸로 된 자녀사랑의 결과물일 수 있다. 독립할 시기의 청소년이 담배를 꼬아 물고 또 그 많은 성인들이 길에서, 공공장소에서 담배를 마구 피워대는 것도 어머니의 젖꼭지 빨던 시절을 그리워하는 징표일 수 있고, 또 복잡한 지하철 안에서 뭇 여성과의 변태적 접촉을 시도하려는 것도 어린 시절의 접촉과 보호의 결핍에서 생겨난 사건들일 수 있다는 것이다. 이렇듯 따져 보면 한국의 부모와 가정은 자녀생육에 효율적이지도 않고 별 도움도 주지 못하는 지식과 체제를 지니고 있다. 결국 이것을 확대 해석해 보면 가정은 과연 육아나 가정교육, 요리, 가사노동 등을 통해 얼마만큼 사회적 기능에 충실하고 있는가는 회의적이 아닐 수 없다. 그래서 페미니스트인 길만은 이렇게 그 대안을 내놓는다.

> 가사는 전문화되어야 한다. 사람들은 요리·영양학·육아법을 교육받아야 하며 이 같은 서비스의 수행에는 임금이 지불되어야 한다. 세탁소 같은 많은 시설이 공영화되어야 한다. 육아는 집단적인 보육시설에서 행해져야 한다. 집단적인 주방이 여러 가족에게 동시에 음식을 공급하며, 현재 개별화된 체제의 막대한 낭비를 끝내야 한다. 가사노동의 이 같은 재구성을 통해 여성은 현생의 24시간 무보수노동의 압제에서 해방될 것이며 보수를 받으며 8시간 노동을 할 것이다. 그리고 능력이 허용하는 대로 자유롭게 일에 종사할 것이다. 공적인 세계에 여성을 통합하는 것, 그리고 공적인 것과 사적인 것의 통합은 공적인 것의 남성 지배를 종식시킬 것이다.

이런 페미니즘 논의를 보면 앞서 본 미국식 농담은 현대사회가 점차 발전하면서 그 시사하는 바가 더욱 커진다. '나는 요리사가 아니잖아요'라고 쏘아대던 그 부인도 집안에 요리사를 부르거나 아니면 맛좋다는 반찬가게만 알아 두면 얼마든지 음식 맛을 맛있게 할 수 있는 능력이 생겨나게 된 것이다. 남편도 이제 재정적인 능력만 된다면 비록 스스로는 힘이 없더라도 집안의 감시를 사설 경비서비스에 이양해서 스스로의 역할을 톡톡히 할 수 있다. 공적인 것과 사적인 것이 가사 개인 서비스산업의 발달 덕택에 서로 유기적인 연관을 갖고 통합되는 면이 확연히 나타나고 있는 것이다. 그래서 육아나 가정교육에 있어서 부모 자신들이 자신의 고집대로 편협한 견해에 빠지는 것은 이제 곧 시대에 뒤떨어지는 퇴보의 삶을 자식에게 물려주는 꼴이 된다.

성문란 덕택에
중세 신부는 권력을 얻었다

　중세의 신부는 금욕을 실천하고 사회에 귀감이 됨으로써 신과 인간을 매개하는 자격이 사회적으로 주어졌고 또 그런 이유로 사회적으로 존경받을 수 있었다. 세속과 구분되는 성스러운 사제의 역할을 수행함으로써 그 대가로 신부에게 권력이 주어진 것이다. 사실 그리스·로마시대에서 중세 가톨릭지배시대로 넘어가면서 금욕은 사회적 윤리를 확립하는 데 중요한 가치가 된다. 그것은 그리스·로마시대의 성이 자유로웠다는 것에서 생겨난 부작용에서 초래되었다고 볼 수 있다. 고대 그리스·로마시대의 성에 대한 태도는 시민계층의 여인들에 관한 것만 제외하고는 관용적이었다. 특히 남성들은 생활하는 데 있어서 성에 대한 규제를 거의 받지 않았다. 결혼 전 시민계급의 남자는 노예나 창녀를 상대로 성행위를 할 수 있었고 첩을 둘 수도 있었다. 결혼 후에도 남편은 히타이어러라고 불리는 고급 창녀와 함께 지내는 것이 보편적이었다. 남편은 아내에 대해 '경제적 부양'과 '성교의 의무', 그리고 '다른 여자를 집에 들여놓지 않는 것' 이 세 가지만 지키면 밖에서 어느 누구와도 성행위를 즐길 수 있었다. 단지 제약이라고 한다면 같은 계급의 소녀나 여인과 성관계를 갖지 못한다는 것이 전부였다. 이것은 이들 시민계급의 소녀들이 같은 남성시민계급의 정부인으로 들어와야 하기 때문에 시민계급의 유지를 위해 취해진 사회적 규범이었다고 할 수 있다.

그러나 그리스·로마의 이런 자유로운 성생활은 대체로 남성시민계급에 국한된 것들이었다. 물론 여성의 지위도 어느 정도는 존중되었다. 예컨대 이혼시 여성이 자신의 지참금을 되돌려 받을 수 있는 권리와 이 때문에 이혼이 용이했다는 점은 여성을 결혼 생활 속에 옥죄는 분위기가 그리 심하지 않았다는 것을 보여 준다. 그러나 문제는 바로 여기서 비롯된다. 이런 남녀간 자유로운 성생활이 낙태와 영아살해를 성행시켰던 것이다. 자유롭고 관용적인 성생활이 이런 사회적인 문제를 불러일으키자 사람들 사이에는 자유로운 성생활이 곧 재앙으로 인식되기도 했다. 그래서 성적으로 가장 자유로웠던, 아니 가장 타락했던 로마의 귀족계급들이 납으로 만든 수도관 때문에 일찍 사망했음에도 납중독이 아닌 신의 징벌로 죽음을 당했다고 믿었던 이유도 그 당시의 자유로운 성생활에 대한 우려의 목소리가 비등했음을 잘 보여 준다. 중세는 이런 '타락한' 로마의 분위기에서 도덕적인 기반을 얻고 새로운 시대를 열었던 것이다. 근대에서 중세를 볼 때는 중세는 암흑기이지만 고대에서 중세로의 시대변화는 새로운 도덕을 갈구한 이념의 소산이었던 것이다. 중세의 문란했던 성관계가 영아살해와 낙태라는 도덕의 타락을 가져온 것에 대해 불안해 했던 사람들은 인간이 하느님의 모습을 본떠 창조되었으며 그에 따라 신에 준하는 품격을 갖고 있음으로 어떤 생명도 존중되어야 한다는 기독교적 이념을 순응하고 받아들이게 되었던 것이다.

이것을 가장 잘 떠받든 사회적 교의가 금욕이었다. 금욕은 성행위가 생식과 관련되어서만 인정된다는 것을 뜻했다. 부부간의 성행위라고 하더라도 성적 쾌락은 거부되고 생식에 필요한 삽입과 사정만이 인정되었다. 이러한 금욕을 가장 훌륭히 지켜 귀감이 될 만한 사람이 성직자의 자격이 있었던 것은 당연했다. 성직자가 중세시대에 뭇 사람들로부터 권력을 부여받게 된 것은 자연스러운 결과였던 것이다. 그래서 대개는 이러한 중세시대를 흔히 인간의 성적인 본능이 가장 억압되었던 시대라고 한다. 이제 여기서 새로운 의문을 제기해 보자. 과연 중세의 성을 사회 전체로 봤을 때도 성은 완전히 억압되고 있었던 것일까.

이제 신부의 권력기반을 정반대의 차원에서 접근해 보자. 중세시대의 교의는 물론 금욕이었다. 그러나 이것은 가톨릭의 교의였을 뿐 실제 사회상은 그렇지 못했다. 동거가 만연했고, 매춘이 성행했고, 여전히 자녀양육의 부담으로 영아살해가 계속된 것이 현실이었다. 그렇다면 보통사람들의 심경은 어떠했을까. 귀족계급을 비롯하여 대부분의 사람들은 여전히 자유로운 또는 탐닉적인 성생활에 빠져 금욕의 교의를 지키지 못하는 것이 현실이었다. 그러나 다른 한편 가톨릭 교의에서는 금욕하지 않으면 죄를 지어 심판받을 것임을 엄중 경고한다. 이런 현실과 이상 사이의 모순된 상황으로부터 인간은 죄를 짓고 괴로워한다. 그러나 그런 죄를 크게 걱정할 필요는 없다. 그런 죄를 사하여 주는 신부가 있었기 때문이다. 신부는 고해성사의 대부분은 바로 이런 성적 문란과 관련된 내용일 수밖에 없음은 어렵지 않게 추측할 수 있다. 남편이 아닌 다른 남자와 성관계를 가졌다거나 자위행위를 했다거나 하는 따위의 내용이 아마 고해성사의 대부분을 차지하게 된 것도 바로 이런 성관계 부분에서 중세 사람들이 가장 많은 '죄'를 범했기 때문일 것이다. 똘레도 추기경 저서 『대전』의 프랑스어판을 낸 고파르는 자위행위에 대해 이렇게 서술하고 있다.

> 그것은 자연에 위배되는 중대한 죄이다. 건강, 생명, 그 외의 어떠한 이유에 의해서건 그것은 인정될 수 없다. 그러므로 건강을 위해 이 행위를 권유하는 의사와 그들의 충고에 따르는 자는 모두 죽을죄를 면치 못한다. 그런데 이 죄는 인간이기 때문에 반드시 그 기회가 제공되는 것이므로, 완전히 그것에서 벗어나기란 쉽지 않다. 또한 너무나도 일반적이기 때문에 대부분의 죄인이 이 악으로 오염되어 있다고 생각하지 않을 수 없다. 효과적인 치료로는 고해성사 신부에게 종종 가능하다면 한 주에 3번 고해하는 방법 이외에는 없다고 나는 생각한다. 고해의 성례는 이 죄에 극히 적합한 제어장치이며, 그것을 이용하지 않는 자는 어떤 사람이건 특별한 신의 은총을 받지 않는 한, 혹은 기적이 일어나지 않는 한 사태의 호전을 바랄 수 없다.

그렇다면 이제 한번 거꾸로 생각해 보자. 만약 중세의 현실이 금욕적인 교의가 전체 사회를 지배하고 성적으로 문란하지 않았다면 신부는 과연 얼마만한 권력을 얻을 수 있었을까. 아마 절대적인 권력을 갖지는 못했을 것이다. 신부의 핵심적 권력기제인 고해성사를 행하러 오는 사람들이 거의 없었을 테니까. 그렇다면 성도덕 때문에 신부가 권력을 얻었다고 말하는 것보다는, 오히려 성문란 덕택에 또는 광범위한 자위행위 덕택에 중세의 신부가 권력을 얻었다고 말하는 것이 더 설득력이 있어 보인다. 대부분의 사람들이 금욕의 교의를 어기고 있었고 그런 죄책감을 고해성사를 통해 풀어 갔으며, 이 과정에서 신부는 그 당시 성문제에 있어 많은 사람들에게 카운슬링을 해 주는 역할을 할 수 있었다. 그

고해 장면 그림

덕택에 성문제에 있어서 신부는 다른 어떤 사람들보다도 많은 정보와 지식을 가질 수 있게 되었고 이런 지식은 신부의 권력을 더욱 공고히 해 주었다고 할 수 있었던 것이다.

고해실

그렇다면 그런 신부의 권력이 현대에는 어디로 이전되어 갔을까. 현대에 들어와서도 사람들 사이의 성도덕은 여전히 이중적이다. 한쪽에서는 성도덕을 지켜야 한다고 하고 다른 한쪽에서는 성은 자유로워야 한다고 한다. 외설적 연극의 규제와 포르노 영화의 음성적 유통이 여전히 공존하고 있는 시대가 우리 시대인 것이다. 결국 중세든 근대든 사회 전체로 봤을 때 성은 억압된 적이 없다. 성에 대해서 말하지 말라고 했어도 그것은 보이지 않는 곳에서 여전히 그 힘을 드러내고 있었다. 단지 성이 억압되고 있다는 현실을 심어 주고 그 억압된 현실 속에서 더욱 큰 자양분을 얻은 성 담론은 성이 정치적인 장치로 이용될 수 있음을 보여 줄 뿐이다. 그렇다면 현대의 이런 성도덕

의 이중성은 어떤 사람에게 정당한 권력을 부여하고 있을까. 그것은 신부로부터 의사에게로 이전되었다. 중세시대의 히스테리 같은 성문제는 마녀나 마법과 관련되었다. 정신적인 문제가 직접 신체적인 문제와 직결되지는 않았다. 평민의 정신적 고뇌는 오직 신부의 몫이었다. 정신적 문제가 신체적으로 나타나게 되면 오히려 마법과 마녀사냥의 테두리에 가두었을 따름이다. 이를 통해 중세는 자신의 교의와 계급대립의 혼란을 극복할 수 있는 이데올로기적 토대를 얻었다. 그러나 19세기 말에 이르러 정신분석학이 정립되면서 심리적인 문제가 직접 신체현상과 연결되어 신체에 나타나고 이 때문에 치료가 필요한 과정임이 명확해졌다. 성문제가 육체적, 기능장애, 질병, 종족의 퇴화에까지 모두 관련된다는 관념이 퍼져 나가면서 성문제는 신부가 아닌 의사에게로 직접 이전되어간 것이다. 이제 사람들은 의사 앞에서 자신의 성문제를 고백하여 자신의 죄를 용서받는 것이 아니라 자신의 병을 고친다. 그래서 현대사회에서는 의사가, 특히 정신과 의사의 엄청난 인기는 현대사회 성도덕의 이중성과 그로부터 그들이 얻게 된 성지식의 독점 덕택이라고 말한다면 너무 단정적인 해석일까.

첫날밤은
아무나 치룰 수 없다

영화 〈브레이브 하트〉에서 주인공 멜 깁슨은 자신의 사랑하는 여인이 봉건영주에게 초야권을 빼앗길까 봐 몰래 도둑결혼을 한다. 그리고 많은 사람들이 그런 봉건영주의 초야권에 대해 엄청난 불만과 반항을 내비치고 있는 것으로 표현된다. 그러나 봉건영주의 초야권에 대한 실상은 영화에서처럼 전적으로 현대인의 시각에서 보기보다는 약간 다른 식으로 해석될 필요가 있다.

중세는 성행위 자체가 금기시되어 있었다. 부부간에도 생식을 위해서가 아니면 성행위는 자제되어야 했다. 성행위 자체는 금기를 범하는 죄악이었던 것이다. 그랬기 때문에 특히 최초의 성행위가 가능한 처녀성에 있어서는 더욱 경계될 수밖에 없었고 위험하기까지 한 일이었다. 성교를 수치로 못박아 그것을 금기시했기 때문에 여자를 처음으로 범하는 중요한 행사는 아무나 치르지 못하는 것으로 인식되었던 것이다. 그런 의미에서 처녀와

중세 초야권에 관한 그림 1

초야를 지내는 것은 같은 규칙을 따르고 같은 거주 지역에서 사는 사람으로서는 생각할 수 없는 것이었다. 그래서 그런 금기의 위반이 가능한 특별한 능력을 지닌 사람에게 초야권은 이양되었던 것이다.

특별한 사람이란 모든 사람들에게 적용되는 금기를 면제받은 절대권자였다. 대개는 결혼을 앞둔 여자를 처음 범할 사람을 지정하는 것은 사제였다. 그러나 하느님의 일꾼에게 그러한 일을 맡기는 일이 기독교 세계에서 더 이상 용납되지 않자 그 초야권이 봉건영주에게로 넘어간 것이다. 그러므로 봉건영주의 초야권은 사람들이 생각하는 것처럼 폭군의 부당한 특권만은 아니있다. 오히려 봉건영주는 그런 위험한 금기를 대신해 줌으로써 보통사람들의 성교에서 생기는 죄의식을 덜어 줄 수 있었던 것이다. 그러나 봉건영주에 대한 초야권과 성행위의 허용은 보통사람들의 성행위가 범할 수 없는 금기라는 것을 깨는 데도 일조할 수밖에 없다. 직접 성행위를 행하는 봉건영주가 죄를 받거나 위험을 감수하는 것이 아니라 계속 그대로 자신들을 착취하면서 권력을 누리는 것을 보았고 또 그러한 성행위가 가능한 것

중세 초야권에 관한 그림 2

을 집적 빈번히 보면서 기존의 금욕적인 성의식은 깨어졌던 것이다. 이때부터 영주는 초야권을 요구하지 않고 초야권에 대한 금전을 요구하게 된다. 초야권이 착취의 수단이었던 것이 여실히 드러났던 것이다. 초야권에 대한 빌더 멕시콘의 해설은 이렇다.

중세로부터 16세기까지 명확한 주종관계가 있을 때에 여자 노예가 결혼할 경우, 그 남편을 대신해서 영주가 초야권을 행사하도록 되어 있었다. 이것은 영주의 소유권이 예속한 농민의 육체에까지 퍼져 있다는 뜻이다. 초야권은 농작물의 첫 과실, 가축의 첫 새끼를 주인이 소유하는 것과 같은 것으

셋째 마당 갈등과 권력 169

페니
영국의 화폐 단위. 1페니는
1파운드의 100분의 1이다.

로 취급되었던 것이다. 1538년에 발행된 공문서는 초야권을 다음과 같이 규정하고 있다. 농지를 소유하는 자가 영내의 농민과 결혼하려는 경우, 그 신부와 같이 첫 밤을 지내려고 요구하면 신랑은 영주에게 신부를 제공해야 한다. 만일 이렇게 하기가 싫으면 신랑은 영주에게 4마르크 30**페니**의 돈을 지불해야 한다. 이 공문서의 끝에 초야권 거부에 대한 징계규정이 있는데 이것이 점차로 일반화하여 금전이나 물품을 지불함으로써 영주의 초야권 이행을 배제할 것을 신랑과 신부가 제기할 수 있도록 되었다.

이렇게 하여 노예나 농민의 위험부담을 덜어주고 초야권을 자신이 담당함으로써 얻었던 정당한 권력은 사라지게 된다. 그러면서 점차 성행위의 금기가 깨어지고 육체적 접촉이 결혼생활 내에서 자연스러운 의식으로 자리잡는 부르주아 성도덕이 확산되면서 영주의 초야권은 도전받게 되었던 것이다. 결과적으로 보면 봉건영주 스스로 위험을 감내하며 초야권의 권력을 행했던 것이 다시 자신에게 화살이 되어 돌아와 결국 중세의 붕괴를 자초한 셈이 되고 말았다.

사냥이 끝나면
사냥개를 잡아먹는다

    권력의 발생이 도덕의 이중성과 지식의 독점에 근거하고 있다는 것은 현실사회 속에서 쉽게 관찰할 수 있다. 예컨대 우리나라 굴지의 제철회사에서 노무관리를 맡고 있는 한 간부는 이렇게 말한다.

    "예전만 해도 우리 노무담당 부서는 잘 나갔죠. 노사분쟁이 심했고 또 우리가 그것을 잘 해결해 갔기 때문에 거의가 승진과 봉급에서 혜택이 많았습니다. 그런데 지금은 완전히 달라요. 우리 덕택에 노사관계가 안정되고 노조조차 유명무실화되었는데 그렇게 되고 나니까 우리 역할이 없어진 거죠. 이제는 우리 부서에서 과장까지 승진하면 잘한 거라고 평가받죠. 회사업무에서도 별반 중요한 역할을 하지 못하고 있습니다. 지금 생각하면 우리가 노동운동을 막으려고 애썼지만 그것이 우리 자신의 구덩이를 파는 것인지는 몰랐지요. 결국 노동운동과 우리는 한 배를 타고 있었다는 것을 이제야 알겠더군요."

    이것은 의미심장하다. 현대사회의 권력의 본질이 어쩌면 이 회사원의 한마디 푸념 속에서 엿볼 수 있기 때문이다. 사실 권력을 유지하고 지속시키려는 사람들은 이미 이런 원리를 체화시킨 지 오래다. 물론 그것을 보통사람들이 알아채지 못하게 하는 것도 그런 기술에 포함되기도 하지만 말이다. 예컨대 국회 내에서 여당과 야당의 공조도 이런 측면이다. 보통의 생각과는 달리 여당에서는 야당이 많은 문제들을 물고늘어지기를 은근히 바란다. 특히 이권이 개입될 소지가 많은 사안의 경우는 더욱 그렇다. 유령노조사건을 다룬다고 하면 야당에서 이를 물고늘어져야 여당 쪽에 기업로비자금이 떨어질 수 있기 때문이다. 또 그렇게 해야 자신들의 이름과 역할을 돋보일 공간도 마련할 수 있다. 이것이 실제 정치판에서 벌어지는 여야공조이다. 그러나 이런 흔한 정치권의 권력유지방식은 별반 큰 전략기술을 발휘하고 있다고 할 수는 없다. 아마 그런 원리를 가장 잘 체득하고 적절히 이용하여 권력의 기반을 넓혀 온 것은 매스미디어라고 할 수 있다. 매스미디어는 끊임없이 스스로가 이중적 양상들을 만들어 간다. 현대의 합리적 사고를 전달하는 메신저 역할을 하다가 갑자기 지구 종말과 점쟁이들을 찬탄하기도 하고, 또 성도

걸프전 생중계로 세계적인 방송국이 된 CNN과 피터 아넷 기자

덕을 이야기하다가도 갑자기 성문화를 개방적 태도로 바라봐야 한다고 말하기도 한다. 요즘 청소년의 문제를 한탄하면서도 오빠부대를 고용해서 소리 지르게 만든다. 평화를 주장하지만 다른 한편 CNN처럼 전쟁을 확대하여 부추기기도 한다. 끊임없이 이슈를 만들어야 매스미디어는 숨을 쉰다. 평범하면 사람들의 관심은 다른 곳으로 쏠린다. 그러기에 모순되고 상반된 사실과 견해를 끊임없이 유포함으로써 사람들에게 논쟁과 호기심을 불러일으켜야 대중매체는 살아 남을 수 있다. 결국 매스미디어의 권력은 매스미디어 스스로가 이중적인 모습을 내보이며 사회적인 현실 자체를 이중적으로 만들어 감으로써 유지되고 또 확대되는 것이다.

무속은 인간의 희망을 대변한다

60대의 한 부인은 6·25 때 남편을 여의었지만 자식들을 곱게 잘 길러 키웠다. 이젠 남부럽지 않게 잘살게 되었는데 얼마 전부터 원인 모를 어지러움과 두통이 생겼다. 검사란 검사는 다 받아 보고 치료를 했으나 효과가 없었다. 그러던 중 유명하다는 점쟁이를 찾게 되었는데 그 점쟁이가 말하기를 "남편 신이 들렸어. 남편이 너무 외로워서 들어왔어. 너무 일찍 죽어 한이 되었어. 남편 혼을 달래야 해. 남편에게 옷을 해 주고 그걸 잠자리 밑에 깔고 잔 뒤에 굿을 해 줘야 해, 그래야 남편 한이 풀려 나가게 되고 그러면 병도 깨끗이 나을 거야."

그래서 남편 옷도 맞추고 하라는 대로 다 하고 거금을 들여 굿도 했으나 병은 없어지지 않았다. 헛돈만 들인 셈이 되고 말았다.

그런데 이 사람은 실패한 경우이지만 성공한 사례도 적지 않다. 전날 상갓집에 다녀온 50대의 한 부인은 어느 날 아침 갑자기 몸을 못 가누고 누워 일어날 기력조차 없게 되었다. 죽 한 모금조차도 넘길 수 없는 중태에 빠진 것이다. 당장에 자식들이 병원 응급실로 데려갔다. 그러나 의사는 원인이 없다고 한다. 그냥 집으로 돌아가 쉬라는 것이었다. '사람이 막 죽어 가는데 원인이 없다니….' 아무리 현대 의학이 발달했어도 원인을 모르는 병은 여전히 많다고 들었지만 그것이 자기네들 주위에 닥칠 줄은 미처 생각지 못했던 터라 망연자실해 있었다. 그런데 어딘가에서 고향에 용하다는 무당이 있다는 소리를 듣게 된다. 그래서 그날 저녁 자식들은 곧장 그 곳으로 달려갔다.

그 용하다는 무당은 그 부인이 가지 않아야 할 상갓집에 간 것이 큰 잘못이라고 꾸짖었다. 상갓집에 들렀다가 그 곳의 원혼이 씌었다는 것이다. 그것을 풀어 주지 않으면 당장에 그 부인은 죽는다고 호통 친다. 병원에서는 그런 원인을 모르기 때문에 만약 그 부인이 죽는다면 그냥 '심장마비' 정도로 판정할 뿐이라는 것이다. 그 무당은 오늘 밤 12시까지 메밀 9알을 먹이지 않으면 큰일난다고 주문했다. 당장에 자식들이 서울로 올라와 메밀을 구하러 다녔지만 그 야밤에 메밀을 어디서 구하겠는가. 그러다 생각해 낸 것이 메밀이 가득 찬 베개. 그래서 이것저것 다 뒤져 메밀베개를 찾았고 당장에 그 베개를 뜯어 메밀 9알을 먹였다. 그랬더니 그 다음날부터 겨우 미음을 먹기 시작했다고 한다. 그리고 지금은 건강하다고 한다. 과연 그런 치병이 무당 덕분이었는지는 모르지만 여전히 그 사람들은 무당 덕에 건강을 찾은 것으로 믿고 있다. 무당에 대해서는 비과학적이며 허튼소리들뿐이라고 생각하던 그 사람들이 이제 그 사건을 치르고 난 뒤에는 무당도 무당 나름이라고 생각하고 있다.

어찌되었든 아직까지는 명확히 무녀들과 치병의 연관에 대해서는 정확한 인과관계가 밝혀지지 않아 뭐라 말할 수 없겠지만 무녀들이 혹세무민하고 있다는 점과 무녀들이 보통사람과는 다르다는 점이 공존하고 있다는 정도가 지금 우리들의 인식능력에서 판가름내릴 수 있는 한계라고 할 수 있을 것이다.

아닌게아니라 어떤 무당들은 때로는 초능력을 발휘하기도 한다는 것은 무당연구자들도 인정한다. 수십 년 동안 무속을 연구한 서정범 교수는 무당들의 초능력은 인간이 가진 잠재력의 발현이라고 말한다. 인간이 원시시대에는 지금과 같지 않았을 것이라는 것이다. 생각해 보면 그럴 만도 하다. 사실 인간의 기술발전과 최근의 과학기술이 인간에게 미친 영향은 인간 자신의 능력과 힘을 박탈하는 것들이었다. 그러나 원시시대의 인간은 아무것도 없이 스스로가 동물들과 거대한 자연에 맞서 싸워야 했을 것이며 그런 인간이란 지금과는 판이했을 것이다. 수킬로미터 밖에서도 동물들 소리를 들을 수 있었을지 모르며 수천 미터 앞의 적도 식별할 수 있었을지 모른다. 앞으로 일어날 자연현상에 대해서도 예측할 수 있었을 것이며, 이동 속도도 축지법 못지않았을 수 있다. 슈퍼맨은 미래의 인간이 아니라 원시시대 우리 인간의 모습일 가능성이 더 많은 것이다. 그래서 인간은 원시시대부터 그 험난한 자연을 버티고 생존했고 또 모든 동물의 수장으로 군림할 수 있었음을 추측해 볼 수 있다. 원시 인간에게 있었던 그런 잠재력이 현대에서는 쇠퇴했지만 그것이 일군의 사람들에게 잠재될 수 있고 그것이 발현된 사람들이 바로 무녀들일지 모른다는 것이다.

그렇다면 그런 기이한 능력을 가진 무당들은 도대체 무슨 연유로 되는 것인가. 무당이 되는 소위 '신들림'의 시작은 일반적으로 세 가지 방법을 통해서 나타난다고 한다. 첫 번째는 내면의 소리를 듣는 것으로 이는 샤먼에게 신령과의 교섭을 지시하는 것이 그 사람의 내면에서 갑자기 움터 나오는 것이다. 두 번째는 외부세계에 의해 주입되는 것으로 이상한 모습의 조개껍질이나 돌을 발견하거나 특정 짐승을 만난 후 그것을 목격한 사람이 운명적으로 어떤 영감에 빠져 그들로부터 신령의 소명을 느끼는 경우이다. 세 번째는 개인의 불행에서 나타난다. 갑작스럽게 주위로부터 사랑하는 사람이 떠나가거나 죽거나 아니면 자신이나 주위 사람 중 누가 심한 병을 앓거나 하면서 신령이 씌는 경우다. 그러나 이러한 세 가지 과정은 서로 상호 배타적인 과정들이라기보다는 상호 복합적이다. 특히 우리는 여기서 그 복합원인 중 사회적 기원을 한 번 쫓아가 보자.

정신분석학자들은 무당의 심리가 대개 청년기 초기에 나타난다고 본다. 청년기 초기는 소년기에서 청년기로 이행되는 시기로 신경이 날카로워지고 감수성이 예민해지며, 고도로 흥분하기 쉬운 기질이 집중적으로 드러난다. 이런 시기에 주로 무당의 상태에 빠지기 때문에 점쟁이 무당의 심리상태란 성 심리가 미숙하고 유아적인 의존성이 크며 열등의식이 심한 것이 특징이라고 한다. 무당들이 몽정을 하는 것도 이런 성 심리의 부족에서 연유하지만 그 연원을 파고 들어가 보면 환경적 요인이 눈에 띈다.

무당이 된 사람들은 가정에서 배척받고 결혼하였다든지, 부모나 남편에게 학대받았다든지 조실부모하였거나 남편을 일찍 여의는 등 우리가 흔히 한 맺힌 사연이라고 부를 만한 일들을 가장 첨예하게 겪고 느꼈던 이들이다. 또 때로는 알지 못하는 병으로—이것을 신병 또는 무병이라 부르는데—오랫동안 투병한 경험을 가지고 있던 사람들이 신 굿을 하면서 황홀경에 빠지고 이것이 자신의 병을 느끼지 못해 치유된 것으로 보고 내림굿으로 무당이 되는 경로도 있다.

그래서 이러한 신들림을 정신분석학자들은 불행한 환경 속에서 누적되었던 사람들의 억제된 무의식과 의식의 충돌과정이 해결되어가는 상태라고 보기도 한다. 정신분석에서 신경증환자가 억압받는 무의식적 욕구를 솔직히 시인함으로써 신경증환자가 치유되는 과정과 유사하다는 것이다. 물론 신경증환자와 무당의 무의식은 다를 수 있고 자신의 병뿐만 아니라 타인의 병을 치유하려는 의욕을 가진 무당과 환자를 비교하는 것은 차원이 다른 문제일 수는 있다. 그러나 신경증환자와 무당이 자신의 고뇌를 극복하는 과정과 결과는 서로 다르다 하더라도 사회적인 원인으로 보자면 비슷한 뿌리를 가지고 있는 셈이다. 주위 사람들로부터 온전한 정과 지지를 받지 못하는 '사회적 지지도'의 결여가 정신병환자뿐 아니라 무당에게도 똑같이 나타나고 있기 때문이다.

결국 무당이 되는 원인은 사랑과 희망의 부재이다. 사실 무속이란 것도 사랑이 없는 환경에서 자신이 갖지 못한 어떤 희망과 욕구를 결집시킨 것이다. 이것은 다시 인간의 희망과 욕구를 대변해 준다. 그래서 무당은 자신의 병뿐만 아니라 신탁을 통해 타인의 병도 고치며, 타인의 희망도 실현시켜 준다. 이 때문에 한국의 무속은 극히 현세적이다. 자신의 문제와 욕구와 희망이 내세가 아닌 현세에서 곧바로 해결되고 실현되는 것이 무속의 끈끈한 생명본체인 것이다. 무당의 굿을 봐도 그렇다. 현세의 삶에서 한 맺힌 넋은 저승길도 못 간다. 이승과 저승 사이에서 방황한다. 그러다 방황하는 그 넋이 씌어 이승의 사람에게 병도 주고 집안에 액운도 부른다. 굿은 그

방황하는 넋이 현세에서 맺혔던 한을 풀어 주는 과정이다. 죽은 사람의 이승 삶까지 집착하는 처절하리만큼 현세적인 것이 굿에 있는 것이다.

이렇듯 굿이란 그 환경적 근원을 따져 들어가 보면 사랑과 안정의 부족에서 나오는 것이므로 결국 무당의 존재 자체는 그만큼 사회가 불안정하고 메말라 있음을 반영하는 것이다. 그래서 무당들이 초능력을 가지고 있든 아니든 그것은 그리 중요한 것이 아니다. 더 중요한 것은 무당의 존재 자체가 우리 사회의 어두운 면을 보여 주고 있다는 것이고 약한 인간은 그런 어두운 면에 대해 다른 사람들과 함께 고쳐 나갈 능력을 스스로 잃어버렸다는 것이다. 단지 절망에 빠지지 않기 위해 자위하는 몸짓이 역사적으로 뭉쳐지고 굳어진 것이라고나 할까. 그래서 현실에서 복을 얻기 위한 기도는 한국인의 종교생활의 중추로 등장하게 된 것이다.

한국인의 의식 근간은 이런 현세적인 무속의식이 비재하고 있다. 그런 의미에서 한국인은 현세적이며 그래서 좋든 싫든 무속은 한국인의 한 의식 축을 형성하고 있다. 내세지향적인 불교나 기독교가 한국에 들어와 모두 현세지향적인 성격으로 바뀌는 것도 무속의 힘 때문이다. 부처의 가르침과는 아무런 상관없이 스님은 신도의 기도를 대신한다. 그리고 평신자가 목사님에게 기도를 부탁하는 개신교는 한국뿐이다. 인류의 거대한 두 종교조차 무력하게 만드는 무속의 현세지향성 속에서 얼마만큼 한국인의 의식 뿌리깊은 곳에 무속이 녹아들어가 있는가를 실감할 수 있는 사례들이다. 그래서 종교가 없는 보통사람들이 "종교가 무엇입니까?"란 질문을 받을 때 무교라고 대답하는 것도 비록 그것이 종교가 없다는 말을 뜻하지만 이미 그 속에 '무교 巫敎' 적 속성을 스스로 담고 있다는 것을 보여 주는 것이 아닐까 싶다.

왜 윤달에 불안해 하는가

윤달이나 점, 종말-말세론은 현대에서 다른 의미를 지니고 있다. 흔치 않게 찾아오는 윤달에 무엇을 하지 마라, 해라 하는 구시대적인 풍습에 구세대들보다 신세대들이 더 민감하기 때문이다. 그래서 많은 구세대들이 의아해 한다. 자기주장이 강하고 서구 지향적이며 합리적인 신세대들이 윤달이라고 여러 가지 행사를 취소하는 등 비합리적 사고에 더 심하게 빠져 들고 있는 이유는 무엇일까. 우선은 역시 대중매체의 위력을 들 수 있을 것이다. 무속, 점, 역학, 종말론 등이 TV에서 횡행하는 이유는 사회적 이슈를 만들어 내야 하는 대중매체가 비합리적 사고를 알리고 증폭시킴으로써 합리적인 사회에서 비합리적인 사고가 횡행할 수 있다는 것을 스스로 커다란 사회적 이슈로 만든다. 점과 미신, 종말론의 횡행은 역시 대중매체의 속성인 '낯설게 하기'의 대표적인 사례라고 할 수 있을 것이다. 그냥 의식하지 않고 지나가려던 사람들도 워낙이 호들갑떠는 매스컴에 찜찜해 하며 집안의 대소사를 연기하거나 취소한다.

그러나 더 큰 문제는 이런 대중매체의 공세에 쉽게 빠져 드는 대중들의 심리적 조건이다. 왜 윤달에 대해 불안해 하는가? 21세기를 바라보는 지금 세기말 현상이라고는 하지만 정보서비스의 총아인 산업사회에서 점이니 종말이니에 대해서 왜 그렇게들 약한가? 그것은 발전된 사회라고는 하지만 여전히 개인에게 위험요소가 편재하고 있기 때문이라고 할 수 있다. 우리의 경우 세계 수위권에 드는 교통사고, 산재사고, 건축물사고, 그리고 과로사, 의료사고, 범죄와 마약, 더 포괄적으로는 점점 더 치열해지는 경쟁 등 이 모든 것들로부터 개인의 삶은 편안할 날이 없으며 미래는 불확정적이 되고 그래서 더욱 불안해진다. 합리성으로 태어났던 자본주의 가치관이 결국 비합리적 방식으로 해결하려고 하는 것이다. 한 신문에서 보도한 것처럼 '합법, 공식도박가'들인 외환딜러들이 미신에 약한 이유도 자본주의 첨단의 직종이 결국 미래의 불확정성을 담고 있고 그것이 인간을 비합리적으로 만들어 가고 있는 대표적인 사례가 아닐까. 외환딜러들의 미신내용들을 잠깐 보자.

전세계 금융시장에서 수억 달러씩을 걸고 도박을 벌이는 외환딜러들은 어떤 성격의 사람들일까. 침착한 두뇌회전과 냉정하고 분석적인 기질의 사람들이라고 생각하기 쉽지만 그건 착각이다. 의외로 그들은 각종 징크스와 미신에 약하고 마음의 동요가 심한 사람인 경우가 많다. 좋아하는 넥타이에서부터 특별히 돈이 잘 벌리는 의자에 이르기까지 오만가지가 매입과 매도를 결정하는 가장 중요한 요인이 될 수 있다고 딜러들은 말한다. 행운의 장식물이나 일상생활상의 습관들도 돈을 벌어다 주는 중요한 요인으로 믿

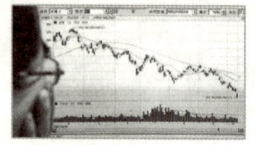
주가와 미신

고 있다. 예감을 믿는 사람들도 많다. 뉴욕의 한 금융회사 부사장인 스티브 플래내건은 "돈을 잃은 경우의 80% 정도는 돈을 잃을 것 같은 예감이 있었다"고 말했다. 그는 돈을 잃을 때는 대체로 뭔가 기분이 찜찜해 나름대로의 처방을 하고 난 뒤에 거래를 시작한다. 그는 사진의 책상 위에 누구라도 돈을 절대로 올려 놓지 못하게 한다. 경험적으로 책상에 돈을 올려 놓은 날은 재수가 없었기 때문이다. 항상 같은 회전문을 이용하고 매일 같은 넥타이를 매고 다니는 딜러들도 적지 않다. 그 밖에 옷, 구두, 필기도구는 물론 심지어 화장실의 특정 변기까지 자신의 하루 운구와 관련이 있다고 믿는 사람들도 많다. 런던의 한 금융회사 간부는 대중지 『선』에 매일 실리는 토플리스 여성의 사진을 서류철에 끼워 놓고 가슴 모양을 근거로 거래를 하는 동료들도 봤다고 밝혔다. 그는 성공률이 무려 79~80%나 됐다고 주장했다. 미신을 믿기 좋아하는 싱가포르의 금융인들은 베어링 은행 파산이 선물거래사무소를 24층으로 옮겼기 때문이라고 주장한다. 중국 사람들은 24를 재앙이나 죽음과 관련이 있는 불길한 숫자로 여기기 때문이라는 것이다. 베어링 은행이 사무실을 옮긴 24층에는 사람들이 아무도 들어오려 하지 않았다고 한다. 이 밖에 약간의 투매로 작은 손실을 마치 자청함으로써 액땜을 할 수 있다고 믿고 이를 실행하는 브로커들도 있다고 미국증권회사 직원은 말한다.

역사의 진보를 믿는 사람들은 자본주의체제가 다른 이전의 체제보다도 발전했다고 믿는다. 그것의 가장 커다란 징표로 우선은 생산력의 발전을 들 수가 있다. 그것의 가장 커다란 징표로 우선은 생산력의 발전을 들 수가 있다. 자본주의가 발현해 낸 생산력을 모두 총괄해 보면 전세계 인구의 생존과 욕구에 필요한 충분한 자원을 추출해 냈다는 것이다. 역시 자본주의는 이런 면에서 **후쿠야마**가 지적했듯이 역사의 종말지점이라 일컬을 만한 진보의 끝으로서 자신의 임무를 다했다고 할 수 있다. 그러나 여전히 또 한 구석에서는 굶어 죽어 가고 또 전쟁 통에 목숨을 부지하기도 힘든 상황들이 연출되는 것도 사실이다. 오히려 기아인구와 빈곤인구수는 더 증대되었다는 모순에 접하고 있는 것이 현실이다.

자본주의는 생산력 증대에는 성공했지만 그 생산력 증대의 기원이 또 다른 노동의 착취에 기

후쿠야마 Francis Fukuyama (1952~)
1952년 시카고에서 출생. 코넬대학에서 서양고전을 전공하고 하버드대학에서 소련외교와 중근동문제로 박사학위를 취득. 동유럽의 사회주의가 붕괴되기 시작한 1989년 논문 「역사의 종언」을 발표하면서 세계적인 주목을 받기 시작하였다. 1992년에는 이 논문을 바탕으로 『역사의 종언과 최후의 인간 The End of History and the Last Man』을 출간하였다. 이 책은 공산권이 몰락하고 자유민주주의가 승리함으로써 헤겔과 마르크스적 의미의 역사는 끝났다는 내용을 담고 있다. 출간과 동시에 세계적인 관심과 논쟁을 불러일으켰다. 1995년에는 이데올로기와 제도의 역사가 끝나고, 유일하게 살아 남은 자유 민주주의 시장 경제체제가 지속되기 위해서는 윤리·도덕·관습 등 사회 구성원 사이의 신뢰가 바탕이 되어야 한다는 내용의 저서 『트러스트 Trust』를 출간하였다. 이어 1999년에는 이전의 저서와 달리, 역사가 끝나기는커녕 일정한 주기로 붕괴와 재건을 되풀이한다는 내용을 다룬 『대붕괴 신질서』를 출간하였다.

반하고 있기 때문에 생산력 증대는 곧 노동착취의 증대로 이어졌다. 생산력의 증대와 빈곤의 증대는 양립할 수밖에 없다는 마르크스의 견해가 그의 사후 100년이 넘었음에도 여전히 효력을 발휘하고 있는 것을 함부로 나무랄 수는 없는 일이다. 그래서 "국가가 잘살수록 그 국민은 가난하고 국가가 못살수록 그 국민은 부유하다"는 역설이 성립 가능해지는 것이다.

물론 이러한 마르크스의 이론은 많은 측면에서 비판받는다. '현대의 과학기술이 가져온 엄청난 생산력의 발전과 그것에 원동력이 되었던 인간지식의 발전이 모든 상품가치의 원천이 되는 현실의 자본주의 속에서 육체적인 노동착취를 통해 생산력을 발달시켰다'는 마르크스의 논리는 그 힘을 잃었다. 또한 계급대립과 기업의 이윤율 저하에 의해서 망해 가야만 하는 자본주의가 그 위기를 오히려 기회로 삼아 지속적으로 성장해 온 것이 마르크스의 이론을 비웃는 현실로 엄연히 자리잡고 있다. 그러나 단지 마르크스의 이론에 근거하지 않더라도 자본주의는 많은 문제점을 드러내었고, 특히 인간생활의 질적인 면에서 봤을 때 그것의 진보적 측면을 함부로 긍정할 수도 없는 처지이다. "너는 얼마만큼 행복한가?"에 대해서 현대인들은 아무도 과거의 자신보다 또는 자신의 과거세대보다 행복하다고 자신 있게 말하지 못한다. 단순히 대상화된 사물이 아니라 인간의 심적이고 주체적인 측면에서 세상을 바라보면 결코 이 세상은 그렇게 멋들어진 세상만은 아닌 것이다. 그래서 과학기술의 정초였던 이성을 비웃는 허무주의가 그렇게 현대에까지도 커다란 반향을 일으키고 또 엄청난 물결로 도도히 그 가지들을 뻗고 있는 것이다. 자본주의의 발전을 긍정하는 후기산업사회론의 대표격인 **다니엘 벨**도 현대사회는 인간들에게 허무감을 심어 주고 있고,

그래서 인간들은 이전의 전통과 종교로 회귀해야 한다고 주장할 정도이다. 우리가 자본주의 발달의 또 다른 부정적 측면으로 보는, 그래서 진보의 신념을 비난하는 하나의 사례로서 위험사회로의 이행을 보는 이유도 이러한 자본주의의 일련의 다양한 문제점 중의 하나를 해명하고 그것이 한국사회에서 그리고 인간에게 어떤 의미를 갖는가를 탐색하기 위해서이다.

'자본론'에 등장하는 한 인물인 슈펭글러는 자본주의가 다른 이전의 체제보다 발전한 체제라는 유일한 증표로 안전의 보장을 들었다. 그러나 자본주의와 그것이 일구어 놓은 근대사회는 슈펭글러의 말과는 반대로 안전이 아닌 위험의 사회로 이행했다. 우리는 한국의 성수대교참사, 대구 가스폭발, 삼풍백화점 붕괴사고 등을 굳이 예로 들지 않아도 자본주의가 원래 그 속성으로 가지고 있는 그 엄청난 환경오염과 사고의 증대 그리고 새로운 불치의 병들로부터 우리 모두가 불안 속으로 빠져 들어가고 있다는 것을 스스로 잘 인지하고 있다. 물론 그것이 자신에게도 일어날 것 같아서 이에 저항하는 행동으로까지 반드시 표출되지는 않지만, 기껏 해 봤자 스스로 이런 위험으로부

벨 Daniel Bell(1919~)
미국의 사회학자로 정치적·경제적 제도 및 이러한 제도가 개인의 형성에 작용하는 방식을 연구하였다. 주요 저서로 『이데올로기의 종언終焉』이 있다.

터 벗어나는 소극적인 행동인 블랙코디미를 구사하는 정도이다. 성수대교참사를 놓고서 '다리에서 추락한 버스를 탄 사람 중에서 누가 제일 억울하게 죽었을까'를 토론하며 각자의 의견을 주장하던 고등학생들이 결국 합일점에 이른 것이 '떠나는 버스를 놓칠세라 한참이나 뒤쫓아가서 겨우 버스를 탄 사람'이라는 말을 한다. TV에서는 성수대교참사를 면전에 두고서 긴급하게 돌아가는 생중계 상황 때 무너지는 다리 바로 직전에서 멈췄다는 목격자와 인터뷰를 한다. 여기서도 목격담을 다룬 그 사람에게 방송국 부장쯤 되는 그 앵커는 목격자더러 "오늘 운수대통 하셨습니다"로 끝을 낸다. 이렇듯 세상은 코미디가 판치지만, 이것도 기든스가 '냉소적 적응방식'이라고 지적했듯이 위험과 불안에 적응하는 한 방식인 것만은 어쩔 수 없는 사실이다. 그러나 문제는 이러한 냉소적 적응방식이 문제회피를 가져와 적극적 대응에 일정한 장애를 가져온다는 것이다.

울리히 벡 Ulrich Beck도 지적했지만, 이러한 위험요인의 증가 때문에 이제 우리에게 가장 커다란 문제는 "나는 배고프다"가 아니라 "나는 무섭다"는 말로 변했다. 세계는 근대의 생산력발전과

울리히 벡 Ulrich Beck (1944~)
위르겐 하버마스, 앤서니 기든스 등과 함께 현대 유럽에서 가장 주목받는 사회학자. 1944년 독일 슈톨프 출생. 프라이부르크대학과 뮌헨대학에서 사회학·철학·정치학을 수학하였으며 뮌헨대학에서 사회학 박사학위를 받았다. 86년 『위험사회』란 저서를 통해 서구를 중심으로 추구해 온 산업화와 근대화 과정이 실제로는 가공스러운 '위험사회'를 낳는다고 주장하고, 현대사회의 위기화 경향을 비판하는 학설을 내놓아 학계의 주목을 받았다. 그는 또한 최근 국가와 정치가 경제적 합리성을 주장하는 시장의 논리에 의해 무력화되고 있다면서 지구촌의 신자유주의 경향을 질타해 왔다.

그것을 이끌었던 필요자원의 생산이란 차원을 넘어서고 있는 것이다. 이제 사람들에게 공포와 두려움이 가장 큰 인생의 장애로 등장한다. 생산의 문제가 중심이 아니라 위험을 둘러싸고 벌어진 사람들의 인간관계가 이제 가장 커다란 관심이자 변화의 중심이 된다. 이제 여기서 우리는 하나의 이론적 문제를 던져 보자. 과연 이 세계, 그리고 우리 사회를 '위험사회'라고 일반화시켜서 부를 수 있다면 이런 위험사회는 어떤 식으로 이 세상을 변화시켜 이전과는 질적으로 다른 새로운 체제를 만들어 내는 것일까.

시장에서 자신이 소유한 상품을 되도록 높은 값을 받으려면 그 상품은 어떤 가치를 지니고 있어야 한다. 다른 상품과 교환될 만한 높은 수준의 값어치가 있든지 아니면 필요한 곳에 꼭 쓰이는 사용가치를 지니고 있어야 시장에서 우대받는 상품이 된다. 집의 경우를 예로 들어 보자. 집이 고가의 상품인 이유는 높은 사용가치를 갖고 있기 때문이다. 사람들은 집에서 휴식을 취하고 잠을 자고 가족들과의 유대를 돈독히 한다. 그리고 때로는 일을 하는 생활 공간으로 이용하기도 한다. 그래서 집은 집 자체가 넓거나 튼튼하거나 편리한 것도 중요하지만, 주위환경도 집이란 재화의 사용가치에 중요한 변수로 등장한다. 편리한 교통, 맑은 공기, 조용한 주위분위기, 좋은 경치가 집의 사용가치에 한몫을 하는 것이다. 그래서 한강이 굽어보이는 아파트가 고층빌딩에 막힌 같은 평수의 아파트보다 더 값이 비싸진다. 그런데 만약 집의 주위환경이 소음공해라든지 환경오염 또는 무시무시한 핵폐기물처리장에 의해 둘러싸여 있다면 그것은 집으로서의 사용가치를 상실한다. 집이라는 소유권이 환경오염에 의해 침해받거나 심지어는 상실되는 것이다. 이것은 비단 집뿐만 아니라 땅의 경우에도 해당된다. 폐수나 토양오

염에 의해 오염된 땅의 경우에는 땅의 소유권이 상실된다. 아무도 그것을 가치가 있는 땅으로서 평가하지 않기 때문이다. 그래서 울리히 벡이 말하듯이 위험사회가 되면 기존의 소유권 개념은 무너진다. 그렇다고 소유권이라는 것이 완전히 소멸되는 것은 아니다.

소유권의 형태가 변질되어 새로운 소유권 방식으로 다시 나타난다. 이제는 위험에 대한 안전이 소유권을 평가하는 중요 요소로서 등장한다. 자동차의 경우를 예로 들어 보자. 자동차는 이제 지위상징을 나타내는 가장 중요한 도구이자 지표가 되고 있다. 그래서 자기과시를 하고 싶은 사람들은 대형 자동차를 갖고 싶어한다. 그러나 이런 중대형 자동차를 선호하는 또 다른 이유는 우리 사회가 갖고 있는 교통위험의 정도에도 그 원인이 있다. 워낙 급하고 과격하게 차를 몰다 보니 교통안전도가 떨어지고 그래서 충돌시 조금이라도 안정감에 있어 득이 있는 중대형 승용차를 선호하게 된다. 이런 이유 때문에 큰 차를 사지 못한 사람들은 박탈감의 정도가 더 커진다. 결국 위험한 환경이 중대형 자동차의 소유욕을 증대시키고 자동차는 이전의 계층분할을 더 심화시키는 도구로 새롭게 등장하게 되는 것이다.

집의 경우도 비슷하다. 위급시에 당장에 응급처치를 받기가 힘든 우리나라의 상황에서 응급시 닥치는 엄청난 위험 정도는 많은 사람들에게 이미 두려움의 대상이다. 그래서 만약 집 근처에 큰 종합병원이 있거나 하면 집값은 괜히 더 뛰어오른다. 좀더 과장되게 말하면 집에 의사를 '소유'하고 있는 것이 아예 가장 안전한 방법이기도 하다. 이전에는 가치영역에 속하지도 않는다고 생각했던 가치요인들이 위험환경 덕분에 마구 넘쳐 나고 있는 것이다.

이제 위험용인이 증폭된 덕분에 기존의 소유권 개념에서 안전을 보장하기 위한 장치의 소유개념이 소유권의 형태 중에서는 가장 비중 있게 나타난다. 계급이란 것도 이전과는 달리 위험에 대한 대처자원이 얼마나 많은가에 따라서 나누어진다. 물론 그전에도 위험요인이 생활에 없었던 것은 아니다. 실업의 위협, 빈곤의 위협과 같은 생존의 위협은 장기간 지속되어 온 위험요인이기는 하다. 그러나 근대에 들어와 위험은 환경오염의 전지구촌화, 교통문화발달에 따른 교통사고재해, 건축대형화에 따른 대형사고의 빈발, 불치병의 지속적 등장 등으로 생활에 있어 이전의 위험감정과는 수준이 달라졌다. 이런 위험요인이 계급이나 계층에 상관없이 누구에게나 일어날 개연성 때문에 이를 근거로 이 사회가 위험사회가 되어간다는 것을 확대해석하여 아예 계급적 차원의 구분이 무의미하다는 주장을 펼 수도 있다.

그러나 위험요인이 생활을 지배하게 되면 계급구분에서도 그 위험에 대한 대처자원에 따라 새롭게 계급재편이 일어난다. 그래서 위험에 대처할 지식을 가진 전문지식인 집단—의사, 건축가, 법률가 등—이 근대에 들어서면서 단순한 중간층을 넘어 상층부에 진입할 수 있는 여건이 갖추어진다. 이들에 의해서 보장되는 안전은 전문지식에 기초하고 있다. 물론 일반 사람들은 이러한 지식을 갖고 있지 않기 때문에 자연히 이들 전문지식에 대한 막연한 신뢰를 갖게 된다. 믿음이나 신뢰의 본래 형태가 불완전한 앎으로부터 생겨난 것이라면 이러한 믿음이 전문지식에 대한 믿음과도 연결되는 것이다. 이 때문에 전문직들은 권력의 위치에 선다. 평범한 사람들이 전문가들에게 신뢰를 보내는 만큼 전문직 사람들은 그만한 권력을 획득하는 호혜성이 성립한다. 자신의 병이 무엇인지 모르고 어떻게 고치는지 알지 못하는 환자가 의사의 치료에 신뢰를 보내면서 자연히 의사에게 권위를 부여하듯이, 그리고 법률적 처리를 어떻게 하는지를 알지 못하는 평범한 사람이 법률가를 믿고 돈을 지불하듯이 전문지식에 대한 신뢰는 전문직에 대한 권위의 위상을 높여 준다. 전문지식에 의해 산업발전이 꽃피고 인간 생활이 향상되었다는 것에서 확인할 수 있듯이, 이러한 전문지식에 대한 신뢰는 근대의 발전을 이끌어 온 원동력인 셈이다.

그러나 이러한 전문지식에 대한 신뢰는 지금 위기에 처해 있다. 잦은 오진과 과잉진료 등으로 의사의 치료를 불신하고, 부실공사를 일삼는 건축가의 전문지식도 불신한다. 이러한 전문지식에 대한 불신은 곧 사람들에게 원래의 합리적인 절차나 인간관계보다는 주위의 친척이나 인맥을 통한 다양한 문제해결을 또는 금권을 통한 '돈의 믿음'을 더 선호하게 만든다. 주위에 대한 신뢰가 파괴된 것이 사람들의 일상생활 속에서 그대로 드러나게 되는 것이다.

이제 신뢰의 파괴는 다른 쪽으로 신뢰를 이동시킨다. 사람들은 편안한 미래를 상정하기 보다는 불안정하고 위험한 미래를 그리며 살기 때문에 미래를 보장해 주는 다양한 사회적 제도들을 필요로 한다. 보험과 저축, 연금 등 위험이나 불안요인으로부터 미래를 보장해 주는 금융회사들의 상품이 위험사회를 등에 업고 최대의 사업이 된다. 이것은 특히 우리 사회에 잘 적용된다. 90년대 이후 우리 사회 산업 중 가장 급성장한 산업군은 금융산업군이라고 한다. 이러한 금융산업군의 발전은 결국 공공서비스와 공공복지가 전혀 갖추어져 있지 못한 한국사회—공공서비스에 종사하는 공무원의 수가 세계 최하위 수준이라는 것과 전혀 공공보험이라고 간주될 수 없는 3

대 사회보장이라는 의료, 산재, 고용보험을 생각해 보라—덕택에 개인들의 불안을 기반으로 저축과 보험이라는 사적 금융이 발전한 셈이다.

그만큼 한국에서는 보험 세일즈맨의 활동무대도 넓어졌다. 사람들을 끌어들일 만한 말들이 한국의 위험환경 덕분에 넘쳐 나고 있는 것이다. 보험 모집인의 세일즈 화법은 온통 위기와 위험을 인지하도록 강요한다. "인생은 고무풍선과 같아서 언제 터질지 모르니 미래를 준비하라"라는 '고무풍선화법', "인명은 재천이다"라는 말에 빗대어 자동차사고에 주의하라는 '인명은 재차'라는 재차화법도 모두 위험덕택에 이득을 보는 보험 상술과 위험환경의 결합이 잘 나타나 있는 사례들이다.

위험의 증대가 인간의식을 변화시키는 것은 비단 한국에만 국한되지는 않는다. 위험의 증대가 인간의 생활과 미래에 대한 계획을 변화시키는 것은 미국의 신세대에게서도 감지된다.

최근 미국 『USA TODAY』지가 갤럽과 공동으로 조사한 것에 따르면 X세대 가운데 미래에 대비하기 위해 저축이나 투자 등을 고려하고 있는 사람들은 80%에 이르고 있다. 이미 기성세대가 된 베이비 붐 세대들이 20대 당시 절반 가량만이 저축을 염두에 두고 있다고 답했던 것보다 훨씬 높은 비율로 나타난 것이다. 이들 X세대들은 베이비 붐 세대의 경우 20대 때 "장차 노후를 사회보장제도에 의존하겠다"고 답했던 사람이 76%나 되는 데 반해 20대의 X세대들은 불과 39%만이 사회보장을 염두에 두고 있다고 답하고 있다. 또한 X세대의 72%가 '장차 연로한 부모를 금전적으로 도와드릴 것'이라는 생각을 하고 있어 기성세대들을 놀라게 하고 있다고 조사되었다.

이러한 결과에 대해 야무지고 기특한 신세대들이라고 긍정적인 시각으로 바라볼 수도 있겠지만 속을 들여다보면 그렇지 않다는 것을 금방 알 수 있다. 신세대의 의식변화는 복지의 축소에 따른 서구의 사회보장이 해체되는 것과 맞물리고 있기 때문이다. 노후대비를 위해 사회보장제도에 의존하지 않겠다는 답변도 실제로는 사회보장제도에 의존해서는 노후를 보낼 수 없다는 말과 동일한 말이다. 그리고 사회보장이 축소되면 자신의 미래 여건은 불안해지고 그러면서 저축과 투자에 관심을 갖게 된다. 여기에 국가에 의한 사회보장의 축소는 가족간의 상호부조를 강화시키는 작용을 한다. 불안하고 경쟁적인 인간사회에서는 가족 중심적이고 가족이기적인 풍조가 늘어날 수밖에 없는 것이다. 이것이 장차 사회보장에 의해 노후를 보장받지 못하는 연로한 부모를 금전적으로 도와드리고픈 심정을 일으키게 하는 것이다. 결국 '야무진 신세대'가 된 것도 신세대가 기특해서라기보다는 사회와 시대의 변화가 이루어 놓은 산물일 뿐인 것이다.

이러한 위험사회 상황과 그것의 파급 현상에 대해 기든스는 근대사회 이후를 전문지식에 대한

노암 촘스키|Noam Avram Chomsky(1928~)
미국의 언어학자. 펜실베이니아대학에서 구조주의언어학을 배우고 1949년 펜실베이니아대를 졸업했다. 1951년부터 55년까지 하버드대 특별연구원으로 활동하고 1955년 MIT 전자공학연구소 연구원으로 있으면서 펜실베이니아대에서 「언어이론의 논리구조」로 박사학위를 받았다. 이후 1957년 매사추세츠 공대MIT의 교수가 되었고 1960년 32살의 나이로 매사추세츠 공과대학 정교수 자리에 올랐다. 주 전공인 언어학뿐만 아니라 정치학, 철학, 인지과학, 심리학 등 다방면에서 70여 권의 저서와 1천여 편의 논문을 발표했다.

신뢰가 붕괴되어가는 과정이라는 것에서 더 진전시켜 미래에 대한 자율성이 폐기되어 '미래가 식민화되는 과정'이라고 규정했다. 위험사회가 된 덕분에 많은 사람들이 거대기업에 자신의 미래를 맡겨야만 안심할 수 있는 시대가 되었다는 것이다. 이런 위험이 국가가 아닌 금융기업에 의해 보장되는 것을 보면 새로운 시대란 **촘스키**의 예언대로 기업이 개인 일상생활 전체를 포용하는 기업독재시대의 개막을 알리는 것인지도 모르겠다.

삼풍백화점이 무너지면
스포츠센터가 붐빈다

　위험사회는 사회의 계급이나 편재를 바꾸었을 뿐만 아니라 개인의 성격 변화에도 엄청난 파급효과를 지닌다. 요즘 사람의 최고 바람은 무엇일까. 무엇이 개인에게 최고의 관심사일까. 그것은 바로 건강이다. 인생의 최고 목적은 건강하게 오래 사는 것이다. 그런데 어떻게 개인의 최고관심사로 건강이 떠올랐을까. 대개의 사람은 이제 먹고 살 만하니까 건강에 신경 쓰는 단계에 들어섰다고들 한다. 건강에 대한 의식이 한국이 선진국단계에 진입했음을 증명해 주는 지표로 여기는 듯하다. 그러나 이것은 전혀 다른 방향으로도 해석이 가능하다. 생존에 대한 위협이 이전보다 더욱 커졌기 때문에 그것이 인간의 의식상에 건강에 대한 관심을 촉발시켰을 수도 있다. 인간은 이타적일 수도 있지만 생사의 갈림길에서는 본능적으로 이기적이다. 그렇지 않으면 인간으로서 생존할 수 없기 때문이다. 그래서 프로이트식으로 표현하면 인간은 본능적·무의식적으로 나르시시스트라고 말한다. 인간의 생존을 위해서는 나르시시스트가 되어야만 하는 것이다. 이런 나르시시스트는 주위에서 닥쳐오는 육체적 위협에 대해 가장 민감하다. 주위의 자극에 아메바의 위족처럼 자신의 본래 몸 속으로 위축된다.

이러한 나르시시즘적 요소는 현대사회가 위협사회로 돼 가면서 점점 강화될 것은 뻔하다. 위험한 사회환경과 인간의 나르시스트화를 연결시킨 **크리스토퍼 라쉬**Christopher Lasch는 이를 이렇게 표현하고 있다.

> 세상이 점점 더 위협적인 모습을 띠게 될수록 삶은 건강과 운동, 식이요법, 다양한 종류의 정신적 섭생, 심리적 자아원조, 정신 치료 등을 통한 개인적 행복을 끝없이 추구하게 된다. 외부 세계에 대한 흥미를 상실한 사람들에게는 그 세계가 만족이나 좌절의 요인이 되지 않는 한에 있어서 오로지 그들 자신의 건강상태만이 모든 관심의 대상이 된다.

크리스토퍼 라쉬 Christopher Lasch(1932~1994)
유명한 미국의 역사학자이자 윤리학자, 사회비평가. *The Culture of Narcissism: American Life in the Age of Diminishing Expectations*(1979)가 대표 저서이다.

이렇게 자신의 건강상태에 민감하게 반응하는 것은 프로이트가 말한 대로 유아나 정신분열증 환자에게서 나타나는 나르시시즘적 상태와 비슷하다. 오로지 외계의 자극에 대해 자신의 건강이나 생존만을 바라는 풍조가 사회의 개인 심성에 퍼진다. 사람들은 이제 정신적 안정과 안위만을 갈망하게 된다. 그래서 나르시시스트는 늘 짜증이 나며 쉼 없이 즉물적 성애를 찾고 방탕하며 범섹스적이다. 그리고 늘 자신의 건강에 대해서 불안해 하며 그런 우울증이 치료나 치료그룹들의 운동에 특별한 관심을 갖게 만든다.

그러나 그런 치료라는 것도 일반적으로는 개인을 중심에 놓고 개인이 중심임을 또 고무시키기 때문에 나르시시즘적 상황을 연장시킬 뿐이다. 이것은 단순히 건강염려증이나 건강증후군뿐만 아니라 친교에 있어서도 변화를 가져온다. 개인들은 이전보다 타인과의 친밀한 관계에 있어서 감정적 만족과 안전을 더욱 갈구하게 된다. 다른 한편으로 필요하다면 자신의 나르시시즘적 자아를 방어하기 위해 헤어짐을 만들어 내기도 한다. 즉 나르시시스트는 끊임없이 반복적으로 애인과 친구들에 대한 수요를 이끌어 내는 것이다. 즉 '타인에게 무언가를 주는 것'을 거절한다.

또한 나르시시즘은 소비사회와 결합된다. 자본주의가 소비를 표준화·광범화시키고 광고를 통해 기호를 형성하면서 나르시시즘을 촉진하는 기본적인 역할을 수행하는 것이다. 교육수준이 높고 분별력 있는 공중들을 만들어 낸다는 생각이 소비주의의 만연에 굴복하고 말며 그러한 것은 '외모에 의해 지배되는 사회'를 이끌어 내게 된다. 소비는 현대사회생활의 고립된 성격을 말해 주며 그들의 해결을 외친다. 그것은 나르시시스트가 갈망하는 모든 것—매혹, 아름다움, 개인적 명성, 건강—들을 상품과 서비스의 소비를 통해 실현시키는 것이다.

즉 불안은 나르시시즘을 만연시키고 이런 나르시시즘이 소비 자본주의가 커 나갈 수 있는 토양을 만들어 놓았다고 할 수 있다. 이런 논법을 한국의 위험상황에 연결시켜 보면 '성수대교가 무너지면 여성의 미니스커트

길이는 더 짧아진다'는 명제가 성립할 법도 하다. 이렇듯 위험사회는 현대의 개인주의를 더욱 강화시키는 측면이 있고 그것은 다양한 사회적 조건에 의해 건강과 외모 중심의 자기과시를 하는 소비주의를 태동시킨 중대한 요인으로 자리잡게 된 것이다.

소비주의가 확대되어 가면 이제 소비주의는 소비영역에서만 작용하는 것은 아니다. 모든 사회적 범주들에 침투하여 그것을 소비주의에 맞게 변형시켜 놓는 일도 서슴지 않는다. 이제 이 욕구충족을 위한 끊임없는 소비는 무한대로 확장되어 생성·소멸되어 가는 것이다. 이러한 기호의 지배가 사람들의 생활에서 이전의 생활방식에 일대 변혁을 가져온다. 재화와 문화서비스 등 늘어난 소비대상 구입욕구로 인해 사람들의 생활에서 노동과 여가의 두 가지 생활패턴에도 엄청난 변화가 생긴다. 일반 노동자들은 문화산물 구매를 위해 초과노동을 증대시키고, 이로 인해 노동력 착취는 더욱 심화되어 가는 것이다.

노동자들은 소비력 증진을 위해 이전보다 더욱 자발적으로 임금취득을 위해 노동조건의 희생을 감내한다. 노동자들은 노동으로부터 여가로의 전환을 통해 스스로의 생활에 새로운 활력을 넣어 보려 하는 것이다. 이것은 소외된 노동의 표현일 수 있다. 마르크스는 "소외된 인간에게는 여가시간과 먹고, 마시고, 출산하는 동물적 기능"이 가장 중요한 의미를 가지며, 반면에 인간의 본질적인 활동인 노동은 "마치 전염병처럼 회피하는 것이 되어 버린다"고 했다. 그러나 이미 상품화된 여가시간에 더욱 집착할수록 늪에 빠진 듯이 노동영역에 더욱 종속되는 결과만이 남는다. 이렇듯 노동 시간과 노동 강도가 자발적으로 그리고 강제적으로 강요되면서 문화소비에

1990년대 톰 크루즈, 잭 니콜슨과 함께 영화출연료로 천만 달러를 받은 흑인배우 에디 머피

대한 욕구만이 남아 있을 뿐 이를 주체적으로 소화할 만한 시간과 화폐와 공간을 갖지 못하게 되는 것이다. 이로써 지극히 수동적인 소비의 문화물에만 접근 가능하게 되고 그것이 술과 고스톱 같은 여가와 대중매체의 엄청난 확대의 핵심동인이 되었다. 결국 지금의 여가산업과 대중매체는 수동화된 개인, 그래서 개인주의화할 수밖에 없는 개인을 그들의 자양분으로 삼고 있는 셈이다. 동시에 이런 현상이 대중매체가 끊임없이 양산하는 기호의 세계가 일방적인 지배를 하도록 허락해 준 사회 경제적 배경이 되기도 했다.

   소비주의는 이렇듯 노동을 소외시킬 뿐만 아니라 민주주의를 희화화시키고 허구화시키는 데도 일조한다. 이것은 소비주의 자체가 가진 개인의 개체화에서 연유하기도 하지만, 개인의 소비를 통한 불안의 해소에서도 유래한다. 특히 현대소비주의의 중심인 문화상품의 대량보급은 이전에 특권계급에게서만 향유되던 문화 산물이 사회의 모든 계층에 쉽게 퍼져 나감으로써 문화소비를 통한 민주화의 가상효과를 대중들에게 심어 줄 수 있으며 또한 **아도르노**도 언급했듯이 현실의 구속으로부터 벗어나 기분전환을 계기로 작용할 수 있도록 해 주었다. 이로써 문화산업 소비의 확대는 민주화에 기여한다는 환상과 이데올로기를 늘 재생산하게 된다. 예를 들어 클래식이나 오페라와 같은 공연이 대중매체를 통해 생산되는 것, 그리고 다양한 여가문화의 상품화에 따른 가격경쟁으로 인해 가능하게 되는 기존 특권층 소비와 여가의 소비대중으로의 확대—고급자동차, 스키나 수영, 해외여행 그리고 아직은 미약한 골프 등—가 대표적인 문화 산물의 민주화를 허구적으로 경험하게 했다.

또한 소비주의의 상징인 문화상품은 점점 차별화되어가는 사회에서 문화적 자산과 문화상품이 소비영역에 들어서면서 이들을 놓고 이전보다 더 큰 계층적 차별화가 일어나는 데 폐쇄적인 계급 이동화를 가장함으로써 민주주의적 욕구결집을 더욱 늦추는 역할을 수행한다. 많은 보고서들이 지적하듯이 미국의 계급 이동은 이미 계층 내 이동일 뿐 계급간 이동은 폐쇄화되었다고 알려져 있다. 연구에 의하면 백인보다 더 많은 흑인들이,

> **아도르노** Theodor Wiesengrund Adorno (1903~1969)
> 독일의 철학자이자 미학자로 프랑크푸르트학파의 중심인물이었다. 그는 체계성을 거부하고 근대문명에 대하여 독자적인 비판을 제시하였다. 주요 저서로는 『부정적 변증법否定的辨證法』 등이 있다.

최고의 NBA 스타 마이클 조던

상층계급보다는 중하층계급들이 NBA 스포츠 스타에게 열광하고 있다. 이러한 열광은 단지 자신들의 불만을 해소하기 위한 것이 아니라, 스포츠나 연예계 스타가 되는 것 말고는 계층 상승 자체가 불가능한 계급 폐쇄적 상태가 하층계급의 젊은 흑인들을 스타에 열광하도록 만들고 있는 것이다. 이것은 우리 경우에도 이제 두드러진 현실이다.

위험한 사회는
우상숭배를 낳는다

　정신분석학자들은 오빠부대를 그렇게 문제시 삼지 않는다. 아이들의 성장과정에서 우상숭배의 과정은 자연스런 하나의 단계로 존재하며 그래서 언젠가는 오빠부대를 제대하게 된다는 것이다. 오히려 오빠부대 같은 우상숭배의 단계를 거치지 않게 되면 성격형성단계에서 벗어나게 되고, 중년쯤에 가서 갑작스레 우상숭배에 빠지게 될지도 모른다고 경고한다. 그때 우상숭배에 빠지게 된다면 가정이나 자신에게 책임이 있는 나이이기 때문에 더 큰 문제가 발생한다는 것이다. 그래서 어떤 정신과의사는 자신이 청소년 시절 공부만 하고 우상을 숭배하는 아이들을 혐오스럽게 봤더니 40대에 갑자기 스타에 미치더라는 말도 곁들인다. 그러나 이렇게 인간의 성장단계와 우상숭배의 과정을 집적 연결시키게 되면 우상숭배의 문제는 모든 사람에게 차별 없이 똑같이 나타나야 한다. 그리고 우상숭배 속에 나타난 모든 사회적 모순들을 드러낼 수 있는 근거도 없어져 버린다. 결국 오빠부대를 심리적 발달단계로 환원시켜 버리는 것은 오빠부대 속에 투영된 우리 사회의 모순을 방기하는 셈이다.

그렇다고 농구장에서, 방송국에서 오빠부대로 일컬어지는 젊은 청소년 부대를 단지 입시경쟁에서 생긴 스트레스의 해소과정으로 보는 것도 우리 사회를 너무 편의적으로 보는 것이다. 물론 오빠부대들 대부분이 여성이라는 것에서 우리 사회에서 여성이 받는 생활상의 억압의 정도를 짐작할 수 있다. 그러나 더욱 중요한 문제는 이들 오빠부대의 계층적 구성이다. 청소년개발원의 조사에 의하면 청소년들이 오빠부대에 쓰는 비용을 비교해 봤을 때 상층계급의 아이들보다 하층계급의 아이들이 오빠부대에 더 많은 돈을 쓰는 것으로 나타났다. 오빠부대에 열광적인 부류가 하층계급이라는 조사결과에서 우리는 이미 우리 사회도 계급폐쇄적인 상태에 접어들고 있음을 실감한다. 이제 이들은 스타에 열광하면서 그들의 잠재의식 속에 스타가 되려는 꿈을 키운다. 그렇게 하여 이 아이들은 우리 사회에서 계급상승 이동이 가능한 길은 스타가 되는 것뿐이라는 무의식을 토양으로 스타에 열광한다. 그러나 스타가 되려는 사람 중에서 스타가 되는 사람의 수치는 이 사회의 계급폐쇄를 그대로 반영하는 극소수의 수치일 뿐이다. 결국 이들은 스타에 대한 열광 속에서 자신의 피해의식을 자신 속에서만 해소하는 것으로 귀결된다. 계급에 대한 어떤 대사회적인 대안도 무시되는 것이다.

결국 자기로의 침잠은 비합리적 우상숭배로의 가치관 전이를 보인다. 이것은 단지 오빠부대만이 아닌 우리 사회의 신흥 사이비종교, 피라미드 판매조직, 지위상품에 대한 과도한 집착 등 우리 사회의 많은 우상 숭배적 행태들에서 동일하게 나타난다.

그리고 현대의 우상숭배 가치관은 그것이 기반한 현대의 대중매체와 상승작용을 일으키며 현실을 가린다. 이렇게 하여 위험사회와 그것이 추동한 소비주의 그리고 우상숭배는 비합리적 권력이 제도와 생활영역에 침투할 수 있는 토양을 마련한다. 우리 사회의 보수화 경향도 이제 위험 속에서 생활의 불확정성을 이겨내기 위한 다양한 개인적 처방들과 비합리적인 권위 숭배의 메커니즘에서 자유로울 수 없는 것이다.

그러나 늘 다시 확인되듯이 인간은 외계에 대해 그렇게 수동적이지만은 않다. 역사와 구조가 부여한 주체의 몰락과정에서도 우리는 늘 주체를 스스로 확인하는 인간의 자율성을 발휘한다. 위험한 외계환경에 대해 인간이 아메바의 수족처럼 자신의 안으로 끝없이 도취하지는 않는 것이다. 그래서 이러한 위험사회가 인간에게 새로운 권위에의 향수를 불러일으킨다는 울리히 벡이나 크리스토퍼 라쉬의 말이 반드시 정답이라고 이야기할 수 없다. 위험한 환경이 자신의 주위에 발생한다면 블랙코미디식의 개인주의적 방식으로 불안을 해소하기도 하지만, 또 다른 식으로는 집단적 행동에 의해 저항하기도 하기 때문이다.

위험사회와 그것이 뿌리는 비합리적 가치관에 대항하기 위한 우리 사회의 현실적 대안은 우선 노동영역에서의 자율성 확보와 노동시간 축소에 대한 새로운 평가이다. 이것은 시민사회와 생활세계의 자율성 확보를 위한 전제로서도 필요하다. 이를 위한 새로운 경쟁체제의 확립도 병행되어야 한다. 극심한 경쟁체제 속에서 각 단위나 개체의 자율성은 무참히 짓밟히고 이러한 경쟁은 환경보호에 드는 비용 등을 무시하도록 만들어 버리는 것이다. 그래서 기든스 같은 학자는 후기절약체계의 필요성을 주장한다. 통합된 세계질서와 사회화된 경제조직, 지구보호체계의 필요성이 시급히 요청된다는 것이다.

그리고 다른 한편으로 축소되는 노동시간과 그에 따라 확대되는 여가시간이 전체주의권력에의 동조나 우상숭배로부터 지배당하지 않기 위해 비합리적 가치관과의 투쟁도 필요하다. 이것은 사회의 사적 공적 부문의 민주주의 확대에 따라 어느 정도 규제할 수 있는 것은 사실이지만 이는 어느 선까지는 한계가 있으므로 이데올로기적 투쟁의 동반과정이 필요하다. 왜냐하면 또다시 창궐하는 비합리적 가치관이 민주주의 진척을 맞는 비중이 이제는 무시할 수 없을 정도로 크기 때문이다.

넷째 마당
풍요와 놀이

베푸는 사람이
더 많은 것을 얻는다

경조사는 은연중 자신의 지위를 과시하는 자리가 된 지 오래다. 그래서 경조사는 비록 재정적으로 어려운 집이라고 하더라도 되도록이면 다른 집에 뒤처지지 않게 격식을 잘 갖추어 다른 사람들의 힐난을 듣지 않도록 애쓴다. 물론 일부 넉넉한 집안은 지나칠 정도이지만. 그런데 이런 과시적 풍습이 원시사회의 유물이라고 한다면 너무 심한 말일까. 물론 그런 원시사회의 풍습이 계승할 만한 것이라면 달라지겠지만 말이다.

원시부족들은 경조사를 통해 잔치를 벌임으로써 자신의 지위를 나타내는 것뿐 아니라 새롭게 사회적 지위가 부여되곤 했다. 이를 학자들은 **포틀라치** potlatch라고 불렀다. 이 풍습은 북미의 서

포틀라치 potlatch
선물을 서로 교환하는 습관.

북해안에 있는 **콰퀴우틀** 인디언과 **하이다** 인디언 사회에서 관찰되었는데 이 지역은 기후변동이 거의 없고 따뜻한 데다 육지와 해양의 동식물이 풍부해서 수렵과 어로 및 채집생활만으로도 재산과 부를 축적할 수 있었다.

이런 축적된 재산이 있으면 사회는 교역이 생겨나기 마련이다. 그러나 그 당시에는 지역간의 교역이란 축적된 재산은 사용되지 않았다고 한다. 그러면 이런 축적된 재산을 어디다 소비했을까. 바로 포틀라치라고 불리는 풍요하고 소비적인 축제와 잔치에 이런 축적된 물자들을 다 써 버렸다. 이러한 포틀라치를 통해 부족민들은 자신의 권리와 위계를 표시하고 주장했다. 주로 가족의 혼인, 사망, 입양, 성년 등을 알리고, 새 집을 짓기 시작할 때 그리고 굴욕을 당했을 때 명예회복을 위해 포틀라치가 열린다. 흡사 우리 시대의 성년식, 결혼식, 장례식, 집들이 행사 등과 유사한 셈이다. 그리고 스스로 굴욕을 당했을 때 가까운 사람들에게 한 잔 사면서 하소연하는 것까지 말이다.

포틀라치에서는 항상 주최측인 주인이 초대받을 손님에게 음식을 대접하고 돌아갈 때 남은 음식과 예물을 방문객의 위계 등급에 따라 나누어

콰퀴우틀족 Kwakiutl

북아메리카 북서부 연안 문화영역에 속하고, 밴쿠버섬이나 그 주변지대에 살며, 고기잡이를 하며 생활하고 있었다. 이 종족은 그 토템주柱, 유별나게 엄한 사회계층 제도, 포틀라치(Potlatch: 선물을 서로 교환하는 습관) 등으로 특히 유명하다. 자기의 위신을 높이기 위하여 많은 사물私物을 보내거나 파기하거나 하였다. 그들의 전통문화는 현재 캐나다의 서유럽 문명에 동화되어 가고 있다.

하이다족 Haida

북아메리카 북서부北西部 연안 문화영역의 대표적 종족이며, 어로漁撈를 생업으로 하였다. 모계확대가족母系擴大家族을 이루어 외혼적外婚的 모계혈연집단을 구성하였다. 하이다족은 그들이 만든 미술에 의해 잘 알려져 있다. 그중에서도 토템 폴·탈·제구祭具·의류 등이 유명하다. 다른 부족과 교역할 때에도 하이다족의 고유한 장식을 베푼 상자나 통나무배 등은 매우 진귀하게 여겨졌다. 그들은 물고기나 새가 주력呪力을 가지고 있다고 믿으며, 최고신最高神의 존재를 믿는다.

마지막 포틀라치

준다. 방문객들이 초대되는 이유는 주인의 주장과 표시를 직접 목격하고 입증하여 나중에 그 정당함을 보여 주기 위함이다. 포틀라치에서는 며칠씩 노래와 연설, 춤 등의 축제가 계속되었고, 손님에게 주는 예물로는 음식, 유지, 모피, 모포, 방패, 심지어 노예까지 주곤 했다고 한다.

잔치에 손님이 많이 오고 음식이 푸짐하며 많은 예물을 나누어 줄수록 주인의 위세는 더 높아진다. 그런데 이 때문에 포틀라치는 모든 사람들에게 다 필요했다. 높은 지위에 있는 사람은 자녀에게 그 지위를 그대로 유지시켜 주기 위해서 포틀라치를 거행해야 하고, 낮은 지위에 있는 사람은 자녀들의 사회적 지위를 높이기 위해 필요했다. 그래서 콰퀴우틀족과 하이다족은 포틀라치를 위해 부지런히 일해서 재산을 축적했으며 이것이 이들 부족의 재산축적을 유발하는 동기를 제공해 주었던 것이다.

그런데 이런 포틀라치를 과연 어떻게 평가해야 할까. 단순히 말한다면 먹고 마시고 놀기 위해 재산을 축적한다는 말이다. "다 먹자고 하는 일인데 돈 벌어 잘 먹고 보자"가 이런 포틀라치를 계승하는 정신이라고나 할까. 이 때문에 일단 포틀라치는 원시인의 우둔하고 야만적인 모습의 표현이라고 부정적인 평가를 내릴 수 있다. 놀자고 일한다면 굳이 일할 필요도 없이 잘 놀면 된다. 그런데 소비가 생활의 중심에 등장함으로써 인류 발전의 밑거름인 노동의 신성함이 무시되었다는 것이다. 또한 무리하게 자기 과시를 통해 자신의 지위가 보장되는 속빈 의례주의에 빠져 있다고 비판할 수도 있다. 그래서 베블렌은 집안에 조그마한 일만 있어도 화려한 파티를 벌여 자신의 지위를 과시하는 현대의 유한계급들의 행태를 포틀라치의 '과시적 소비'에서 한 발짝도 진전되지 못한 것이라고 비웃기도 한다. 졸부들의 행태는 미개한 원시인의 행태와 조금도 다르지 않다는 것이다.

자신의 대부분의 재산을 빌 게이츠 재단에 기부한 워렌 버핏

그러나 이런 포틀라치의 풍습을 들여다보면 현대의 잔치나 의례와는 다른 점이 많다. 우선 포틀라치는 자기가 축적한 것을 모두 다 내어 놓는다. 이것은 현대의 의례와는 다르다. 오늘날 경조사에서 과시를 위해 자기 재산을 다 털어 넣는 사람은 없다. 물론 빚을 져 가면서까지 자식을 결혼

시키는 부모도 있긴 하지만 이 경우는 극히 드물고 현실에 제대로 적응하지 못한 사례로 치부된다. 그리고 의례에 들어가는 재산은 자신의 비용으로 쓰이는 것일 뿐 남에게 준다는 의미를 지니고 있지는 않다.

그러나 포틀라치에서는 자기가 가진 모든 것을 나누어 준다. 이것은 크게 생각해 보면 그 사회의 생산이 어떤 한쪽으로 독점되는 것이 아니라 포틀라치를 통해 적절히 배분될 수 있음을 의미한다. 아무리 많은 재물을 모은 사람이라도 다른 사람에게 배분하기 위해서 축적한 것이라면 재산의 축적이란 빈부격차와 아무런 관련이 없게 된다. 결국 천국을 가기 위해 재산을 축적했던 프로테스탄트들은 명예를 얻기 위해 재산을 배분했던 원시부족보다 사회적 평등의 실현이란 점에서는 열등한 셈이다.

또한 포틀라치는 현대의 잔치처럼 먹고 마시고 떠드는 것과는 다른 내용을 가지고 있다. 지금처럼 물질적 부를 과시하기 위한 잔치가 아니라 춤과 놀이 등을 통해 경쟁과 모험을 즐겼고, 우정과 신뢰를 바탕으로 타인에 의해 자신의 지위를 평가하려 했다.

이렇게 접근하면 포틀라치는 사람들의 물질적 관심의 정반대에 서 있다. 신뢰와 경쟁이 어우러져 서로 춤과 노래, 음식으로 몇 날 며칠을 축제 속에 보낼 수 있다는 것은 늘 놀이가 무르익기만 하면 자기 주장으로만 이어져 난장판으로 결말나는 현대인의 모습과는 분명 차이가 있다. 그래서 인간을 '놀이하는 인간—호모루덴스'로 칭한 호이징가는 포틀라치가 집단의 명예, 부, 선물에 대한 존경, 우정과 신뢰가 극도의 활기를 띠고 있고, 도전과 내기 그리고 온갖 종류의 경쟁과 모험이 강조되며 일체의 물질적 관심이 무가치한 것에 착안하여, 현대의 젊은이에게 포틀라치의 정신이 필요함을 역설하고 있다. 물질적 가치에 집착하지 않고 미래에 도전해 보는 그래서 '아이비 정신' 같은 엘리트주의에 빠지지 않고 타인에 대한 희생과 신뢰, 우정과 베풂을 통해 자신의 지위를 드높이려는 정신, 그런 포틀라치 정신을 현대에 다시 복원하자는 것이다. 이 정도라면 포틀라치 정신을 '소비적'이라고 비난함은 사적 재산만이 궁극의 가치라는 좁은 우물에 갇혀 헤어나지 못하고 있음을 뜻한다.

원시인의 뇌물과
현대인의 뇌물에는
어떤 차이가 있을까

뇌물이라는 개념에는 불법적이라는 뉘앙스가 들어가 있지만 뇌물을 포괄적으로 정의해 보면 뇌물은 자신의 안위를 남으로부터 보장받기 위해 상대방에게 선물하는 것이다. 이렇게 포괄적으로 뇌물을 정의했을 때 원시사회에서도 뇌물은 광범했다고 할 수 있다. 애써 모은 수확물을 타인에게 증여해 주는 체제가 있었기 때문이다. 트로브리안드족 사례를 보면 한 가구가 생산한 얌yanms—열대의 수확물—의 절반 이상이 다른 가족, 특히 남편의 여자형제에게 주어졌다. 아예 생산단계부터 다른 가족에게 줄 땅을 마련해 두고서 자기 밭과 증여할 밭을 확연히 구분하여 번갈아 가며 일했다.

그런데 이렇게 밭이 구분되어 있을 경우 의아한 것은 다른 사람을 위해 생산하는 밭에서 사람들이 더 열심히 일한다는 것이다. 왜 그랬을까. 많은 인류학자들이 설명하기를, 그것은 일단 밭을 가꾸어 생긴 얌을 줌으로써 상대방에게 다른 도끼나 도기 같은 가치재로 교환하려는 목적 때문이라고 한다. 그러나 아직 생산력이 그리 발전되지 못해 도끼나 도기가 별로 쓸모가 없었다는 점을 고려해 본다면 이런 설명은 그리 큰 설득력을 갖지 못한다.

아마 주된 이유는 장례식 같은 큰 의례를 지낼 때 도움을 받기 위해서라고 할 수 있다. 장례식을 할 때가 되면 얌을 선사받은 측에서, 즉 그 여자형제의 남편들이 장례식 준비를 도와주게 된다. 만약 그 남편들이 준비물을 신속하게 마련해 주지 못한다면 그 남자는 좋은 남편이 못 된다고 알려지고 그래서 자신의 여자형제를 위한 밭 경작도 하지 않게 된다.

물론 이러한 상호부조의 풍습을 두고 뇌물이라고 이름 붙이기에는 어색한 면이 있다. 그러나 스스로 어려운 시기에 타인에게서 도움을 받기 위한 준비라는 측면에서 그리고 뇌물의 효력이 제대로 작동하지 않으면 의리만 상하는 점에서 현대의 뇌물의 성격과 비슷하다. 여기서 보듯 원시의 뇌물이나 현대의 뇌물이나 모두 다 뇌물이 가지는 '호혜성'의 성격이 그대로 드러나고 있다.

그런데 원시시대의 뇌물—즉 수확물을 타인에게 증여해 주는 것—을 현대의 뇌물에 빗대어 볼 때 큰 차이점이 하나 있다. 그것은 뇌물이 전달되는 계층적 방식이다. 현대의 뇌물은 낮은 사람이 미래의 이익을 위해 높은 사람에게 바치는 것이다. 높은 지위에 있는 사람은 권력을 이용해서 사회적 지위가 낮은 사람들의 재산을 착복하는 셈이다. 뇌물이 우리에게 부정적으로 비춰지는 핵심적인 이유는 바로 이런 뇌물의 성격 때문이라고 할 수 있다. 그리고 당연히 이런 뇌물 풍습이 성행하는 지역일수록 계층간 양극화는 점점 심화되며 계층간 위화감도 뇌물로 인해 더 증폭될 것이 뻔하다.

그러나 원시사회의 뇌물은 그렇지 않다. 뇌물을 주고도 뒤에서 험담하는 현대인들과는 달리 원시부족들은 자기네들 밭보다 남을 위해 경작하는 밭에서 더 열심히 일한다. 이뿐만 아니라 신분이 높은 사람이 오히려 지위가 낮은 사람에게 '뇌물'을 제공한다. 아랫사람들에게 가치재를 베풀어 줌으로써 자신의 사회적 신분 위세가 성취되고 다져지게 되는 것이다. 이때의 뇌물은 주로 여자용 치마나 바나나 잎사귀 다발 같은 하찮은 것들이었지만 그들에게는 아주 귀한 물건들이었다. 학자들은 이를 '사갈리'라고 한다. 물론 반대로 씨족의 연소자들이 장차 물질적 이익과 신분상승을 기대해서 연장자들에게 바치는 선물도 있었지만 이는 그리 많지 않았다고 한다.

이러한 사갈리 뇌물 풍습은 사회적 부패를 가져오기보다는, 높은 지위의 사람에게서 낮은 지위의 사람에게로 가치재가 이동하기 때문에 오히려 신분간의 수확물 분배를 균형 있게 만들어 주는 역할을 한다. 결국 뇌물을 둘러싸고 온갖 추태가 벌어지는 현대사회와는 달리 원시사회의 뇌물은 원시부족의 인간관계뿐만 아니라 경제생활도 안정적으로 영위할 수 있게 만들어 준 중요한 계기를 한 셈이다.

인간은 놀이하는 것부터 배운다

호이징가는 인간의 축제와 놀이에서 인간의 규칙성과 자유로움이 절묘하게 공존하는 모습을 잘 묘사하고 있다. 인간의 쾌락을 상징하는 놀이에서 인간이 어느 때보다 자유로운 것을 본 것이다. 노동이 인간의 생존을 위한 본능적 행위라고 한다면 놀이는 인간의 쾌락을 위한 본능적 행위인 것이다.

놀이는 어린아이 때부터 생활을 지배한다. 생산은 윗세대인 부모들이 맡는다. 인간은 태어나자마자 노동을 배우는 것이 아니라 부모와 친구들과 함께 놀이하는 것부터 배우는 것이다. 그런데 그 즐겁고 자유로운 놀이는 마구잡이식 놀이가 아니다. 어린아이들은 스스로 규칙을 정해 놓

호이징가Johan Huizinga (1872~1945)
네덜란드 역사가. 네덜란드 그로닝겐대학교, 레이덴대학교의 역사 교수를 지냈다. 프랑스와 네덜란드의 생활과 사상을 밝힌 『중세의 가을』(1919)로 명성을 얻었다. 그 외에도 『호모 루덴스』 등의 저서가 있다.

는다. 공기놀이에서도, 술래잡기에서도, 다방구에서도 서로 편을 갈라 아이들은 정해진 규칙에 따라 놀이를 하고, 지거나 그 규칙에 벗어날 경우에는 벌칙을 받아 편이 바뀐다. 스스로를 그 규칙에 반발 없이 합의하고 그 규칙에 따라 놀이를 스스로 행한다.

그래서 어린 시절의 놀이로부터 인간들은 자유로움과 규칙성이 함께 공존하는 방식을 배우고 또 전체를 조직하는 규율이 있어야 개인의 쾌락과 자유도 보장받을 수 있음을 배운다. 놀이는 자유로운 인간이 규칙을 배워 가는 그래서 사회화에 필연적인 과정이 된다. 놀이의 순수한 성격은 이런 어린아이들의 놀이에서 구현되고 있는 것이다.

이런 자유로움과 규칙성이라는 놀이의 성격을 호이징가의 제자인 **카이와**는 4가지의 속성으로 다시 나눈다. 놀이에는 우선 우연적 요소가 있다. 놀이에 내재한 우연적인 요소가 사람들에게 재미를 준다는 것이다. 우리나라에서 고스톱이 가장 재미있는 놀이로 추앙받는 것도 '설사', '폭탄', '판쓸이', '핍박', '광박' 등 우연적 요소가 많기 때문이다. 복권에 희망을 거는 것도 우연한 기회에 몇 억이 생길지 모른다는 생각 때문이다.

로제 카이와Roger Caillois (1913~1978)
프랑스지성으로 문학비평 및 사회학, 철학에 대한 학문적 고찰을 통해 인간의 놀이에 대한 날카로운 통찰을 드러내었다.

둘째 요소는 경쟁이다. 경쟁이 없는 놀이는 없다. 이런 경쟁의 요소를 가장 잘 살린 놀이가 스포츠이다. 놀이에서 경쟁요소가 극대화되어 스포츠가 완성되었다고 볼 수 있고, 그 많은 스포츠가 인기를 끄는 것도 그런 경쟁요소를 인간의 놀이 심리 속에 잘 재현시켰기 때문이다.

셋째 요소는 모의·흉내내기이다. 모든 종류의 예술분야가 이런 흉내내기의 요소에서 출발한다고 볼 수 있다. 미술, 음악, 연극, 영화 모두가 인간생활의 모습과 소리를 담고 있는 것이고 많은 사람들이 이런 모의의 공간에서 시간을 보낸다.

그런데 문제는 바로 마지막 요소로 들고 있는 현기증이다. 얼핏 현기증이 왜 놀이에서 중요한 요소가 되는지 그 이유를 금방 납득하기는 힘들지만, 실제로 현기증은 현대의 놀이문화에서 점점 위력을 발휘해 가고 있다. 바이킹 앞에서 어지러운 상태를 맛보려고, 그리고 아찔한 청룡열차를 비싼 돈을 주고 즐기려고 많은 사람들이 줄 서서 기다리고 있는 모습을 본다.

물론 돈을 쥐어 준다고 해도 그런 무서움과 현기증을 기피하는 사람들에게는 돈을 주고 현기증을 즐기려는 사람들이 잘 이해가 가지 않을 것이다. 그러나 인간은 번지점프에서처럼 생명을 걸고 그 아찔함을 맛볼 때 즐거움의 극치에 도달한다. 죽음의 문턱에서 쾌락을 느끼려는 번지점프를 보고 있자면 인간의 쾌락과 자학은 동일한 선상에 있는 것일지도 모른다는 생각을 지울 수 없다. 물론 그런 면에서 보자면 고행 속에서 쾌락을 얻어 보려는 인도의 수도승들이 더 앞서 있지만 말이다.

현대의 놀이는 이러한 현기증적 요소가 지배하고 있다고 해도 과언이 아니다. 자동차와 스포츠카에 미치는 사람들도 스피드를 즐기는 그런 아찔함을 즐기는 사람들이다. 여름이면 강과 바다에서 날쌘 모터보트와 수상스키를 즐기는 것도, 겨울이면 즐겁게 스키를 타는 것도 현대의 스피드놀이가 현기증적 요소를 벗어나지 못하고 있음을 보여 준다. 현대는 가히 현기증의 시대인 것이다. 그리고 그런 현기증은 곧 실제 세계를 잠시 잊게 해 주고 또 숨겨 준다.

놀이동산은 온통 현기증과 가상의 세계로 둘러싸여 있다. 그런 가상의 세계 속에서 인간은 자신이 처해 있는 현실의 고통을 잠시 잊는다. 아찔한 현기증 속에서 웃을 수 있는 것도 현실의 세계를 떠나 있다는 본능적 탈출욕구가 잠재하고 있는 것인지 모른다. 에버랜드 내에 인간의 얼굴표정을 따라 해 보라는 코너가 있었다. 화면 앞에 서면 재미있는 얼굴 표정이 화면에 그려진다. 보는 사람도 없고 앞에 자신의 얼굴을 비춰 볼 거울도 있으니 사람들은 한 번 따라해 본다. 화면의 원시인이 하라는 대로 입도 내밀어 보고, 혓바닥 길게 내밀어 꼬아 본다. 거울을 보고 잘 안 됐다 싶으면 다시 한 번 시도해 보기도 한다. 그리고 난 후 그 다음 코너로 굽어 들어가면 바로 앞서의 거울 뒤에 자신이 선다. 그리고는 깜짝 놀란다. 그 자리에서는 그 거울 앞에 보이는 것이다. 뒷사람들은 그것도 모르고 계속 그 화면의 원시인 표정을 따라 한다. 그 모습을 보고 떠나지 않고 연신 재미있게 웃는 사람들, 바로 직전에 자신이 그런 웃음거리가 되었던 것도 다 잊어버리고 말이다.

사실 에버랜드만이 그런 것이 아니고 이 세상 전부가 그런 허위와 가식 그리고 남들의 비하 속에서 자신의 즐거움을 찾는 그런 세상이다. 그런데 '얼굴표정 따라 하기 코너'가 그런 세상의 비하와 그 속에서 자신의 쾌락을 찾는 사회가 우리가 살아가고 있는 사회임을 숨기고 또 잊게 해 준다.

또한 놀이동산에서 현기증의 고통을 돈을 내고 겪어 본다는 것은 현실세계에서 스스로가 노동의 고통에서 돈을 얻는 그런 행위를 역으로 정당화시킨다.

보들리야르Baudrillard는 『시뮬라시옹』 속의 디즈니랜드 분석에서 여가 속에서 사회의 모습이 가상적으로 반영되고 그것은 부정적 효과를 동반하고 있다고 한다. 여가 속에서 사회의 실제 모습이 숨겨진다는 것이다. 스포츠가 사회적 모순, 즉 사회적 갈등과 노사갈등 등을 계급이나 사회적 차원의 갈등이 아닌 '동료들간의 갈등'으로 전환시켜 실제 사회의 갈등을 감추듯이, 미국의 디즈니랜드는 미국 자체가 디즈니랜드임을 숨기는 역할을 한다는 것이다. 마치 사회가 감옥 같은데 감옥이 존재함으로써 사회가 감옥임을 잊게 만드는 것과 마찬가지이다.

> **보들리야르Baudrillard (1929~2007)**
> 프랑스의 문화이론가·철학자·사회학자. 대중과 대중문화, 미디어와 소비사회이론으로 유명하다. 현대인은 물건의 기능보다는 기호를 소비한다고 주장하였고, 모사된 이미지가 현실을 대체한다는 시뮬라시옹Simulation 이론을 제창하였다.

디즈니랜드는 모든 종류의 얽히고설킨 가상세계들의 완벽한 모델이다. 해적, 국경선, 미래세계 등이 상상세계인 것 같지만 역시 군중들을 끄는 것은 틀림없이 상상보다는 훨씬 더 이것이 사회의 축소판이라는 사실이다. 실제 '미국사회가 가하는 통제' 그리고 그 사회가 제공하는 기쁨을 축소시켜 경험하는 데서 오는 근엄한 즐거움이다.

미국의 디즈니랜드

    정치인의 섹스 스캔들의 호들갑은 섹스 산업의 번창을 잠시 잊게 해 준다. 워터게이트 사건에서 나타난 정치적 도덕성은 잠시 정치의 비도덕성을 잊게 해 준다. 그런 원리들이 놀이의 요소에도 내재해 있어 세상의 진실을 가리는 것이다.
    이렇게 현기증과 그것이 추구하는 가상 세계가 놀이에서 판치게 되고 그것이 극단으로 가면 결국 인간은 타락할 수밖에 없다. 그 현기증과 가상을 극대화시키는 가장 훌륭한 도구인 마약이 그 마수를 뻗치고 기다리고 있기 때문이다. 이전의 현기증적인 놀이가 인간의 정신에만 영향을 주었다면 이제 마약은 인간의 정신과 육체를 동시에 망가뜨린다. 현기증을 추구하는 놀이가 육체에서 그나마 희생기반을 찾을 수 있었다면 마약은 이 모든 것을 통째로 빼앗아 버리는 것이다.

기호가 사람들의 생활을 지배한다

　　아도르노는 개인성의 환상을 심어 주는 표준화된 문화 산물을 노동이라는 사회적 과정과 연관지어 설명함으로써 여가문화와 사회간의 관계를 분석한다. 대중음악은 집중해서 들을 필요가 없다. 시청자나 청취자는 집중을 요구하지 않는 오락에 의해 현실의 구속으로부터 벗어나 기분전환을 한다. 이미 현대사회는 '노동요'에 의해 노동의 힘을 얻는 것이 아니라 노동의 성격과는 정반대로 정신을 혼미하게 하는 퇴폐적 음악에 의해 기분전환을 하고 거기서 노동의 힘을 얻는다는 것이다.
　　이러한 기분전환의 가능성은 노동의 합리화, 기계화의 과정에 따른 실업의 공포와 불안, 소득상실과 전쟁의 공포가 오락 속의 비현실적인 것과 관련되어 있음을 말해 주고 있다. 긴장과 권태로 인해 노동자들은 자극을 원하게 되고 대중음악은 그런 심리를 충족시켜 줄 문화 산물들을 적절히 제공하고 있는 것이다. 그래서 현대의 여가는 새로운 것을 찾지만 노동에서의 긴장과 권태가 여가를 통해 새로운 경험을 하려는 노력을 거부하게 하는 경향도 또한 존재한다. 여가를 넓고 자유롭게 향유하려 해도 실제로 그것이 자신의 노동에 부담이 된다고 생각하기 때문에 거창한 여가는 생각하기 어렵다.

그렇다면 자신의 노동에도 부담되지 않으면서 현실을 벗어날 수 있는 방법은 없을까. 우리는 그런 모순의 해결지점을—물론 또 다른 모순의 시작이지만—현대의 MTV 산업 성장에서 볼 수 있다. MTV는 육체적인 과도한 칼로리 소비도 없으면서 여가를 즐기는 동안 현실을 떠난 이미지의 세계에서 자유로움을 만끽할 수 있다. 그리고 바로 이런 MTV 산업으로부터 우리는 현대사회의 포스트모던한 특징을 추출해 낼 수 있다.

MTV를 분석한 대표적인 학자인 카플란은 미국의 음악채널인 MTV의 분석을 통해 이미 텔레비전의 시작으로 예고되었던 기호조작에 의한 포스트모던 문화가 MTV라는 특수한 텔레비전 방송 형태를 통해 두드러지고 있다고 주장한다. MTV는 24시간 연속으로 방영되는데 길어야 4분짜리 짤막한 록 비디오 클립의 연속적인 흐름으로 이루어져 있다. 이 같은 록 비디오는 처음에는 록 가수들이 취입한 디스크의 판촉용이었다고 한다. 그것은 스타일과 생산방식에서 광고와 상당히 유사한 모습을 보였는데 이제는 그 자체가 하나의 상품이며 문화형태로 자리잡게 된 것이다.

MTV는 일반적으로 다음과 같은 특징을 갖는다. 우선 MTV에는 인과적 이야기 서술에 따르는 이미지 연결방식과 시간–공간의 연속성을 파괴하는 등 인과적 설명의 노력이 전혀 없다. MTV 화면은 순간순간의 이미지만을 보여 주지 그것이 무엇을 뜻하는지 어떤 메시지가 있는지 알 수 없게 되어 있다. 이런 이미지의 연속 때문에 보여 주고자 하는 대상들이 분명하게 드러나지 않는다. 아직까지 한국의 뮤직비디오는 어떤 이야기를 담으려 하고 가사의 내용과 연결시키려 한다는 점에서 미국 MTV의 뮤직비디오와 차이가 있지만 점차 한국의 뮤직비디오도 이런 이미지와 이미지의 연결로 점차 이행해 가고 있는 모습이 뚜렷하게 나타나고 있다.

또한 MTV는 관객을 계속적으로 탈중심화하는 효과를 갖고 있다. 각 비디오 토막은 위치도 확실치 않고 완결된 이야기도 아닌 것이 대부분인데 이것은 곧 이어 새로운 내용의 다른 이미지의 토막으로 이어져서 중심이 되는 내용 없이 지속적으로 탈중심화를 야기한다. 그리하여 폐쇄되고 완결된 이야기로서 얻게 될 만족스러움을 다음 비디오에서 충족될 것으로 기대하게 하며 계속해서 그 충족의 기대를 유예하는 방식으로 수용자를 MTV 화면에 종속시켜 놓는다는 것이다. 즉 MTV는 분산된 자아의 상태에서 통합된 자아로 가려는 사람들의 무의식적 욕구를 지속적으로 자극시킴으로써 시청자를 유인하고 있다는 것이다.

포스트모던 문화의 특징은 흔히 '위치지움 positioning의 결여'라고 한다. 위치지움을 거부하는 문화는 그것이 지시하는 대상에 대한 인과적 설명이 부재한다든가, 명백한 의미를 전달해 주지 않고 애매하게 남겨 둔다든가 하는 등의 서술방식을 갖고 있다. 그래서 보여 주는 대상이 어떤 성격을 갖고 어떤 의미를 갖는 것인지를 지적해 주는 '위치 갖기'를 거부한다. 그래서 인간 스스로도 자신의 주체를 나름대로 구성하려는 작업을 의도적으로 회피한다. 이것은 때때로 스스로의 인생을 생각하기 싫어하고 자신의 중심을 찾기도 싫어하면서, 단지 외부에서 주어지는 즐거움과 쾌락이라는 것에 집착하게 함으로써 정신분열적 상태에 빠져 버리게 하기도 한다. 마치 MTV의 화면이 정신분열증 환자 두뇌의 영상을 담고 있다는 것을 잘 알고 있는 것처럼.

이로써 MTV는 이제까지 우리가 경험한 텔레비전보다 위치의 탈중심화가 훨씬 심한 포스트모던 문화의 전형이라 할 수 있다. 이처럼 포스트모던 문화는 탈중심화의 효과로 정신분열적 상태를 유지시키고 허구와 현실 사이의 구분을 흐리게 한 후, 계속해서 겪게 되는 자아의 불만족스러운 경험을 충족되지 않은 욕구의 상태로 남겨 둠으로써 끊임없이 그 욕구의 충족을 추구하도록 만든다는 것이다.

이제 이 욕구충족을 위한 끊임없는 소비는 무한대로 생성되고 소멸되어 간다. 이러한 기호의 지배가 사람들의 생활에서도 이전의 생활방식의 일대 변혁을 가져온다. 문화산업에 의한 지배와 영향으로 사람들의 생활에서 노동과 여가의 두 가지 생활 패턴에도 엄청난 변화가 생긴다. 일반 노동자들은 문화 산물을 구매하기 위해 초과노동을 불사함으로써 노동력 착취는 더욱 심화된다. 노동자들은 소비력 증진을 위해, 이전보다 더욱 자발적으로 임금취득을 위해 노동조건의 희생을 감내하는 것이다. 노동자들은 노동으로부터 여가로의 전환을 통해 생활에 새로운 활력을 넣어 보려 하지만 결국 그러면 그럴수록 노동영역에 더욱 종속되는 결과만이 초래될 뿐이다. 노동시간과 노동 강도가 자발적으로 그리고 강제적으로 강요되면서 노동자들은 문화소비에 대한 욕구만이 남아 있을 뿐, 이를 주체적으로 소화할 만한 시간과 화폐와 공간을 갖지 못하게 된다. 이로써 지극히 수동적인 소비의 문화물에만 접근 가능하게 되고 그것이 대중매체의 엄청난 성장의 핵심동인이 되었다. 결국 대중매체는 수동화된 개인, 그래서 개인주의화할 수밖에 없는 개인을 그들의 자양분으로 삼고 있는 셈이다. 동시에 이런 현상이 대중매체가 끊임없이 양산하는 기호의 세계가 일방적인 지배를 하도록 허락해 준 사회 경제적 배경이 되기도 했다.

또한 문화상품의 대량보급은 이전에 특권계급에게서만 향유되던 문화 산물이 사회의 모든 계층에 쉽게 퍼져 나감으로써 문화소비를 통한 민주화의 효과를 대중들에게 심어 줄 수 있으며, 또한 아도르노도 언급했듯이 현실의 구속으로부터 벗어나 기분전환을 할 수 있게 한다. 이로써 문화산업은 민주화에 기여한다는 이데올로기를 늘 재생산한다. 예를 들어 클래식이나 오페라와 같은 공연이 대중매체를 통해 생산되는 것, 그리고 다양한 여가문화의 상품화에 따른 가격경쟁으로 인해 생겨난 특권층 여가의 소비대중으로의 확대가 대표적인 문화 산물의 민주화를 허구적으로 경험하게 했다. 그래서 이런 여가와 문화상품의 대중화는 한편으로는 '여가의 민주화' 과정일 수 있지만, 다른 한편으로 민주화의 본질적인 모습을 가리고 또 무관심하게 하는 양면성을 지니고 있는 것이다.

과연 인간의 삶의 질은 향상되었는가

현대사회에서 사람의 삶은 얼마나 향상되었는가? 교과서에서도 물질적 기준과 정신적 기준에 따라 삶의 향상에 대한 평가가 서로 다르게 나왔듯이 이런 문제는 어떤 하나의 틀로서 판단할 수는 없다. 예전에 비해 이용할 자원의 양으로 따지자면 엄청난 발전을 했지만 자원분배의 차원에서 보면 비관적이다. GNP나 GDP 같은 경제성장 지표로 보자면 엄청나게 발달했지만 전세계적으로 난민이나 유혈폭동은 더 증대되고 있다. '무시당하기 싫어하는 성품'과 '좀더 편안히 잘살아 보려는 성품'이 인간의 본능이라면 이런 세계사의 모순된 경향도 항상 서로 평행을 달리는 레일처럼 계속 갈등하면서 지속될 것이다. 소유욕은 가득하지만 양보심은 없는 세계사의 조류와 그와 똑같은 생리를 가진 인간이 세계사를 형성하고 있다는 것은 지극히 당연한 일일지도 모른다. 이렇게 서로 모순된 현실이 이 사회를 지배하고 있는 이상 어떤 하나의 현상도 단색의 물감으로 색칠하려는 의도에 대해서는 의심의 여지가 충분하다. 인간 삶의 향상을 도표로 나타냈을 때, 그 많은 자료들을 다양한 시각으로 바라보지 않는 이상 '그냥 속고만 살기' 쉽다.

가장 많이 인용되는 인간 삶 향상의 지표는 경제성장률과 노동시간, 임금상승률 등이다. 워낙 눈에 띄는 인간생활의 향상지표이기 때문에 이는 당연한 것으로 인정된다. 2차 대전 후 세계경제―물론 선진국이나 일부 개발도상국에 해당되는 이야기지만―가 지속적으로 성장해 온 것은 모두가 다 아는 사실이다. 경제성장은 많은 영역에서 인간의 삶에 풍요를 제공해 준다. 의식주의 해결, 편안한 생활환경, 그리고 재미있는 많은 것들을 제공해 주었을 뿐만 아니라 노동시간도 단축시켜 주었다. 인간의 삶에서 피곤한 노동이 줄어든 것은 얼마나 다행인 일인가. 여가시간이 늘어나면서 자기가 하고 싶은 놀이를 마음껏 할 수 있게 되었다. 임금도 계속 증가해 왔다. 사고 싶은 것을 더 많이 살 수 있고 축적한 부를 자랑까지 할 수 있게 되었다. 이러한 인간의 삶의 진전에 가장 많이 기여한 것은 현대 과학기술의 발달이다.

이제 이런 경제발전의 측면을 다른 시각에서 한 번 보자. 경제성장률은 그 구성요소들로 무엇 무엇이 있을까. 그리고 경제성장은 과학기술에 의해서만 가능했을까. 그리고 그 과학기술은 어떤 역할을 하면서 경제성장에 개입할까? 그리고 구체적으로 인간 삶에 어떤 변화를 가져왔을까? 과학기술이 현대인간의 삶에 가장 큰 변화를 가져온 것은 대중매체와 자동차문화라고 할 수 있다. 어릴 적부터 아이들은 TV의 '뽀뽀뽀'를 보며 자란다. 엄마보다 '뽀뽀뽀'를 더 좋아하는 아이들은 광고를 보느라 정신이 없다. 짧은 컷이 연속되는 광고를 보며 스스로 소비자로서 훈련받는다. 그리고 컴퓨터에 파묻히기도 하고 비디오를 보기도 한다. 그러면서 운동부족으로 비만해지고 나빠진 눈 때문에 안경도 쓴다. 배울 것은 많아지고 취직도 해야 하고 경쟁도 심해지면서 교육도 잘 받아야 한다. 회사에 들어가서는 컴퓨터에 매달려야 하고, 일을 하다 보면 몸이 상하는 줄도 모른다. 병에 걸리면 치료도 받아야 하고 이제 약도 항시 복용해야 한다. 병원도 더 많아진 환자를 치료하기 위해 더 많이 지어져야 하고 의료시설도 향상되어야 한다. 성인이 되어서는 대중교통도 불편하고 시간에도 쫓기기 때문에 자동차도 한 대 있어야 한다. 그러나 잦은 고장 때문에 서비스공장에도 들락날락하고 주유소에서 기름도 넣어야 한다.

이제 단편적으로 본 사람들의 일상을 경제로 양화시켜 보자. 차세대 TV인 HDTV 생산은 앞으로 유망한 경제성장의 견인차 역할을 할 것이다. TV로 인해 나빠진 눈을 정상적으로 복구하는 안경 산업도 발달할 것이다. 자동차를 굴리면서 자동차가 자주 고장나고 사고도 가끔씩 일으키니 수리공장에도 가야 하고 보험금도 내야 한다. 그래서 수리 서비스공장은 한정 없이 늘어나고 보험회사는 성장한다. 이 모두가 경제성장률을 높이는 큰 역할을 해낸다.

그러나 TV가 없었다면 어떻게 될까. 눈이 그렇게 나빠지지 않고 안경 산업이 발달하지 않는다면 인간사회는 발달하지 못할 것인가. 대중교통수단이 발달하고 직장이 근처에 있다면 자동차에 그렇게 신경 쓸 이유도 없다. 자동차에 오래 앉아 있지 않고, TV도 오래 시청하지 않고, 적절한 여가와 휴식과 운동을 취하고, 육체적 정신적 조화를 추구했다면 그렇게 급격한 의료산업의 발전이 초래될 이유도 없다. 그리고 자동차상품에는 교통수단이 아니라 인간의 위세를 과시하는 또 다른 기능이 덧붙고, 안경 산업도

시력교정이 아니라 미관상의 역할을 하면서 그 본래의 기능을 뛰어넘으며 자기 유지적인 성격을 띤다. 현대사회에서 디자인이 위력을 떨치는 것도 모두 이런 상품의 실제 기능성과는 거리가 멀어져 가고 있음을 잘 보여 주는 사례라 하겠다. 상품 자체는 이제 실생활에 실질적인 도움을 주는 유용성과는 별 관련 없어지고 점차 개인생활의 편안함과는 멀어진다.

그럼에도 이 모든 산업부문의 성장은 모두 경제성장률에 포함되어 인간의 삶의 향상을 지시하는 표준어가 된다. 산업사회 발전의 부작용을 치유하는 과정에서 생겨난 그 많은 산업부문도 그리고 인간생활에 그다지 필요 없는 허세욕구도 모두 경제성장률을 높이는 데 한몫을 하게 되는 것이다. 이들 부문의 급성장에는 예외 없이 과학기술이 그 중심적 역할을 해냈다는 것은 두말할 나위가 없다. 이것을 거꾸로 보면 산업화에 따른 사회적인 문제가 많아질수록 그리고 사람들의 위세욕구가 많아질수록 경제성장의 가능성도 그리고 과학기술의 발전도 향상된다는 역설이 성립 가능하다. 최근의 유망하다는 환경산업도 결국은 인간의 산업발달이 초래한 부작용을 치유하기 위해 등장한 산업에 불과하다. 이러한 환경산업에 필요한 최첨단 생명공학과 화학공학이 현대 과학기술발달에 큰 공헌을 하면서 경제는 성장하고 과학기술도 발전하는데, 그럼에도 내 주머니 사정이나 나의 물질적인 생활은 별반 나아지지 않는다는 느낌을 갖는 것은 왜일까? 그 이유는 성장의 허구성 때문이다.

이제 노동시간의 감소가 과연 순수한 지표인지를 보자. 노동시간이 축소된 것은 누구나 인정한다. 그리고 이것이 인간의 삶에 큰 진전인 것은 확실하다. 일일 12시간, 10시간, 8시간 노동제가 인간의 삶의 향상이고 역사

발전의 한 지표라는 것은 노동운동이 잘 증명해 주고 있다. 현재도 이런 역사발전의 과정은 계속 진행되고 있다. 그리고 그것은 분명한 효과를 가지고 있다. 그렇지만 그 효과를 단선적으로 받아들여서는 안 된다. 시야를 넓혀서 보면 약간 다른 추세를 발견할 수 있다. 어느 나라나 비슷하지만 여기서는 일본의 경우를 예로 들어 보자. 장시간 노동으로 유명한 일본이 80년대 이후부터는 노동시간이 지속적으로 감소하고 있다. 과학기술이 발달하고, 작업장에서는 이전보다 노동력이 크게 필요하지 않게 됨에 따라, 그리고 일본의 노동운동이 노동시간 단축요구를 지속적으로 전개함에 따라 노동자의 노동시간이 감소되는 추세에 있다. 그런데 개별노동자의 평균노동시간이 아니라 가구당 노동시간의 추세를 들여다보면 정말로 노동시간이 순수하게 감소했는지에 대해서는 의문이 든다. 왜냐하면 개인노동시간은 감소하는 데 비해 가구당 노동시간은 감소하지 않고 있기 때문이다. 왜 가구당 노동시간은 줄어들지 않았을까.

  노동시간은 노동자에게만 국한되어 통계가 작성되기 때문에 만약 한 집에서 임금노동을 하는 사람과 하지 않는 사람이 있으면 임금노동자만이 노동시간통계에 산입된다. 그래서 대체로 남성가장노동자들은 이전에는 피부양가족을 부양하기 위해 장시간노동도 감수했다. 그러나 여성노동인구나 젊은 층이 경제활동인구로 대거 참여하면서 가장의 노동시간은 줄어들수 있었지만 반대로 임금노동이 아내나 아이들에게로 확산된다. 이것을 가족이 아니라 한 사회를 단위로 가정해서 보자. 만약 인구가 10명인 마을에서 임금노동을 하는 사람이 5명이 있고 이들이 각각 일일 10시간씩 노동을 하면 이 마을 노동자들이 개별 평균임금노동시간은 10시간이지만 전체 마을의 임금노동시간 전체는 50시간이 된다. 그런데 인구 10명 중 9명이 임금노동을 하고 이들이 각각 8시간씩 임금노동을 한다면 개별 평균임금노동시간은 8시간으로 줄어들지만 전체 마을구성원의 임금노동시간은 72시간으로 크게 늘어난다. 이렇게 전체 임금노동시간이 늘어났음에도 불구하고 한 사람의 일일 평균노동시간이 줄어든 것을 노동시간이 줄어들어 삶의 질이 향상되었다고 볼 수 있는가?

자본주의는 영세 자영업자를 몰락시키고 농업인구도 흡입하고 가정에 있는 여성도 작업장으로 끌어내면서 임금노동의 범위를 확대해 왔다. 그래서 어느 자본주의 국가를 막론하고 임금노동자는 지속적으로 증가해 왔다. 이것은 가족 내에서 여성의 역할이 변화한 과정을 보면 잘 확인할 수 있다.

이전에 여성은 육아와 남편 뒷바라지, 집안의 허드렛일을 위해 가사노동을 해야 했다. 기업의 고용흡수력도 지금처럼 광범하지 못했기 때문에 남자는 기업에서 임금노동을 하고 여자는 집안일을 하는 서로 보완적인 관계를 맺어 왔다. 대부분의 중심 노동자들은 가구주인 남성노동자들로 구성되어 있었다. 그러나 노동시간 단축운동과 중심노동자들의 임금상승으로 기업은 임금비용이 증대한다. 그리고 과학기술이 발달함에 따라 힘들고 어려운 일들은 기계가 맡아하는 부분이 증대하면서 비육체노동이 증대하게 된다. 또한 가사서비스업이 발달함에 따라 세탁이나 청소, 육아부문이 기기와 서비스에 의존할 수 있게 되었다. 이렇게 되면 여성 스스로도 증대하는 가사서비스를 구매하기 위해 임금노동을 해야 할 필요성을 느낀다. 가계유지비가 이전보다 더 많이 들어가기 때문이다. 그리고 기업의 측면에서도 자동화에 따라 주변적인 부분이 증대하면서—기업 쪽에서는 공정상 또는 업무상 중요한 부문을 우선적으로 자동화시키기 때문에—파트타임과 임시직 같은 여성선호의 업무를 많이 만들어 낸다.

이러한 많은 요인들이 여성이 임금노동을 할 수 있도록 하는 조건을 제공해 주었고 이것이 여성의 임금노동참여율을 크게 높인 결과를 가져왔다. 이러한 여성의 임금노동참여율 증대는 출생률 감소에도 영향을 미친다. 임금노동을 해야 하기 때문에 집안에 육아를 위한 시간투자는 그만큼 적어야 한다. 당연히 가사서비스산업이나 육아서비스업이 발달한다. 그래서 가계비용이 더 필요하고 이를 위해 임금노동시간에 더 투자해야 한다. 이를 위해 또 출생률을 낮추어야 하는 상호작용이 지속된다. 결국 가족계획 홍보가 출생률을 감소시킨 것이 아니라 여성의 임금노동화가 출생률 저하의 주원인으로 작용하게 되는 것이다.

여성이 임금노동에 참여함에 따라 가족 내에서 남성과 여성은 서로 보완적인 관계에서 대체적인 관계로 변화한다. 이전에 여성은 가사 일을 하고 남성은 바깥에서 돈을 벌어 오는 상호보완적인 관계였지만, 여성도 돈을 벌어 오기 시작하면서 가정 내에서 가사노동이 여성의 임무라는 고정 틀이—물론 그 과정은 느리지만—깨져 간다. 이런 현상은 바로 기업이 여성을 임금노동자로 받아들이면서 초래한 결과물이다. 그러나 여성노동자는 파트타임이나 임시직, 파견노동처럼 정상적인 고용형태가 아닌 경우가 많다. 그래서 임금도 적고 노동시간도 적다. 그런데 이들 여성노동자의 적은 노동시간도 임금노동자의 노동시간평균을 산정할 때에는 포함된다.

이렇게 보면 노동시간이 줄어드는 현상이란 남성노동자들의 원래의 노동시간 감소에다 여성노동자들의 불완전취업에 의해 생겨난 노동시간 감소가 복합되어 나타난 결과이다. 반면 이전에 비해 가구당 노동시간은 별반 감소하지 않는다. 여성이 이전에는 임금노동을 하지 않다가 노동자로 편입되면서 주부의 노동시간이 이전에 가장 행했던 노동시간에 덧붙여지는 것이다. 이렇게 되면 고용불안정화가 확산됨에도 불구하고 노동시간 지표는 감소하는 것으로 나타날 수밖에 없다. 노동자의 상태를 재는 잣대인 노동시간 통계추이에서 가구당 노동시간이 별반 고려되지 않고 자주 생략되는 이유가 여기에 있다. 반면에 가구당 임금증가율 자료는 우리 눈에 자주 보인다. 노동시간이 줄어든 것은 사실인데도 그것이 사람들의 일상생활에 유익하게 와 닿지 않는 이유도 바로 우리 가정의 전체적인 여가시간이 늘어나지 않았기 때문이다. 오히려 여성과 남성 사이의 가정 내 역할분담이 약화된 것은 물론이고 아내와 자식도 모두 임금노동에 편입되면서 생활 사이클도 각각 달라져 가족 내 커뮤니케이션이 약화되는 부작용을 경험하게 된다.

    결국 경제성장을 물질의 향상이란 측면에서 평가하고, 그리고 노동시간이나 임금을 노동자생활의 향상이란 측면에서 그대로 평가해 준다고 하더라도 이들 현상들을 긍정적으로 평가내리기에는 너무 많은 장애들이 곳곳에 포진해 있다. 어떤 모순의 해결은 단순히 그 해결된 범주만을 보면 진전된 것이라고 평가할 수 있지만 그 모순이 다른 곳으로 이전되어 더 심화되는 경향도 또한 존재하는 것이다. 처음의 순수한 경제성장도 이후에는 경제성장의 문제점이 경제성장을 높이는 요인이 되었듯이, 그리고 남성 노동시간의 감소가 여성 노동시간의 증대로 이전되었듯, 어떤 하나의 사회현상을 그 범주와 관련되는 파급분야까지 넓게 포괄하지 않으면 자칫 우물 안 개구리의 눈을 스스로의 시각으로 삼을 위험성은 언제든지 존재한다.

원시사회가 현대사회보다
더 풍족했다

　유사 이래로 인류가 발전과 진화를 거듭해 왔다고 하지만 인류의 불평등과 인류의 사회적 문제를 기준으로 보면 인류의 발전은 진정한 발전이라고 할 수 없다. 경제발전의 징표라고 생각할 수 있는 국민총생산이 지표도 앞서 살펴보았듯이 허구적인 것이다. 경제발전을 이끌어 온 자동차라는 것도 실상 모여 살던 인간이 떨어지고 그래서 서로 연락하거나 일하려고 하면 이동이 많아지고 그러면서 자동차가 필요하게 되었다. 보험 산업도 이런 이동이 잦아져 사고가 많아진 까닭에 급성장하였다. 요즘 멋으로 쓰는 안경 산업의 경우도 텔레비전이나 컴퓨터 같은 눈을 혹사하는 상품이 없었다면 그리 번창하지 못했을 것이다. 그래서 부실 공사된 철교를 보수하도록 하청받은 기업이 그 공사를 벌이면서 벌어들인 돈도 GNP 증대에 큰 보탬이 되고, 삼풍백화점 사고로 폭삭 주저앉은 잔해 철거를 하는 비용도 모두 기업체의 매출액으로 추산이 되어 GNP 목표 달성에 기여하게 된다.
　이런 사실에도 불구하고 여전히 현대사회가 이전보다 더 잘살게 된 사회란 것을 주장할 수 없는 것은 아니다. 우리가 즐기고 소유하고 싶은 것들을 다 소유해 보지는 못하지만 돈만 있으면 내 것이 될 수 있다. 그래서 현대사회 전체로 보자면 당연히 원시사회보다 더 발전했다고 말한다. 물론 생산력의 측면에서만 보자면 현대사회는 원시사회와 비교할 수 없이 발전한 것은 사실이다. 자본주의 생산력에는 자본주의 붕괴를 예언한 마르크스조차 그 놀라움에 고개를 흔들 정도이다. 그러나 경제는 생산체제만 있는 것은 아니다. 생산과 분배가 경제발전의 두 고리를 형성한다면 분배 측면에서 보았을 때 쿨라kula 제도를 보면 그 이유가 잘 드러난다.

호주 북동쪽에 자리잡은 트로브리안드 섬들의 문화는 서로 연관성을 가지지만 언어는 서로 판이하다. 그러나 이들 섬은 수백 킬로미터의 의례적 교환을 위한 거대한 환環 속에 서로 결합되어 있다. 그 의례적 교환은 두 종류의 의식용 물건을 통해 이루어지는데 그것은 목걸이와 하얀 조개팔찌이다. 목걸이를 주면 상대방은 그 대가로 조개팔찌를 준다. 이렇게 이 두 물건을 교환하는 상대자가 쿨라 상대가 된다. 이들에게 이 두 가지 물건은 가장 가지고 싶은 가치재이다. 만약 누군가가 보통보다 훨씬 좋은 조개팔찌 한 쌍을 가지고 있으면 그것의 명성은 다른 사람에게까지 퍼져 나간다. 특히 각자의 손을 거쳐 가는 가치재의 명성이 높을수록 그리고 가치재의 수가 많을수록 그 사람의 위세는 높아진다.

이러한 쿨라는 가치재를 통해서 자신의 위세를 획득한다는 점에서 소비를 통해 위세를 과시하는 현대의 위세 획득과 비슷해 보인다. 그러나 여기에는 중요한 차이점이 있다. 쿨라에서는 가치재를 자신이 평생 가진다거나 또는 오래 보관하고 있다거나, 많이 사용한다거나 하는 것과는 전혀 관련이 없다는 것이다. 오히려 그렇게 할 경우에는 위세획득을 하지 못하는 꼴이 되고 만다. 각자의 손을 거쳐 가는 것 자체가 중요하며 상대에게 가치재를 전달해 줌으로써 자신의 위세가 드러나기 때문이다. 결국 원시사회에서는 가치재가 비록 제한되어 있지만 많은 사람들이 이를 공유하고 소유해 보는 기회를 가짐으로써 소수의 가치재로 많은 부를 형성할 수 있게 된다. 결국 아무리 많은 가치재를 생산해 낸 현대라 하더라도 자신이 그 가치재를 평생 소유해야 한다는 사유재산의 윤리가 있는 이상 부의 자긍심은 일부의 인간에게만 적용될 뿐이다. 반면 원시사회의 경우에는 소유한다는 것은 다른 것들과 관계를 맺음으로 말미암아 가치가 주어지게 된다. 보들리야르의 언급을 통해서 이를 한 번 확인해 보자.

원시사회에서 권력의 원천이 되는 축적은 존재하지 않는다. 증여와 상징적 교환의 경제에서는 적은 양, 또는 유한한 재화만으로도 보편적인 부를 만들어 내기에 충분하다. 왜냐하면 그 재화들은 어느 사람에서 다른 사람에게로 끊임없이 이동하기 때문이다. 부는 재화 속에서 생기는 것이 아니라 사람들의 구체적인 교환 속에서 생긴다. 따라서 부는 무한하게 존재하는 것이 된다. 왜냐하면 제한된 수의 개인들 사이에서도 각 교환의 순환마다 교환된 사물에 가치가 부여되므로 교환의 순환은 끝이 없기 때문이다. 원시사회에서 교환의 경우에는 각각의 관계가 사회적 부를 증가시키는데 반해, 현대의 차별 사회에서는 각각의 사회관계가 개인의 결핍감을 증대시킨다. 왜냐하면 소유되는 모든 면은 다른 것들과 비교해서 상대화되기 때문이다.

결국 절대적인 부의 생산은 원시사회가 턱없이 적지만 스스로의 관계 속에서 그리고 교환 속에서 부의 가치를 무한히 증대시킬 수 있고 그 부를 공유할 수 있다는 점에서 현대사회보다 더 풍족한 생활을 영위한 셈이 된다.

다섯째 마당

문화와 경제발전

인간은 원래 게으른 존재다

　만약 지금 당신에게 10억의 돈이 있다면 무엇을 할 것인가. 〈돈을 갖고 튀어라〉란 영화도 있긴 하지만 대부분의 사람들은 어떻게 하면 그 돈을 쓸까에 관심이 있다. 조금 더 나가서 그 돈을 어떻게 불릴까를 고민한다. 그런데 그 돈을 불리는 데 있어 공통되는 것은 일단 공장을 짓는 사업 같은 것은 하지 않겠다는 것이다. 돈이 많은데 뭐 하러 힘들게 사느냐는 것이다. 편리함을 추구하는 인간이면 당연하다. 사실 인간은 원래 힘든 것보다는 편안한 것을 추구한다. 중세 말기에 수공업공장에 성과급을 도입해 보았지만 성공하지 못했던 이유도 인간이 힘들게 일해 돈 많이 버는 것보다는 현재의 편안함을 추구하기 때문이었다. 하물며 돈이 10억이나 있는데 힘든 사업을 왜 하려고 하겠는가?

　그런데 현대 자본주의 형성 문제는 이런 아주 단순한 문제에서 출발한다. 사람들이 모두 소비만 하려 하고 생산을 통해 축적하려 하지 않는다면 자본주의는 어떻게 생겨날 수 있었을까 하는 의문이 그것이다. 자본주의는 축적을 통해 공장이 커 나가야 하고 그래서 재생산이 지속적으로 확대되어야만 한다. 그래서 자본가들은 자신이 획득한 이윤을 다시 공장에 투자해서 생산을 늘려 나가야만 성립이 되는 체제가 자본주의인 것이다. 그런데 성과급조차 따라가지 않던 중세의 인간들에게서 어떻게 이런 축적에 기반을 둔 자본주의가 형성될 수 있었을까?

이런 문제의식에 기초해서 자본주의의 윤리적 토대를 찾아 나가다 **프로테스탄티즘**의 성립과 자본주의 형성과의 연결을 밝혀 낸 것이 바로 베버였다. 프랭클린에서 루터, 칼뱅으로 이어지는 프로테스탄티즘 윤리의 핵심은 '노동관'의 변화였다. 프로테스탄티즘에서는 신에 대한 믿음과 사업상의 신용, 화폐의 축적이 서로 이반되는 것이 아니라 하나로 결합된다. 이것은 '예정설'의 등장으로 이어졌다. 성서해석상에 있어 소명Beruf을 직업으로 번역함으로써 자신의 직업에서 얼마만큼 열심히 일하고 축적하는가에 따라 그 사람이 신에 의해 구원받을 사람인지 받지 않을 사람인지가 구분될 수 있다는 것이다. 그래서 사람들은 자신이 직업에 충실했고 그 충실함의 증표는 재산의 축적양으로 잣대를 삼게 되었던 것이다. 이제 이런 예정설은 신부의 권위를 추락시킨다. 죄를 속죄하여

프로테스탄티즘Protestantism
루터, 칼뱅 등에 의하여 주도된 16세기 종교 개혁의 중심 사상. 또는 여기에서 성립된 여러 교회의 신조를 기초로 하는 교의.

주는 신부는 이미 구원이 예정된 사람들에게는 별반 필요가 없었기 때문이다. 이런 프로테스탄티즘의 성립으로 신과 인간이 직접 관계를 맺는 시대가 열리게 되었고 그것은 곧 새로운 노동관을 형성시키게 된 것이다.

구약에서 부자의 천국은 멀고먼 여정이었다. 그래서 축적을 위한 노동도 죄악이었다. 그러나 프로테스탄티즘에서는 완전히 역전되어 노동은 새로운 구원의 화신으로 떠오른다. 직업은 신의 소명이 되었고 그래서 그런 작업을 충실히 수행하고 그것에 상응하는 축적을 완수했을 때, 그는 신의 영광을 지상에 구현하고 천국의 보장을 받는 사람으로 증명된다.

사람들은 이제 자신의 구원을 증명하기 위해 자신의 직업에 충실하기 시작했고 이때부터 성과급도 효과를 발휘하기 시작했다. 게으르고 현재에 만족하던 사람들이 축적 경쟁을 벌이기 시작한 윤리적 토대는 프로테스탄티즘에서 비롯되었던 것이다. 이것이 유럽에서 자본주의를 가장 일찍 발전시킨 계기가 된다. 반면에 동양에서 자본주의 발전이 더딘 이유는 프로테스탄티즘 같은 축적윤리를 제공할 만한 사상적 기반 없이 유교적 사고방식에 갇혀 있었기 때문으로 설명된다.

그러나 과연 프로테스탄티즘이 자본주의를 창출한 것인가, 아니면 그런 자본주의가 형성되어갔던 물질적 토대가 프로테스탄티즘을 형성시키는데 일조한 것인가는 여전히 의문으로 남는다. 그 당시 유럽의 자본주의 맹아가 종교적 교의에 영향을 미쳐 프로테스탄티즘 형성에 또 다른 동기를 제공했을지도 모르기 때문이다. 때때로 이렇게 경제발전과 문화적 설명은 자칫 편의적이고 환원적인 설명방식에 빠져 들 수도 있다. 이것은 자본주의 발전의 저해요소로 간주되던 유교적 사고방식이 다시 동아시아 경제발전의 촉진요소로 등장하고 있다는 주장에서 또다시 느낄 수 있다.

문화와 발전

　일본 발전의 상징처럼 여겨지는 대표적인 기업은 도요타 자동차회사이다. 일본 경제발전의 견인차가 자동차산업이었고 그 핵심적 역할을 했던 도요타 회사를 본떠 도요타주의라는 신조어가 생기기도 했을 정도이다. 실제로 미국의 대일 무역수지적자에 대한 불평도 대부분이 일본의 자동차산업에 집중된 것이다. 일본의 대미흑자는 바로 이 도요타 회사를 중심으로 한 자동차산업에 의해 가능했다고 봐도 틀린 말은 아니다. 그래서 많은 서구의 학자들이 일본의 발전을 연구하기 위해 그 사례로서 도요타 회사를 택하고 있다. 도요타 회사는 어떻게 해서 급성장할 수 있었는가, 그리고 그 주된 요인은 무엇인가 등을 연구함으로써 일본 발전의 동력을 알아내 보려 했던 것이다. 그렇게 해서 찾아낸 것이 도요타 회사 특유의 생산방식이었다. 이를 일컬어 학자들은 도요타주의라고 했다. 그리고 도요타 회사의 도요타주의는 바로 모든 일본기업의 본질적 요소를 이루는 핵심이라고까지 생각하게 되었다.

도요타 회사는 기업경영구조를 간판방식 또는 적기생산 방식이라고 하는 경영체제를 갖추어 기업의 경쟁력을 키워 나갔다고 흔히 평가된다. 도요타 공장은 제2차 세계대전 직후 독자적으로 새로운 생산방식에 대한 개발에 착수하여 '필요한 물품을 필요한 때에 필요한 만큼' 조정할 수 있는 생산체제를 갖추게 된다. 소위 '간판방식'이라 불리는 이것은 재고를 방지하고 품종을 다양화함으로써 자동차 수요와 생산비용을 낮추는 데 그 목적이 있었다. 이런 간판방식이 가능하기 위해서는 근로자들이 적절한 훈련을 쌓아 기능을 증진시켜야 하고 언제나 생산이 가능할 수 있도록 기업체제가 갖추어져 있어야 한다. 또한 2만 종에 이르는 자동차부품을 하청업체로부터 안정적으로 공급받을 수 있는 체제도 갖추어져 있어야 한다. 이 모든 것이 도요타 회사의 경영진이나 관리자들의 생산혁신노력에 의해 가능했다.

그렇다면 도요타 회사의 발전에 원동력이 된 것을 관리자나 경영자들의 경영혁신 노력에 의한 것이라고 단순하게 볼 수 있을까. 더 크게 말하자면 일본이 급속한 경제발전을 할 수 있었던 근본 원인을 기업의 경영자나 관리자 또는 기업노동자들의 노력 때문이라고 단언할 수 있을까.

만약 미국의 경제가 지속적으로 건실했다면 일본 자동차회사의 미국 수출 길도 막혔을 것이다. 그렇게 되면 일본 자동차회사의 발전은 없다. 결국 일본 자동차회사가 성장한다는 것은 동시에 미국 자동차회사들의 경쟁력이 낙후되었다는 것을 나타낸다. 그러므로 일본 자동차산업의 발전은 미국 자동차산업의 몰락을 전제로 한다. 그렇다면 미국이 제조업에서 몰락한 근본적 이유는 무엇인가.

미국은 동서 냉전시대에 세계 여러 나라의 원조를 떠맡았다. 모두 미국편으로 만들기 위해서는 많은 달러를 제3세계 등에 원조로 제공해야만 했다. 그러나 달러가 많아지면 달러가치는 하락한다. 그만큼 달러로 살 수 있는 물건의 양은 점점 부족해지게 된다. 또한 미국은 동서냉전시대의 서방 우두머리로서 첨단군수산업에 치중해야 했다. 그 와중에 민간부문에서 경쟁력을 잃어 갔으며 오일쇼크를 겪으면서 에너지 절약형 산업에 적응하지 못해 미국은 경제적으로 하락하게 되는 것이다.

그러나 이런 미국의 행보와는 달리 일본을 보면 일본은 질 높은 노동력을 바탕으로 민수첨단산업에서 두각을 나타냈다. 그러다 세계경제가 에너지절약형 산업구조로 넘어가면서 일본의 소형화되고 집적된 상품형태가 전세계를 석권하게 된다. 여기에 일본적 생산방식인 도요타주의가 덧붙여져서 일본의 산업급성장을 이끌어 갔던 것이다. 그렇다면 이번에는 일본의 발전이 요일쇼크라든지 생산방식이라든지 산업구조라든지 화폐가치 등의 내·외부 경제적 조건에 의해 그 발전의 원동력을 얻었다고 말할 수 있는가.

이러한 설명들에는 거대한 반박그룹이 형성되어 있다. 그들은 기업가의 혁신노력이나 외부경제적인 설명보다 더 근본적인 발전 배경으로 일본의 문화를 든다. 일본의 전통적인 문화에는 무사도와 같은 신의와 집단중심주의적 분위기가 내재되어 있다는 것이다. 즉 집단주의적이고 온정주의적인 일본의 문화가 기업에도 그대로 투영되어 노사협조를 가능케 한 것이 일본 경제 성장의 밑거름으로 작용했다고 보는 것이다. 이때 일본의 문화적 요소는 일본경제성장의 근본원인이다. 간판방식 같은 기업의 생산체제에 일본노동자들이 적극 협조하고 또한 부품을 납품하는 하청업체의 노동자들도 기업에 협조적인 자세를 보이지 않았다면 도요타 회사의 생산방식운용도 원활해질 수 없었기 때문이다.

그 밖에도 노동자들이 기업의 경영혁신에 일반적으로 협조함으로써 간판방식 같은 재고품을 없애는 기업 측의 생산관리 의도가 잘 관철되도록 해 주었다. 물론 여기에는 단순히 집단주의적이고 협조적인 노동자의 모습뿐 아니라 간판방식 같은 생산경영방식을 만들어 낸 기업가나 관리자의 힘이 서로 함께 어우러져야 그 효과가 발생할 것이란 것은 사실이다.

그런데도 이런 일본 발전의 원동력으로 생각되는 문화와 생산영역 사이에 '닭이 먼저냐 계란이 먼저냐'와 같은 차원의 의문이 서로 대립하고 있다. 생산관리에 의해 일본이 발전할 수 있는 원동력을 얻었다고 주장하는 쪽은 문화에 의한 산업발전을 근거가 희박하다고 비판한다. 그 논거로서 60년대 일본의 고도 성장기에 과격한 노사분규가 있었음을 예로 든다. 과격한 노사분규 자체가 증명하듯이 노사관계에 전통적인 집단적 의식이 스며들어갈 여지가 없다는 것이다.

또한 전통적인 집단의식이 그리 지속적인 효과를 발휘하지 못한다는 것은 일본의 연공주의가 붕괴하는 것에서도 찾을 수 있다. 연공주의란 회사에 입사한 이후부터 정년이 될 때까지 고용을 보장받고 동시에 나이가 들어감에 따라 임금이 증대하는 것을 말한다. 그래서 이러한 연공주의가 경영주와 노동자 사이에 신의와 집단주의의 대표적인 사례로서 여겨져 왔다. 그러나 온정주의를 근거로 했던 일본의 연공급 임금이 최근 능력급으로 옮겨 가고 있다. 45세 이후로 줄어드는 일본의 임금구조가 이를 잘 반영한다. 그래서 이들은 일본의 발전에 있어 관리자의 힘을 극대화시키고 관리자의 교육과 능력을 중요시한다. 노동자들을 잘 훈련시키고 적재적소에 배치시키는 관리자의 힘이 기업발전의 원동력이라는 것이다.

그러나 문화를 산업발전의 원동력이라고 주장하고 싶어하는 쪽은 일본문화가 서구문화와 다른 특질을 가지고 있다는 것을 부각시킨다. 마치 베버가 유럽에서 자본주의가 일찍 발흥한 원인으로 프로테스탄트 윤리가 다른 지역보다 광범했다는 것을 들었던 것처럼 일본의 산업발전을 전체적인 사회문화 분위기에서 찾고 싶어한다. 그래서 일본기업의 전통적인 특징인 연고주의에 의한 취업, 철저한 사내 교육과 평생직장, 상하간 직급의 협조체제, 온정에 기초한 고충처리 등을 일본문화에 기초해 생성된 것으로 본다. 그래서 이들은 문화적 요소를 사례로 들어 기업외부의 요소가 기업발전에 더욱 중요한 요소라고 본다.

어떤 쪽이 옳은가. 도요타 회사 발전의 근본적인 원인은 생산관리 같은 경제적 요인 때문인가 아니면 기업외부 문화요인 때문인가. 물론 둘 다 모두 가능하고 맞는 이야기이다. 그러나 문제는 이러한 일본의 발전을 두고 식자층들이 서로 논쟁을 하면서 스스로의 견해에 집착하는 과정에서 생겨나게 된다. 경제적 이유냐 문화적 이유냐에 집착하다 보니 일본의 발전을 설명하기 위한 것이 아니라 경제적 이유와 문화적 이유 중에 어떤 것이 사회현상을 설명하는 데 올바르냐 하는 개념집착이 생기고 만다. 각각의 논리를 따로 떼어서 한 번 보자. 언뜻 보기에는 생산관리 논의가 더 설득력 있어 보인다. 그것은 직접 우리 눈에 보이기 때문이다. 생산방식을 창안해낸 사람, 그것을 운용하는 사람, 그리고 기업조직체제가 직접 우리 육감으로 확인가능하다. 그러나 이들 사람을 움직이는 것은 그 사람의 의식이다. 그래서 개개인의 정신체계를 보기 위해서는 문화요소를 도입하지 않으면

안 될 듯이 보인다. 그렇다면 과연 문화는 더 근본적인 요인인가.

여기서 우리는 다시 한 번 역사의 의미를 되새겨 보자. 역사는 과거의 사실을 집합적으로 구성해 놓은 것이기 때문에 구체적이다. 그러나 도요타 회사의 발전처럼 어떤 한 발전을 놓고 문화냐 생산관리냐를 설명하는 것은 대단히 추상적이고 개념적이다. 물론 문화와 생산관리라는 범주를 구분할 수 있게 해 주는 개념의 위력은 대단하지만 그것은 역사의 구체성 속에 대입시켜 보지 않고서는 선뜻 와 닿지 않는 탁상공론식의 이야기가 되어 버린다. 특히 문화는 초역사적인 개념으로 쓰일 때가 많다. 항상 외부에 장기적이고 고정적으로 존재하는 상징체가 문화이기 때문이다. 그래서 사회과학적 설명에는 편의적으로 도용될 때가 많다. 일본을 포함한 동아시아발전을 설명할 때 이런 설명방식이 잘 드러난다.

일반적으로 과거에 서구의 학자들은 동아시아가 발전하지 못한 이유를 유교적인 윤리 때문이라고 보았다. 서구는 프로테스탄티즘의 축적윤리가 있었지만 유교윤리에는 축적동기가 없다는 것이다. 물론 유교에서는 형식과 권위를 중요시하다 보니 실질적인 생산 활동에 위축을 받게 되었던 것은 사실이다.

그러나 60, 70년대를 거치면서 동아시아가 고도로 성장하고 일본과 NICs의 경제가 세계적으로 인정받기 시작하면서 유교적인 생활방식을 경제발전의 원동력으로 다시 주목하고 있다. 온정주의에 기초한 노사협조와 일관생산방식에 적합한 위계의식, 검소한 생활방식, 교육에 대한 열의 등이 고도성장을 촉진했다는 것이다. 특히 경제발전과정에서 필요한 정부 주도형의 경제성장에 유교적 윤리가 적절했을 뿐만 아니라 서구에서 현재 나타나는 복지국가의 폐해를 동양은 가족주의를 통해 적절히 대처해 나가고 있다는 것이다.

특히 서구의 학자들은 현재 유럽 각국과 미국이 직면하고 있는 과도한 사회보장제 실시로 인한 재정적자 문제는 가족간 유대약화로 발생했다고 해도 과언이 아니라고 단언한다. 그래서 가족의 일은 서로 책임진다는 유교적 전통을 가진 아시아지역 국가는 서구와 달리 과도한 사회보장제도를 실시할 필요가 없었고, 이것이 정부의 재정부담을 줄여 국가주도형 경제발전의 토대가 되었다는 것이다. 국가 대신 가족구성원들이 서로의 복지를 돌보기 때문에 미래에 대비하는 개인저축률도 서구보다 높고 범죄율과 미혼모 증가 등의 사회적 일탈행위도 사전에 예방할 수 있었다는 것이다. 이를테면 싱가포르와 같은 곳에서는 부모공양법이 법률로 제정되어 있다. 그 때문에 자식들은 자기 자녀뿐 아니라 부모를 공양하기 위해서도 젊어서 돈을 많이 저축해 놓아야 하는 것이 사실이다.

그런데 복잡하게도 또 다른 한편에서 또다시 동아시아는 그 자체의 문화 때문에 발전에 한계가 있다는 주장들도 나온다. 후쿠야마는 그의 저서 『트러스트』에서 정보화 사회에서 한 나라의 지속적 발전은 사회의 신뢰관계에 놓여 있다고

「트러스트」
미국의 정치학자이자 역사철학자인 후쿠야마의 저서. 후쿠야마는 이 책에서 자유주의 정치·경제 체제가 역동적인 생명력을 얻기 위해서는 윤리·도덕·협동심 같은 사회적 자본이 바탕이 되어야 하며, 이 사회적 자본의 뼈대를 이루는 것이 트러스트(신뢰)라고 주장하였다.

전제하고, 한국과 중국은 가족 이외에는 타인을 믿지 않는 폐쇄적 사고 때문에 성장에 한계가 있다고 지적한다. 점차 산업이 광범위하게 확대되고, 정보통신의 발달로 익명화의 범위가 넓어지면서 신뢰의 전사회적인 형성이 산업발전에 있어 중요해진다는 것이다. 일리가 없지 않다. 이런 후쿠야마의 논의를 따라가다 보면 오히려 가족 중심적인 사고는 이제 성장의 동력이 아니라 성장의 한계로 작용하게 된다.

이러한 경제발전과 문화의 관계를 설명하는 방식은 한국과 일본에서 논의되었던 문화와 생산과의 관련을 비교해도 확인할 수 있다. 한국은 대체로 산업화과정을 거치면서 전통사회가 해체되어 간다고 일반적으로 서술된다. 사실이 그렇다. 산업화의 물결은 점점 전통사회의 윤리를 해체하고 있는 것이다. 이것은 다른 동아시아국들도 예외는 아니다. 일본도 싱가포르도 홍콩도 모두 유교적 사고방식에서 개인주의적 사고방식으로 이행되고 있다. 자본주의가 가지고 있는 경쟁과 그것이 배태한 개인주의적 윤리를 거스르기에는 물질적 토대가 엄청나게 강한 것이다. 그러나 다른 한편으로 일본이나 동아시아의 산업화가 급속히 이루어진 것은 유교적 전통과 문화 때문이라고 설명한다. 서로 반대되는 설명방식이 동시에 한 논리 안에서 서술되고 있는 것이다.

이렇게 보면 문화요소에 대한 설명이 너무 결과에 치우친 나머지 자의적인 해석이 되고 있다는 것을 알 수 있다. 서구가 발전했을 때는 서구의 특징인 기독교를, 그리고 동아시아가 발전할 때는 갑자기 또 유교를 들먹거리는 것은 그 인과적 분석을 너무 편의적으로 상정하는 것이다. 물론 유교권 의식 자체가 다른 요인과 복합되었을 때 경제발전에 있어 상승작용과

하강작용을 촉진하는 촉매제의 역할을 했을 수는 있지만 이때도 다른 요인과의 관련을 밝혀 주어야 유교적 의식이 올바로 자리 매김될 수 있다. 문화뿐만이 아니고 정치, 경제, 가족 교육범주에 걸쳐 있는 제반 제도, 일상생활에 대한 구체적인 탐구 그리고 이들간의 상호작용에 대한 설명을 배제하고서는 문화요소를 중심으로 한 설명이든 생산요소를 중심으로 한 설명이든 일방적인 주장에 그칠 가능성이 많은 것이다. 예컨대 공동체 문화는 아시아적 생산양식이라 일컬어졌듯이 경제발전에 저해되는 요인이 될 수도 있지만, 반면 몬드라곤의 사례처럼 공동체 문화의 전통이 협동조합 결성을 촉발시켜 급속한 경제발전과 균등한 분배를 이루는 경우도 있다. 이렇듯 문화는 개별적이고 독립적인 것이 아니라 언제나 다른 제도와의 상호관련 속에서 그리고 역사적 상황과의 맥락하에서만 고찰되고 평가될 수 있는 것이다.

| 後記: 문화와 창의성 |

문화는 '다르게 보기' 다, 창의성도 '다르게 보기' 다

　웨인 왕 감독의 〈스모크〉란 영화가 있다. 자신의 담배 가게에서 동네 건달들과 어울리며 시간을 보내는 브루클린의 아마추어 사진가 오기. 어느 날 담배를 사러 온 소설가 폴에게 자신이 14년 간 찍어 온 사진들을 보여준다. 그것은 매일 아침 8시 같은 장소에서 거리풍경을 찍은 사진이었다. 그 사진은 거의 비슷하지만 매일 다른 모습들, 같은 사람들의 다른 인상들로 찍혀진다. 오기가 찍은 사진을 보며 두 사람은 친구가 된다. 그리고 폴은 오기의 사진 이야기를 소설로 쓰기 시작한다. 그 소설의 시작은 바로 이런 우리 일상의 똑같은 모습들 속에서 서로 다름을 보는 세밀함으로부터 시작된다. 평범함이란 다시 보면 늘 새로운 것, 창의적인 문화가 가득 찬다. 우리가 하찮게 보는 것, 당연한 것으로부터 모든 새로운 것은 시작되는 것이다. 단 그러한 하찮고 당연한 것을 다른 시각, 다른 관계, 다른 거리에서 볼 때 새로운 것을 찾을 수 있다.

다르게 보면 창의성이 넘친다

　영화로부터 이제 평범한 일상의 일로 돌아와 보자. 회사에 처음 들어간 당신. 누군가 선배나 상사가 커피 타 주길 명령(?)한다. 하찮은 커피 타기에 질려 버린 당신은 그날 또 하나의 스트레스를 안고 퇴근한다. 그 많은 공부와 대단한 학력으로 회사를 들어왔건만 겨우 커피 타는 일을 시킨다고?

그러나 이것도 커피맛 하나로 세계 최고의 기업가가 된 슐츠의 유명한 이야기에 견주면 무색한 불평이다. 스타벅스의 성공신화는 뉴욕 빈민가 태생인 하워드 슐츠에 의해 이룩됐다. 대학졸업 후 대기업에서 일하던 하워드 슐츠는 1982년 평범한 커피체인점에 불과했던 스타벅스 매장에서 맛본 '원두커피'에 반해, 대기업 부사장직을 버리고 스타벅스 마케팅부문 책임자로 합류했다. 슐츠는 스타벅스 합류 3년 후 "사람들이 커피 한 잔과 더불어 편하게 토론하고 재즈를 들으며 쉴 수 있는 오아시스를 창조하겠다"는 낭만적인 꿈을 실현하기 위해 스타벅스를 박차고 나와 '일 지오날레'라는 커피전문점을 창업했다. 꿈을 실현하려는 그의 의지는 여기서 그치지 않았다. 슐츠는 242회에 이르는 투자 설명회 끝에 투자자금 유치에 성공, 1987년엔 모기업인 스타벅스를 인수해 회장 겸 최고경영자에 올랐다.

하워드 슐츠는 스타벅스를 단순히 커피를 판매하는 기업으로 생각하지 않았다. 그는 스타벅스 브랜드를 통해 편안하고 마음을 안정시키는 공간과 문화, 그리고 경험을 파는 새로운 가치를 만들어 냈다. 수천만 명에 이르는 고객들은 스타벅스가 제공하는 5~10분 간의 편안한 휴식, 사회적 교류라는 경험을 사기 위해 스타벅스를 방문한다. 현대인들은 일터와 가정의 긴장감에서 벗어날 수 있는 제3의 장소에 열광하였고, 그렇게 열광적으로 만족한 고객들이 입에서 입으로 스타벅스를 알렸다. 스타벅스는 단 한 번의 브랜드 광고 없이 세계 최고 브랜드를 구축하게 된다.

그러나 스타벅스의 경험브랜드에서 편안한 휴식과 사회적 교류만이 핵심은 아니다. 거기에는 최고급 커피를 만들기 위한 대단한 디테일이 숨어 있다. 독특한 제조법에 의해 만들어진 깊은 맛의 커피를 마시면서 신선한 커피의 풍부한 향기를 들이켜고 편안한 음악을 듣는다. 그렇다면 깊은 맛의 커피의 일관성은 어디서 오는가? 좋은 경험을 일관되게 제공한다는 것은 커피산업분야에서 달성하기 어려운 과제이다.

스타벅스가 일관되게 제공해 온 높은 품질의 카페라떼를 만들기 위해서는 먼저 2온스의 커피를 만들어야 한다. 스타벅스의 가이드라인에 따르면 이는 섭씨 90도에서 18에서 23초 동안 끓여서 얻어져야 하며, 훌륭한 에스프레소를 만들기 위해서는 9바bar의 압력이 가해져야 한다. 두 번째, 우유는 화씨(160도)에서 가열되어야 한다. 대부분의 아틸리안 에스프레소 기계는 물 끓이는 통 하나로 커피를 위한 물도 끓이고 우유를 거품내기 위해서 가열도 한다. 그 결과 우유를 데우는 작업으로 인해 물의 온도가 영향을 받고, 이것은 일정하지 않은 맛의 에스프레소를 만들어 버린다. 만약 물이 너무 뜨거우면 에스프레소는 탄 맛이 난다. 반대로 물이 너무 차가우면 충분한 향을 뽑아 내지 못한다. 이것은 이탈리아에서는 그다지 큰 문제가 되지 않는데, 그 이유는 이탈리아인들과 다른 유럽인들은 에스프레소를 카페라떼나 커피로 만든 다른 음료보다 더 좋아하기 때문에 우유를 끓일 일이 없기 때문이다. 반면 미국인들은 커피에 우유를 첨가하는 것을 좋아한다. 이 문제에 대한 해결책으로 스타벅스는 라마르조꼬 에스프레소 기계를 사용한다. 이 기계는 기존의 에스프레소 기계보다 두 배나 비싼데, 두 개의 끓임 통을 가지고 있기 때문이다(하나는 우유를 데우기 위한 것이고, 다른 하나는 물을 끓이기 위한 것이다. 따라서 우유를 데움으로써 커피를 만들기 위해 끓이는 물의 온도에 영향을 주지 않는다). 이런 이유에서 모든 스타벅스의 카페라떼는 완벽한 재료를 가진다. 섭씨 90도, 9바의 압력에서 18에서 23초 동안 얻어진 2온스의 커피와 화씨 160도에서 데워진 10온스의 우유를 혼합한다. 이런 기준들은 놀라울 정도로 일관성을 유지하면서 독특한 개인적 경험을 만들어 낸다.

커피를 만들어 내는 디테일의 승리다. 그러나 이런 모든 것이 커피에만 적용되랴. 테라사와 다이스케의 '미스터 초밥왕'이 그렇고 허영만의 '식객'이 그렇고 여느 광화문 구석의 유명한 식당이 그렇다. 보통 사람들은 그냥 그렇게 해서 먹는 음식들에 디테일이 들어가면 예술의 경지에 이르고 그렇게 되면 사람들은 그것을 경험하며 감동받는다. 또한 이것은 다른 모든 산업분야에도 적용될 것이다. 하나의 완성된 제품이나 작품을 봤을 때 보통 사람은 그것을 하나의 작품으로만 보지만 전문가들은 그것이 완성되기 위해 기울여졌던 많은 노고들이 어떻게 그 하나의 제품과 작품에 녹아들었는가를 본다.

열정을 가지고 일하는 사람들에게도 '다름'의 미학은 발견되고 있다. 벙어리 어머니 역을 담당했던 여배우는 연기를 위해서는 다른 사람들이 보지 못하는 '구체성'을 볼 수밖에 없다고 이야기하고 있다.

> 아무리 작은 역할을 맡아도 제가 연기를 하기 위해서는 굉장히 구체적일 수밖에 없는 거죠. 그러니까 굉장히 구체적인 여자의 일생이라든가 상태라든가 병명이라든가 병의 원인이라든가 하는 이런 걸 찾아내야 했어요. 시나리오에는 아무런 설명이 없으니까요. 말은 못하는데 일은 다하고 있고 주변사람들과 의사소통도 가능하고 과연 이런 병이 있는가 찾아내야 했죠.

인터넷을 뒤지고 병원도 찾아 다니고 환자를 보고 찾다가 결국 거기에 맞는 병을 찾아내서 거기에 대한 구체적인 연기를 잡아냈죠. 배우가 자기 연기에 충실하려면 시간이 아무리 많아도 부족할 정도로 찾아내야 할 것이 많죠. 자기의 직접 살아온 경험을 떠올리는 것뿐만 아니라 그 사실에 근거한 증상이라든지요. 만약에 이 여자가 정신이상이다. 그럼 왜 이 여자가 정신 이상이 되었는가 하는 이 여자의 역사를 자기가 알기 위해서 정신병원을 찾아간다든지 여러 가지 샘플을 통해서 이 역할을 만들어 내는 거죠.

(배우)

이제 한 사람의 '커피타기 모습'으로부터도 우리는 그 사람이 어떤 사람인지 그 사람이 어떤 사람인지를 평가할 수 있고 그 사람의 비전을 볼 수 있다. 그래서 창의성은 '다르게 보기'로부터 나온다. 다른 사람이 간과했던 부분에 집중하는 태도를 가진 사람은 결국 그 안에서 새로운 세계를 보고 창조적인 결과물을 낼 수 있게 된다.

10년 법칙과 창의성

흔히 창의성은 아무것도 없는 것에서 새로운 것이 솟아 나오는 것으로 오해하기 쉽다. 그러나 이것은 창의성이 아니다. 창의성은 사실 '기존 것과의 새로운 결합'에서 온다. 그것이 창의성의 실재이다. 그렇다면 기존에 무엇이 있었는가를 아는 것이 무엇보다 중요하다. 하워드 가드너는 이를 '10년의 법칙'으로 정리했다. 10년 법칙이란 어떤 한 분야에서 인내와 끈기를 가지고 10년의 노력을 쌓으면 한 분야의 전문가가 될 수 있다는 것이다. 한 분야에서의 10년은 어떤 의미인가? 한 분야라고 했을 때 우리는 흔히 과학, 수학 등 학교 과목의 하나를 상상하기 쉽다. 그러나 이는 잘못된 판단이다. 10

년의 노력을 쌓았을 때 가장 가능성이 높은 10년의 노력은 그 분야의 범주가 좁았을 때이다. 프로이트처럼 심리학 분야에서 10년의 노력을 하여 세계적인 대가가 될 수도 있다. 그러나 이는 프로이트 시대에 프로이트 같은 사람이 가능한 일이다. 이미 사회의 많은 분야가 세분화되어 있는 시점에 큰 범주의 분야를 선택하여 10년을 노력하는 사람과 특정한 좁은 분야를 선택하여 10년을 노력하는 사람 사이에는 결국 큰 차이가 날 수밖에 없다. 10년의 노력도 자신의 특화전략을 잘 활용하여 10년의 노력을 기울여야 한다. 사실 그 분야가 좁으면 좁을수록 10년의 노력이 성공될 가능성은 더 높다.

그러나 그 '좁은 특정 분야'를 선택한다는 것은 결코 쉽지 않다. 보통 사람들은 이리저리 방황하다 이것저것 약간씩 노력하고 연구하다 결국 자신의 특정한 분야에 10년을 노력하는 것에 실패한다. 이미 그러다 보면 나이가 30대, 40대를 지나 새로운 것에 10년을 걸어 보려는 시작을 못하기 때문이다. 물론 나이가 새로운 것의 시작을 방해할 이유는 없으나, 젊은 시절의 후회가 밀려와 새로운 출발을 방해하기 십상이다.

마케팅의 브랜드전략 중 제일 중요한 '지속성consistency 전략'이란 것이 있다. 이것은 어떤 제품의 품질이 평균에 균등하고 안정되게 분포되는 것을 의미한다. 어떤 A 제품이 아무리 제품의 평균치가 높다 해도 그것의 평균분포가 들쭉날쭉하다면(즉 표준편차가 크다면) 제품에 신뢰를 줄 수가 없다. 하나의 엄청난 불량품이 전체 브랜드 이미지에 치명적 영향을 주기 때문이다. 반면 약간 평균이 A 제품보다는 떨어지더라도 전체적으로 제품의 질이 안정적 분포를 보이는 제품이 소비자에게는 더욱 신뢰감을 주고 안정감을 준다. 결국 후자의 제품이 그 지속성, 일관성 전략으로 성공하는 것이다.

사람의 창의성도 마찬가지이다. 꾸준히 한 분야를 안정되게 집중하는 사람이, 즉 어떤 목표를 향해 자신의 일상생활이 늘 그것에 맞추어져 안정되게 가는 사람이 결국은 성공한다. 사람들에게는 많은 주위의 유혹이 존재한다. 가족간 친척간 갈등들, 주변 친구와의 관계, 생계유지를 위한 잡다한 일들. 그러나 그런 많은 주변의 갈등들과 혼란 요소들을 자신의 목표와 합치되게 관리하고 스스로의 일상생활을 장기적인 목표에 합치시키면서 10년의 특정분야에 노력을 기울이는 사람들은 결국 성공한다. 그것은 그 10년의 특정 분야에서의 노력이 그 특정 분야 내에서 다른 사람들이 보지 못한 좀더 많은 디테일들을 보고 파악하고 또 확보할 수 있기 때문이다.

몰입의 위력

직센트미하이는 그의 『몰입의 경영』이란 책에서 우리 스스로가 주의를 십중하는 것으로부터 실력발휘가 이루어진다고 말하고 있다. 그런데 일에서 풍부한 참여의식을 느낄 수 있는 방법의 하나로는 당면한 일의 구체적인 세부 사항에 관심을 기울이며 완벽을 기하는 태도를 들 수 있다. 소브라토는 사업 성공의 비결에 대한 질문을 받자 이렇게 대답했다.

"세부 사항에 대한 철저한 관심이라고 할 수 있습니다. 저는 세부 사항에 완벽을 기하는 편입니다. 가령 우리 회사가 프로젝트를 전개하고 있다면 다른 회사보다 탁월한 결과를 내기 위해 아주 세세한 부분까지 철저히 챙깁니다. 만약에 협상을 벌이고 있다면 아주 세세한 사항까지 지겨울 정도로 완벽을 기합니다. 저는 그런 방식으로 일하는 것을 즐기거든요."

위대한 건축가 미스 반 데어 로에는 한때 "신은 세세함 속에 존재한다"라고 이야기한 바 있다. 그가 전달하고자 한 의미는 어떤 과제를 맡았든 간에 세심한 주의를 기울이면 깊은 몰입 경험을 얻을 수 있으며, 아울러 이런 상태에서 개인은 잠시나마 현실 세계와 다른 좀더 승화된 존재 영역 속에 사는 것과 같은 느낌을 가지게 된다.

그래서 T자형 인재에 대한 논의도 여기서 나오는 것이라 할 수 있다. 폭 넓게 공부하면서도 그 공부가 특정한 분야와 연계될 때 실제 성과가 달성되고 개인의 역량도 높아질 수 있다는 것이다. 폭 넓은 공부와 특수한 분야가 상호 분리될 때 노력의 성과는 적을 수밖에 없다. 그리고 궁극적인 지점은 결국 특수한 분야이다. 그리고 현대사회에서 이러한 특수한 분야는 그 폭이 점점 좁아지고 있다. 많은 직종이 생기면서 직종의 융합뿐만 아니라 분화도 동시에 생기듯이.

융합과 분화가 동시에 생기고 이것이 상호관련을 갖는 것은 사회적 규칙이다. 분화가 많이 생길수록 융합할 것도 많아지기 때문이다. 또한 융합이 일어나면서 그 융합의 목적을 달성하기 위해서도 그 기반은 분화를 전제로 한다. 애니메이션을 예로 들어 보자. 초기 애니메이션은 원화작가와 동화작가가 분리되어 있었다. 그리고 주로 원화작가가 시나리오도 겸업하며 작업을 했다. 그러다 컴퓨터기반 애니메이션으로 옮겨 가면서 원화를 그리는 사람이 동시에 컴퓨터를 이용하여 그 원화에 색깔과 동작을 입힐 수 있게 된다. 그러면서 기술이 원화작가와 동화작가의 융합을 가져온다.

그러나 다른 한편으로 컴퓨터 애니메이션 기술은 시나리오 작업의 분리를 가속화시켜 시나리오작업자와 원화 및 동화를, 그리고 컴퓨터 애니메이터들을 분리시킨다. 또한 컴퓨터 애니메이터들 안에서도 캐릭터 관련 애니메이터, 동작과 관련된 애니메이터들이 또다시 분화된다. 즉 컴퓨터기술에 의해 애니메이션의 공정이 융합되는 측면 이외에, 또 다른 측면에서는 그러한 기술적 성장이 기술내부의 분화도 가져오는 것이다. 각각의 분야에서 자신의 전문성을 더욱 고양시킨다는 것은 그 세부화된 분야에 더욱 집중하여 더욱 세세하고 구체적인 과정을 완수하는 것이다.

문화와 창의성이 주는 행복

문화와 창조성의 힘은 실제 모든 일에 집중하여 행복감을 얻는 것과도 직접적으로 연결된다. 창조적인 것이 고통스런 과정일 수도 있으나 그것은 실제 창조적인 것과는 관련이 없다. 창조적인 것은 겉으로는 고통스러워 보일 수 있으나, 그것은 그렇게 보고 생각하는 사람들의 모습이다. 실제 예술가가 아니고 한낱 농부에 불과하여도 '다르게 보기'는 창조성의 작업이다. 또한 이런 창조 작업이 예술가들에게 행복이듯이, 농부들에게도 행복일 수 있다.

톨스토이는 자신의 장편소설 『안나 카레니나』에서 창조 작업 그리고 그것을 통한 행복경험을 정확하게 묘사하고 있다. 부유한 지주 레빈이 자기 밑에서 농노로 일하는 티투스가 가르치는 대로 큰 낫으로 건초를 베는 요령을 습득해 가는 장면이다. 이 장면을 묘사하는 문장이 너무나 생생하여 인용해 보겠다.

'팔을 적게 흔들고 몸을 이용해 낫을 휘두르도록 해야겠군.' 그는 생각했다. 티투스가 한 줄로 길게 베어 낸 자리는 마치 선을 그은 듯 깔끔하게 보였다. 반면에 그가 베어 낸 자리는 고르지 않고 이리저리 불규칙하게 풀이 흩뿌려진 듯 보였다.

 …그는 아무 생각도 하지 않았다. 소작인들보다 뒤처지지 않으면서 자신이 맡은 일에 최선을 다하고 싶다는 생각 외에는 아무런 바람도 없었다. 낫을 휘두를 때 휙 하고 나는 소리 외에는 아무 소리도 들리지 않았다. 눈 앞에서는 흐트러짐 없이 똑바로 서서 건초를 베는 티투스의 모습이 점차 멀어지고 있었다…

 레빈은 시간에 대한 모든 감각을 잃어버리고 말았다. 그때가 늦은 시각인지 이른 시각인지조차 분간할 수 없었다. 그가 하던 일에도 어느덧 변화가 나타나기 시작했고, 그는 이루 말할 수 없는 만족감에 젖었다. 한창 열심히 일하고 있는 동안 이따금 자신이 무슨 일을 하는지조차 잊어버리곤 했고, 일하면서도 편안한 느낌이 찾아왔다. 그런 경험을 하는 순간에는 자신이 건초를 벤 자리가 티투스가 벤 것만큼이나 깔끔하고 부드럽게 보였다. 그러나 막상 자신이 하는 일을 머리에 떠올리며 더 잘하려는 생각이 들기 시작하자, 그 순간부터 당장 자신의 일이 얼마나 어려운 일인지 의식하게 되었다. 건초를 베고 난 자리도 형편없었다…

 무의식의 순간들이 이제는 좀더 자주 찾아왔다. 이런 때면 자신이 하는 일을 생각조차 하지 않는 게 가능해졌다. 낫이 저절로 움직여 건초를 베고 있었다. 참으로 행복한 순간들이었다.

 건초 베는 아주 단순한 일 속에서 그는 최고의 행복을 성취하였으며 이를 통해 창조적 작품과 행복감까지를 얻었다. 스스로 하찮은 일로 봐 왔던 건초베기를 다르게 보면서 '현재의 행복'을 만끽하게 되는 것이다.

 이것은 해외의 유명작가에게서만 보이는 것은 아니다. 한국의 대표작가

최인호의 연작소설 『가족』에서 술래잡기란 파트의 한 단면을 가져와 보도록 하자.

> …그리하여 아들 녀석의 술래 차례가 되면 나는 벽장 속에 숨어 들어간다. 벽장 문을 안에서 잠그면 대낮인데도 빛 하나 새어 들어오지 않아 캄캄하며 벽에 걸린 옷들이 가득하고 개어 놓은 이불들이 등 뒤에서 푹신하다. 처음 아이들과 술래잡기를 하면서 벽장 속에 숨었을 때 나는 그 벽장 속이 의외로 편안하고 안락하다는 사실에 놀랐었다. 안에서 문을 잠그니까 벽장 안이 그처럼 캄캄해질 수 있을까 싶을 정도로 어두운 암실로 변해 버렸다. 놀랍게도 모든 소리마저 벽장으로 새어 들어오지 않아 벽장 속은 마치 진공상태처럼 조용하고 아늑했다. 그것은 내가 어른이 되어서 맛본 최초의 새로운 경험이었다. 인간의 내부에 잠재되어 있고 어머니의 자궁으로 복귀하려는 본능 때문이었는지도 모르지만 벽장 속에 숨으면 왠지 그대로 잠들거나 하루 종일 명상에 빠져도 잡념이 떠오르지 않는 것만 같았다…"

아이들과의 하찮은 술래잡기 놀이로부터 작가 최인호, 성인이 되어 맛본 최초의 경험을 자세히 그리고 아주 세밀하게 말하고 있는 것이다. 많은 사람들이 아이들과의 술래잡기 놀이를 아이들을 위해 봉사하는 '의무감의 시간' 이라고 간주하지만, 최인호는 그런 술래잡기에서 '관점의 혁명적 변화'를 통해 자신의 몰입을 달성하고 그 느낌을 세밀하게 묘사하는 경지에까지 이른 것이다.

귀찮은 것, 약점의 대전환: 문화로부터 다시 보는 창조성의 또 다른 측면

이러한 다름의 접근은 관점의 대전환이다. 톨스토이의 낫베기 기술도, 최인호의 술래잡기도 그렇다. 어떤 평범하고 하찮은 것을 다르게 바라본다는 것은 이전에 갖고 있지 못한 새로운 관점을 적용하는 것이었다. 낫베기에서는 모든 이들에게 반복적이고 힘든 일이 최고의 몰입과 경쟁력으로 다가와 개인의 행복과 궁극적으로 낫베기의 새로운 기술혁명을 왔다. 술래잡기에서도 '하찮은' 술래잡기는 인생의 묘미를 깨닫게 만드는 것이었다.

이러한 관점의 대전환은 실제 한 기업과 나라의 발전에도 크게 영향을 미치게 된다. 이전에는 약점이라고 해서 무시되거나 없애야 할 것으로 간주했던 것이 그 세밀한 접근을 통해 새로운 관점을 획득하게 되는 것이다. 여기에는 중요한 많은 예들이 있다. 한국의 정보화가 그랬다. 좁은 국토에 인구가 많이 모여 산다는 것이 최대의 약점이었지만, 이것을 잘 관찰하고 그 활용도를 보니 정보화에서는 가장 큰 효율적 인프라로 작동했다. 좁은 국토와 높은 인구밀집 덕분에 어떤 다른 나라보다도 작은 비용에 빠른 초고속정보인프라를 깔 수 있었던 것이다. 또한 지역의 많은 성공한 축제들도 그렇다. 화천의 산천어축제는 춥기만 하여 쓸모 없던 땅과 호수를 한겨울 최대의 축제장으로 만든 최대의 자원으로 활용했다. 추위에서 버려졌던 땅과 호수, 그 하찮은 땅과 호수를 바라보며 새로운 관점을 적용하자마자 최대의 약점은 최대의 강점으로 변하게 되었다. 자동차배출가스 규제도 자동차 회사들에겐 귀찮은 제약요소 중 하나이지만 거대 자동차회사들 중 혼다와 도요타 등은 이를 자신들의 경쟁력요소로 만들기 위해 기술을 집중 투입하여 또 다른 경쟁요소로 활용한다. 기존 회사들이 자동차 성능과는 관련 없는 '귀찮은 것, 하찮은 부분'이라고 간주한 것을 '최대의 문제'로 만들어 자신들의 경쟁력을 부각시킨 것이다.

롱테일의 경제학에서 롱테일의 창조성으로

이런 하찮은 부분을 다시 거대한 흐름으로 바꾼 것이 바로 롱테일long-tail 개념이기도 하다. 하찮은 것들이 모여 중요한 것을 초월한다는 롱테일 개념은 이제 인터넷시대의 중요한 원칙이 되었다. 아마존에서부터 위키피디아 사전까지 작은 것들이 모여 나중에는 엄청난 흐름을 형성한다. 어제도 팔리고 오늘도 팔리는 베스트셀러보다는 어제도 그저께도 팔리지 않았지만 오늘은 팔리는 '인기 없는 책들'이 하나하나 모이면 베스트셀러보다도 훨씬 더 큰 파괴력을 지니게 되는 것이다. 이전에는 서점의 운영비용을 줄이기 위해 잘 팔리는 책은 서고에 꽂아 두고 팔리지 않는 책은 모두 절판시키던 것이 관행이었다. 그러나 하찮은 것, 귀찮은 것을 다시 구체적으로 들여다보면 그것은 가장 큰 이윤을 내는 거대한 자원이 된다. 단지 그것을 모아 놓고 많은 사람들이 이용하게 꾸며 놓으면 된다는 간단한 생각과의 접합으로부터 롱테일의 개념이 등장하게 된 것이다. 더군다나 롱테일은 한 번 자리잡으면 그 누구도 쉽게 전복시킬 수 없는 난공불락의 성이 된다. 원래의 약점을 보는 관점만을 바꾸어 또 다른 강점으로 전환시킨 사례처럼 하찮은 것을 모으면 거대한 힘이 된다는 것을 롱테일 개념은 거꾸로 증명하고 있는 것이다.

그러나 우리가 롱테일에서 배울 수 있는 중요한 것은 그것의 경제학적 개념만은 아니다. 아마존이나 위키피디아처럼 롱테일은 기업이 많은 이윤을 얻을 수 있다는 점에서 주목받고 있으나, 사실 그것은 서로 다른 관심들과 서로 다른 시각들이 만나면서 이루어질 수 있는 일들이다. 아마존의 그 많은 전문 서적들이 단지 수백 권 정도밖에 없다면 무슨 일이 벌어질까. 늘 우리는 중요한 분야에서만 발군의 실력을 발휘하길 바란다. 소위 인기 있는 법조계, 관계, 정계, 재계에서 명성을 쌓고 업적을 남기는 것이 인생의 가장 큰 성과라고 말한다. 그러나 이것은 사람으로부터도 '롱테일의 몰입과 행복'을 빼앗아 가는 것이다. 하찮은 것, 귀찮은 것이어도 어떤 것에 집중하고 그것의 세밀한 부분까지 파고 들어가면서 우리는 새로운 원리와 진리들을 깨달을 수 있다. 그것은 또 새로운 분야를 만들어 낸다. 당대에는 '하찮은 것'을 따라갔던 사람들이 결국 역사를 바꾼 것이다. 전화를 발명한 에디슨이 그랬고, 컴퓨터를 가지고 놀았던 빌 게이츠가 그랬고, 만화책을 좋아했던 미야자끼 하야오가 그랬고, 개미를 탐구하기 좋아했던 베르나르 베르베르가 그랬다. 사회의 핵심이 아닌 주변으로부터 우리는 새로운 창조성을 배태하고 또 새로운 사회발전의 동력을 찾게 되는 것이다. 결국 중요한 것은 '남보다 더 잘하기 위해 열심히 하는 것' 보다 '남과 다르기 위해 열심히 하는 것' 이 더 중요하다는 것을 깨달아야 한다. 그러다 당대에는 '다른 것' 이 귀찮고 하찮아 보일지도 모른다. 그러나 진리는 거기서 찾을 수 있다. 또한 노력과 몰입 그리고 행복이 상호 균형을 이루어 조화롭게 되는 세상도 그 곳에서 찾을 수 있다. 그래서 우리는 왜 문화가 역사를 바꾸었고 그것이 인간에게도 왜 가장 중요한 화두인가를 깊이 깨달을 수 있게 된다.